Staats- und sozialwissenschaftliche Forschungen

herausgegeben

von

Gustav Schmoller und **Max Sering.**

Dreiundzwanzigster Band. Fünftes Heft.

(Der ganzen Reihe 110. Heft.)

Richard Bahr, Gewerbegericht, Kaufmannsgericht, Einigungsamt.

Leipzig,

Verlag von Duncker & Humblot.

1905.

Gewerbegericht, Kaufmannsgericht, Einigungsamt.

Ein Beitrag
zur Rechts- und Sozialgeschichte Deutschlands
im XIX. Jahrhundert.

Von

Dr. Richard Bahr.

Leipzig,
Verlag von Duncker & Humblot.
1905.

Pierersche Hofbuchdruckerei Stephan Geibel & Co. in Altenburg.

Dem Andenken meines Vaters.

Vorwort.

Die nachstehende Arbeit ist aus Anregungen der politischen Praxis erwachsen. Während der heftigen Zeitungskämpfe, die die Verabschiedung der Gewerbegerichtsnovelle von 1901 umtosten, entstand in mir der Wunsch, einmal dem Lärm auf den Grund zu gehen; durch eine historische Betrachtungsweise, die die Frage möglichst in ihre Ursprünge zurückverfolgt, mir einmal sozusagen an einem Schulbeispiel darüber klar zu werden, was aus einem Problem wird, wenn sich politische Leidenschaft und die Eifersucht miteinander rivalisierender Interessen seiner bemächtigen.

In den spärlichen Mufsestunden, die ein harter und nicht immer erfreulicher Beruf mir liefs, habe ich die Arbeit, von der ein kleiner Teil bereits zu Ausgang vorigen Jahres als Heidelberger Dissertation veröffentlicht worden ist, zu fördern versucht. Mittlerweile waren aber auch die Kaufmannsgerichte zur Wirklichkeit geworden, und so schien es mir geboten, auch ihre Entstehungsgeschichte in diese Betrachtung miteinzubeziehen. Bei der Methode der Untersuchung habe ich mich bemüht, Gustav Schmoller zu folgen: ihm, dem Lehrer meiner Studienjahre, dem Führer meines Mannesalters, danke ich auch sonst das Beste, was ich habe.

Berlin-Friedenau, im April 1905.

Richard Bahr.

Inhaltsverzeichnis.

Verzeichnis der benutzten Literatur.

Stieda, Das Gewerbegericht. Leipzig 1890.

Dr. G. Eberty, Die Gewerbegerichte und das gewerbliche Schiedsgerichtswesen in ihrer geschichtlichen Entwicklung und ihrem gegenwärtigen Stande. Berlin 1869.

Derselbe, Denkschrift über gewerbliche Schiedsgerichte als Mittel Arbeitseinstellungen zu begegnen. Halle 1872.

Schönberg, Arbeitsämter. Eine Aufgabe des Deutschen Reichs. Berlin 1871.

Lujo Brentano, Arbeitergilden der Gegenwart. Leipzig 1871/72.

H. B. Oppenheim, Gewerbegericht und Kontraktbruch. Berlin 1874.

F. Kowalzig, Über Bestrafung des Arbeitsvertragsbruches und über Gewerbegerichte. Berlin 1875.

J. F. H. Dannenberg, Das deutsche Handwerk und die soziale Frage. Leipzig 1872.

Gebhardt, Die Behörden zur Entscheidung von Streitigkeiten zwischen Arbeitgebern und Arbeitnehmern, insbesondere die gewerblichen Schiedsgerichte nach § 108 der G.-O. vom 21. Juni 1869. In Fauchers Vierteljahrsschrift für Volkswirtschaft und Kulturgesch. Bd. XXXVII. Berlin 1872.

C. Ferié, Die Gewerbegerichte vom Standpunkt ihrer historischen Entwicklung und praktischen Notwendigkeit unter besonderer Berücksichtigung der dem deutschen Reichstag vorgelegten Novelle betreffend den § 108 der G.-O. vom 21. Juni 1869.

H. Rickert, Die Gewerbeordnungsnovelle im Reichstage. I. Die gewerblichen Schiedsgerichte. Danzig 1874.

Alfons Thun, Beiträge zur Geschichte der Gesetzgebung und Verwaltung zugunsten der Fabrikarbeiter in Preufsen. In der Zeitschrift des kgl. preufs. statist. Bureaus. 17. Jahrg. 1877.

Gierke, Rechtsgeschichte der deutschen Genossenschaft. 1869.

Amerikanische und deutsche Gewerbegerichte. Ein Beitrag zur Regelung der Lohnstreitigkeiten. In den „Grenzboten" 1888.

Adolf Wilhelm Lette, Mitteilungen über Fabrik- und Gewerbegerichte. Im „Arbeiterfreund" VI. 1868.

Schriften des Vereins für Sozialpolitik. Bd. II, IV, VI, VIII, X, XXV, XLVI, mit Referaten von Schmoller, Hirsch, Sering, Bitzer, Gensel, Ludwig-Wolf, Härtel, Schulze, Dannenberg, Brentano, Auerbach, Lotz, Zahn.

E. G. Eberty, Gewerbegerichte und Einigungsämter. Breslau 1890.

v. Schulze-Gaevernitz, Zum sozialen Frieden. Eine Darstellung der sozialpolitischen Erziehung des englischen Volks im 19. Jahrh. 2 Bde. Leipzig 1890.

Berichte der von industriellen und wirtschaftlichen Vereinen nach England entsandten Kommission[1] zur Untersuch-

[1] Dieser Kommission gehörten an: Dr. W. Beumer, Generalsekretär des Vereins zur Wahrung der gemeinsamen wirtschaftlichen Interessen in

*

ung der dortigen Arbeiterverhältnisse. Hrsg. von den betreffenden Vereinsvorständen. Berlin 1890.

Dr. G. Stein, Das Reichsgesetz vom 29. Juni 1899 betreffend die Gewerbegerichte, erläutert aus der Begründung und den Verhandlungen des Reichstages. Berlin 1891.

Wilhelmi und Fürst, Das Reichsgesetz betreffend die Gewerbegerichte. Berlin 1891.

Dr. Ferdinand Schmid, Das neue Reichsgesetz betreffend die Gewerbegerichte. In Brauns „Archiv für soziale Gesetzgebung und Statistik". Bd. IV. 1891.

Stieda, Das Reichsgesetz betreffend die Gewerbegerichte vom 29. Juli 1890. In den „Jahrbüchern für Nationalökonomie und Statistik". III. Folge, Bd. 2. 1891.

Dr. Karl Möller und Wilhelm Hirsch, Gewerbegerichte und Einigungsämter in Deutschland und England. Leipzig 1892. In den „evangel.-sozialen Zeitfragen". 2. Reihe, 4. und 5. Heft.

Ernst Lautenschlager, Die Rechtsprechung im Gewerbegericht. In Schmollers „Jahrb. für Gesetzgebung, Verwaltung und Volkswirtschaft im Deutschen Reich". 1893.

Statistisches Jahrbuch deutscher Städte, Jahrgang 1894 bis 1901. (Mit den jedesmaligen Aufsätzen von Dr. G. Pabst über Gewerbegerichte und Innungsschiedsgerichte.)

Jastrow, Die Erfahrungen in den deutschen Gewerbegerichten. In den „Jahrb. für Nationalökonomie und Statistik". III. Folge, Bd. 14, Heft 3. 1897.

Tiedemann, Die neuere Entwicklung der Arbeiterverhältnisse und der gewerkschaftlichen Organisation im Buchdruckergewerbe. Zeitschrift f. d. gesamte Staatswissenschaft. 1897.

Georg Adler, Die Sozialreform und der Kaufmannsstand. In den „Annalen des Deutschen Reichs". Jahrg. 1891.

Otto Freih. v. Boenigk, Schiedsgerichte für kaufmännische Angestellte. Jahrb. für Nationalökonomie und Statistik. III. Folge, Bd. 13. 1897.

Hans Reichel, Das Gewerbegericht. Mit einem Anhang kaufm. Schiedsgerichte. Herrenhut. Verlag von Gustav Winter. 1898.

Josef Silbermann, Die Lage der deutschen Handlungsgehilfen und ihre gesetzliche Reform. In Brauns Archiv. Bd. IX.

Derselbe, Die Frage der kaufmännischen Schiedsgerichte in Deutschland. In Brauns Archiv. Bd. XI.

Dr. Emil Unger, Entscheidungen des Gewerbegerichts zu Berlin unter Berücksichtigung der Praxis anderer deutscher Gerichte.

Dr. Conrad Riesenfeld, Kaufm. Schiedsgerichte. Berlin 1897. In den „Volkswirtsch. Zeitfragen". Heft 150.

M. v. Schulz, Zur Revision des deutschen Gewerbegerichtsgesetzes. In Brauns Archiv. Bd. 14. 1899.

Derselbe, Die Gewerbegerichtsnovelle in Brauns Archiv, Bd. 16. 1901.

Derselbe, Gewerbegerichtsgesetz in der Fassung der Bekanntmachung vom 29. Sept. 1901. Berlin 1902.

Derselbe, Das Reichsgesetz, betr. Kaufmannsgerichte vom 6. Juli 1904. Jena 1905.

Dr. Oskar Martens, Vom Einigungsamt und dem Entwurf eines Gesetzes betreffend Abänderung des Gesetzes vom 29. Juli 1890 über die Gewerbegerichte. Hamburg, Schröder & Jeve. 1900.

Verband deutscher Gewerbegerichte. Die Tätigkeit des Verbandes in dem ersten Jahrzehnt seines Bestehens 1893 bis 1903. Berlin 1903. Druck von Georg Reimer. (Zitiert als „Festschrift".)

Rheinland und Westfalen. H. A. Bueck, Berlin, Generalsekretär des Zentralverbandes deutscher Industriellen. Reichstagsabg. Fabrikbesitzer Theodor Möller, Brackwede (der jetzige preufsische Finanzminister). Angeschlossen hatte sich Fabrikbesitzer Walter Caron, Rauenthal.

Dr. J. Jastrow, Sozialpolitik und Verwaltungswissenschaft. Berlin 1902.

Kaufmännische Schiedsgerichte. Hamburg 1901. Verlag der Berufsgenossenschaft Deutschnationaler Handlungsgehilfenverband.

Prof. Dr. Hieber, Das Gesetz über die Kaufmannsgerichte. Berlin 1904.

Dr. Menzinger und Dr. Prenner, Gesetz betreffend Kaufmannsgerichte. München 1904.

Dr. Apt, Kommentar zum Gesetz betreffend die Kaufmannsgerichte.

Walter Graef, Die Kaufmannsgerichte. Leipzig 1904.

Wilhelm Swienty, Kaufmännische Schiedsgerichte in der „Neuen Zeit", Jahrg. 1901/2.

Berliner Jahrbuch für Handel und Industrie. Bericht der Ältesten der Berliner Kaufmannschaft. Jahrg. 1903. Berlin 1904.

v. Schulz und Schalhorn, Das Gewerbegericht Berlin. Aufsätze, Rechtsprechung, Einigungs- und Amtsverhandlungen, Gutachten und Anträge. Aus Anlafs des zehnjährigen Bestehens des Gerichts herausgegeben. Berlin 1903.

Aufsätze und Notizen im „Sozialpolitischen Zentralblatt", den „Blättern für soziale Praxis", der „Sozialen Praxis", dem „Gewerbegericht", der „Deutschen Juristenzeitung" und dem „Preufsischen Verwaltungsblatt".

Stenographische Berichte über die Verhandlungen des Reichstages aus den Sessionen 1890/91, 1895/97, 1898/1900, 1900/1903, 1903/1904.

Handwörterbuch der Staatswissenschaften. Aufsatz von Stieda, Gewerbegerichte, Bd. VI. Aufsatz von Stieda, Einigungsämter, Bd. 3. Aufsatz von Stieda, Arbeitseinstellungen, Bd. 1. Oldenberg, Arbeitseinstellungen in Deutschland. Bd. 1.

Erstes Kapitel.

Vorläufer und Anläufe.

Seit Stieda[1] und E. G. Eberty[2] während der Verhandlungen über das Reichsgesetz vom 29. Juli 1890 und bald nach ihnen den Entwicklungsgang der gewerblichen Sondergerichtsbarkeit in Deutschland geschildert haben — dieser allerdings mehr als Parteimann und Tagespolitiker — sind die Gewerbegerichte und was sich um sie und aus ihnen bildete, nicht mehr zum Gegenstand einer zusammenhängenden Darstellung gemacht worden. Eine stattliche Anzahl über verschiedene Zeitschriften verstreuter Publikationen hat zwar auch seither die einzelnen Phasen dieser Entwicklung begleitet; namentlich haben in den Anfängen der neunziger Jahre das „Sozialpolitische Zentralblatt“ und die Frankfurter „Blätter für Soziale Praxis“, später die Nachfolgerin beider, die „Soziale Praxis“, und mit ihr die Zeitschrift „Das Gewerbegericht“ es sich angelegen sein lassen alles zusammenzutragen, was über Verfassung und Verfahren, Neubildung und Zusammenschlufs, über Erlebnisse und Erfahrungen mit Arbeitern und Unternehmern, über die ein wenig spröde und nicht immer glückliche Betätigung der Gewerbegerichte als Einigungsamt und ihre Gutachten und Anträge sich ermitteln liefs. Aber eine Verwertung des verstreuten Materials, eine Einreihung dieser so überaus zahlreichen Einzelbeobachtungen unter gemeinsame Gesichtspunkte ist nicht versucht worden. Wohl hat Jastrow[3] in einem anziehenden geistreichen Aufsatz in den „Jahrbüchern für Nationalökonomie und Statistik“, — dem besten vielleicht, weil am tiefsten grabenden, was über dies Kapitel geschrieben worden ist — die Summe der Erfahrungen in den deutschen Gewerbegerichten gezogen. Und schliefslich hat derselbe Autor in seinem grofsangelegten Werk „Sozialpolitik und Verwaltungswissenschaft“ seine Beobachtungen noch einmal zusammengefafst und vertieft. Aber

[1] Stieda, Das Gewerbegericht. Leipzig 1890.
[2] Eberty, Gewerbegerichte und Einigungsämter.
[3] Jastrow, a. a. O.

ihm sind Gewerbegerichte und Einigungsämter vornehmlich Paradigmen für das neue System der Verwaltungswissenschaft, das er aufzubauen vorhat. Nicht minder reizvoll aber wäre es, dem Entwicklungsgang der gewerblichen Sondergerichtsbarkeit im einzelnen zu folgen; aufzuweisen, wie sie kein Kunstprodukt, keine spielerische Schöpfung nationalökonomischer Professoren oder von Lieblingsideen umfangener Politiker ist, sondern wie vielmehr die Bedürfnisse des praktischen Lebens sie der ordentlichen Rechtsprechung in zähem Kampfe abrangen. Dieses Ringens haben wir ja erst kürzlich eine Neuauflage erlebt. Der Wunsch der kaufmännischen Angestellten — um es mit H. B. Oppenheim auszudrücken — nach einer „Spezialjurisdiktion zur besseren Aburteilung ihrer Kategorie von Rechtsfällen“ war nachgerade unabweisbar geworden, und da war es seltsam zu beobachten, wie in der juristischen Fachpresse alle die Argumente wieder auflebten, die sich einst gegen das Institut der Gewerbegerichte erhoben und die man durch die wissenschaftliche Erkenntnis und die praktische Erfahrung eines Menschenalters überwunden zu haben glaubte. Die schlichte Wahrheit, die der Barmener Gewerbegerichtssekretär und ehemalige Appellationsgerichtsreferendar C. Ferié[1] bereits im Jahre 1874 aussprach, als er die Gewerbegerichte als Fachgerichte (fora specialia curae) also charakterisierte: „Ihr Merkmal besteht darin, dafs zu ihrer sachgemäfsen Erledigung eine Summe von praktischen Kenntnissen und Erfahrungen erforderlich ist, welche in ausreichendem Mafse dem juristisch vorgebildeten Richter nur selten beiwohnt“[2], ist noch bis in unsere Tage insbesondere von temperamentvollen Vertretern des Anwaltstandes mit advokatorischer Beredsamkeit, aber zumeist ohne soziale Einsicht bestritten worden.

Bei früheren Darstellungen des Werdegangs der gewerblichen Sondergerichtsbarkeit ist man vielfach bemüht gewesen, für unsere modernen Gewerbegerichte Anknüpfungspunkte oder zum mindesten Analogien zu suchen in der Gerichtsbarkeit, wie sie Jahunderte hindurch mit bald gröfserer, bald geringerer Ellenbogenfreiheit von den Zünften geübt worden ist. Das ist soweit gegangen, dafs der Bericht der Reichstagskommission, der am 2. Dezember 1885 der sozialdemokratische Antrag (Auer und Genossen) auf Abänderung gewisser Titel der Gewerbeordnung überwiesen worden war,

---

[1] Ferié, a. a. O. S. 42.

[2] Auch die Definition, die die preufs. Verfassung vom 31. Januar 1850 von diesen Gerichten gibt, wäre hier anzuziehen. Sie verheifst neben den Handelsgerichten die Einführung von Gewerbegerichten und bezeichnet sie nicht als Standesgerichte, sondern „als Gerichte für besondere Klassen von Angelegenheiten, welche im Wege der Gesetzgebung an den Orten errichtet werden, wo das Bedürfnis solche erfordert.“

treuherzig versichern[1] durfte: „Es ist ein tiefwurzelndes, historisches Recht der deutschen Volksstämme, die im Berufe entstandenen Streitigkeiten durch ebenbürtige Standes- und Fachgenossen womöglich endgültig zur Entscheidung bringen zu können, und es wird niemals gelingen, diese altgermanische Art der Rechtsprechung durch sachverständige Vertrauensmänner durch rein juristische zu ersetzen.“ — Meines Erachtens sind alle diese historischen Vergleiche wenig glücklich. In dem Institut der Gewerbegerichte, wie es sich nach mancherlei mifsglückten Anläufen unter der Herrschaft des Reichsgesetzes vom 29. Juli 1890 entwickelt hat, werden sich nur gewisse Anklänge an die ehemalige Jurisdiktion der Zünfte nachweisen lassen. Nur in einer Epoche der Zunftgeschichte[2] mag man zur Not eine gewisse Ähnlichkeit finden: damals, als in der Blüte der Zünfte das genossenschaftlich gebildete und mit genossenschaftlicher Kompetenz ausgerüstete Zunftgericht alle Streitigkeiten unter Genossen zuerst vor das eigene Forum zog, ehe sie an den ordentlichen Richter gehen durften; als ihm die Entscheidung in allen eigentlichen Amtssachen, insbesondere über jeden Bruch des genossenschaftlichen Friedens und über Vergehungen gegen das Amtsherkommen und die Amtsbeliebungen gebührte und Gesellen und Lehrlinge noch durchaus als Schutzgenossen dastanden, in denen man bereits die künftigen Vollgenossen achtete. Aber mit dem Wandel des deutschen Genossenschaftswesens im 17. und 18. Jahrhundert, ja früher schon, hatte sich auch die alte genossenschaftliche Selbstgerichtsbarkeit verändert. Die ausschliefslich von Engherzigkeit und Eigennutz bestimmte Art, mit der die verfallenden Zünfte ihre von den Landesherren mehr und mehr eingeschränkten Gerechtsame gegen alle „Ungenossen“, gegen die „Bönhasen“ und „Pfuscher“ wie gegen den neuaufkommenden Stand lebenslänglicher Gesellen handhabten, hatte keinerlei Ähnlichkeit mehr mit unseren doch in erster Reihe als soziale Einrichtung zu Nutz und Frommen der Schwächeren gedachten Gewerbegerichten. Dafs ein irgendwie erweisbarer historischer Zusammenhang in den Dingen selbst überhaupt nicht bestehen konnte, wird für jeden klar, der sich erinnert, dafs der „Reichsschlufs wegen Abstellung der Mifsbräuche bei den Handwerkern“ vom Jahre 1731 in seinem § 5 Meister und Gesellen ausdrücklich anwies, bei ihren Zwistigkeiten „an den Weg Rechtens und richterlicher Hilfe oder Einsicht sich gänzlich begnügen zu lassen, mithin die Sache bei der Obrigkeit anzeigen und deren Untersuchung, Erkanntnuss und Ausspruch geduldig und ruhig zu erwarten, dergestalt, dafs bis zur rechtskräftigen

---

[1] Reichstagsdrucksachen von 1886. S. 122.
[2] Gierke, a. a. O. S. 396 ff.

Dezision kein Meister und kein Geselle gescholten, unredlich und Handwerks unfähig gehalten werde." Stieda[1] folgert daraus, es sei den Zünften also „noch nicht mit einem Schlage die ganze Gerichtsbarkeit genommen" worden. Das ist richtig: den Zünften blieb mit starken örtlichen Verschiedenheiten und in der Regel unter Aufsicht obrigkeitlich verordneter Persönlichkeiten ein Stück von dem, was man heute „Gewerbepolizei" nennt. Aber auch damit ward unter dem Einfluſs einer namentlich um die Wende des Jahrhunderts lebhaft einsetzenden Agitation[2] nach und nach aufgeräumt und die Hardenbergische Gesetzgebung, inbesondere die Gesetze vom 2. November 1810 und vom 7. November 1811, die die Zünfte[3] als Sonderkorporationen aufhoben, beseitigten auch die letzten Reste ihrer Sondergerichtsbarkeit. Man wird sich also schon damit abfinden müssen, das Vorbild der deutschen Gewerbegerichte bei unseren französischen Nachbarn zu suchen und ihren Urtypus in jenem „Rat der Gewerbeverständigen" (conseil de prud'hommes) zu sehen, den Napoleon I. durch das Gesetz vom 18. März 1806[4] den Seidenwebern, Sammetwirkern und Silberarbeitern von Lyon gab. Die französischen conseils de prud'hommes sind vielfältig geschildert worden; von F. B. Gottlieb an, der als Sekretär am Kölner Gewerbegericht 1831 über „die Amtsbefugnisse des Rats der Gewerbeverständigen und den rechtlichen Verkehr bei demselben"[5] gehandelt hatte, fast von allen, die das Institut der Gewerbegerichte im Zusammenhang zu erfassen versuchten. Auf diese umfangreiche Literatur einzugehen ist hier nicht der Ort; auch eine abermalige Darstellung des schon so oft Dargestellten erübrigt sich wohl; nur sei doch in Kürze betont, worauf zuerst Stein[6] aufmerksam gemacht hat:

[1] Stieda, Gewerbegericht.

[2] Vgl. ein von Stieda, „Gewerbegericht", zitierter Artikel des „Oberpfälzischen Regierungsblatts" von 1804, der die Zunftgerichtsbarkeit als ein „Überbleibsel jener finsteren Zeitalter" bezeichnete, in denen „der Genosse das Urteil schöpfte und meistenteils noch ungestraft die Selbstrache herrschte" und die nicht mehr bestehen könne, „sobald die Staatsgewalt das Richteramt für die Nation auf eine befriedigende Weise geordnet" habe.

[3] Ostlich der Elbe blieben die Innungsschiedsgerichte noch in Tätigkeit, da dic Edikte von 1810 und 1811 zwar den Zunftzwang beseitigt, nicht aber das Fortbestehen der Innungen und ihrer genossenschaftlichen Anstalten untersagt hatten. Als allzu beträchtlich wird man sich diese auf die Schlichtung kleiner Differenzen beschränkte schiedsrichterliche Tätigkeit trotzdem nicht vorzustellen haben.

[4] Gesetz vom 18. März 1806 „portant établissement d'un conseil de prud'hommes à Lyon". Es wurde 1806 dem Corps législatif vorgelegt, durch Regnauld de St. Jean d'Angély begründet und am 18. März mit 229 weiſsen gegen eine schwarze Kugel angenommen.

[5] Gottliebs Arbeit ist mir leider ebenso wenig zugänglich gewesen wie die von Stieda erwähnte Studie Meiſsners, „Die Fabrikgerichte in Frankreich". Auf der Berliner kgl. Bibliothek waren sie nicht zu erhalten.

[6] Dr. G. Stein, a. a. O.

dafs auch die französischen conseils de prud'hommes im Laufe des 19. Jahrhunderts mannigfache Wandlungen erlebten und den ursprünglichen Typus unter dem Einflufs einer zu wiederholten Reformen ansetzenden Gesetzgebung keineswegs rein bewahrten. Mit diesem Urtypus freilich, den Preufsen in Aachen-Burtscheid und Köln[1] vorfand, als es nach den Befreiungskriegen vom linken Rheinufer Besitz ergriff, haben unsere Gewerbegerichte kaum etwas gemein. Wir kennen nicht die Scheidung in ein Vergleichsbureau (bureau particulier oder de consiliation) — obwohl unser abgekürztes Verfahren vor dem Vorsitzenden immerhin einige Ähnlichkeit damit haben dürfte — und in ein Hauptbureau (bureau général oder de jugement); wir haben die Zuständigkeit des Gerichts unendlich erweitert, wie den Kreis[2], aus dem ihm die Beisitzer erstehen; wir haben vor allem das Institut der Gewerbegerichte mit sozialem Gehalt erfüllt und ihm eine Reihe von Aufgaben gestellt, an die in einer von naturrechtlichen Fiktionen beherrschten Zeit selbstverständlich noch kein Gedanke war. Aber wir stehen eben, wenn auch nicht am Ende, so doch mitteninne in einer Entwicklung, und dafs diese von den napoleonischen conseils de prud'hommes ausging, scheint mir die mehr als vierzigjährige Geschichte aller der im einzelnen vielfach mifslungenen Anläufe zu erweisen, die in Preufsen-Deutschland unternommen wurden, die gewerbliche Gerichtsbarkeit zu ordnen.

Wenn wir das Problem so fassen, können wir — als für unsere Betrachtung unerheblich — an einer Reihe von Gebilden vorübergehen, die das Deutschland der ersten Jahrzehnte des vorigen Säkulums zur Entscheidung gewerblicher Streitigkeiten entwickelt hatte. Dafs einzelnen grofsen industriellen Unternehmungen — Staatswerkstätten wie privaten — zum Teil schon seit dem 18. Jahrhundert eine Patrimonialgerichtsbarkeit für gewisse Differenzen mit ihren Arbeitern zustand; dafs in Berlin am 4. April 1815 für die Streitigkeiten der Fabrikanten mit ihren Arbeitnehmern (für das Handwerk war es nicht berechnet) ein Fabrikengericht als Deputation des Stadtgerichts angeordnet wurde, das sich aus einem allein entscheidenden Mitglied des Stadtgerichts und einem vom Finanzministerium ernannten technischen Mitarbeiter zusammensetzte; dafs dann auf einen Antrag des ersten westfälischen Landtags, den das

---

[1] Gewöhnlich findet man neben Köln und Aachen-Burtscheid als dritten Ort auch Krefeld genannt, wo unter französischer Herrschaft ein conseil de prud'hommes eingerichtet worden sei. Doch hat Stein (a. a. O.) wahrscheinlich gemacht, dafs für Krefeld zwar 1811 ein conseil angeordnet, aber hinterher nicht eingerichtet worden ist.

[2] Das Lyoner conseil bestand aus neun Mitgliedern, von denen fünf Fabrikanten und vier chefs d'atelier (Werkstättenvorsteher — Werkmeister) sein sollten. Dieselbe Organisationsform wiederholt sich bei den rheinisch-bergischen Gerichten sowie in Elsafs-Lothringen, wohin die conseils de prud'hommes durch die französische Gesetzgebung gleichfalls gebracht wurden.

nahe Beispiel der Rheinprovinz locken mochte, durch Reglement vom 26. November 1829 die Errichtung ähnlicher Fabrikgerichtsdeputationen für den Regierungsbezirk Arnsberg verfügt wurde — das alles kann für uns in diesem Zusammenhang nicht in Betracht kommen. Wir werden von der preufsischen Gewerbeordnung von 1845[1] auszugehen haben; nicht etwa weil in ihr der conseil de prud'hommes-Gedanke bereits wirksam wäre, sondern weil erst die schlechten Erfahrungen, die man mit der von der Gewerbeordnung angestrebten Regelung machte, die preufsische Regierung veranlafsten, auf die Einrichtungen der Rheinprovinz zurückzugreifen, die dort seit einem Menschenalter bestanden und sich allgemeiner Beliebtheit erfreuten.

Es ist die Zeit reaktionärer romantischer Strömungen in der Politik; des Wiedererstarkens zünftlerischer Ansprüche und Bestrebungen; aber auch die Zeit der ersten lebhafteren Streikbewegung im neuen Jahrhundert. Die regierenden Kreise Preufsens wünschen das Innungswesen zu begünstigen, und so nimmt man die Gelegenheit der Gewerbeordnung wahr, die Innungen durch Übertragung einer gewissen Gerichtsbarkeit oder, wo sie diese zum Teil bereits ausübten, durch deren Bestätigung — der Ausdruck kehrt in der wirtschaftspolitischen Geschichte des letzten Jahrhunderts noch häufiger wieder — zu „kräftigen". Die rheinischen Gewerbegerichte und die anderen oben beschriebenen Sondergerichte bleiben unverändert. Gewerbetreibende, die sich nicht der Jurisdiktion solcher bestehenden Gerichte erfreuen, werden mit ihren Streitigkeiten mit den Arbeitern einfach vor die Ortspolizeibehörde verwiesen. Innungsmitglieder aber erhalten den weiteren Vorzug, bei Streitigkeiten, die über die einseitige Aufhebung des Lehrvertrags wegen grober Vernachlässigung der Pflichten des Meisters entstehen, vor ihren Genossen Recht nehmen zu dürfen[2]. Aber der Versuch mifslingt; weder Regierung noch

---

[1] Ein Zurückgreifen auf die Gewerbeordnung von 1845 ist auch deshalb erforderlich, weil die von ihr gefundenen Definitionen mit kleinen Änderungen bis 1890 in Geltung waren. Der hier in Betracht kommende § 137 der Gewerbeordnung lautet: „Streitigkeiten der selbständigen Gewerbetreibenden mit ihren Gesellen, Gehilfen und Lehrlingen, die sich auf Antritt, Fortsetzung oder Aufhebung des Arbeits- oder Lehrverhältnisses oder auf die gegenseitigen Leistungen während der Dauer desselben beziehen, sind, soweit für diese Angelegenheiten besondere Behörden bestehen, bei diesen zur Entscheidung zu bringen. Insoweit solche Behörden nicht bestehen, erfolgt die Entscheidung:

1. Wenn der selbständige Gewerbetreibende Mitglied einer Innung ist, durch die Innungsvorsteher unter Vorsitz eines Mitglieds der Kommunalbehörde.
2. In anderen Fällen durch die Ortspolizeiobrigkeit. Gegen diese Entscheidung steht den Beteiligten die Berufung auf den Rechtsweg binnen zehn Tagen präklusivischer Frist offen; die vorläufige Vollstreckung wird aber dadurch nicht aufgehalten."

[2] Stein, a. a. O. S. 51.

Gewerbetreibende sehen ihre Erwartungen erfüllt, und so tauchen verschiedene Vorschläge zur Bildung besonderer Gewerbegerichte auf. Namentlich das Jahr 1848 ist reich an ihnen. Eine Petition von 321 Handwerksmeistern[1] in Bonn an den Minister Camphausen fordert die Errichtung eines volkstümlichen Schiedsgerichts, eines sogenannten Handwerkertribunals; der Handwerker- und Gewerbekongreſs in Frankfurt a. M. (das sogen. „Handwerkerparlament") verlangt in seinem Entwurf einer allgemeinen deutschen Gewerbeordnung gleichfalls die Bildung eines Gewerbegerichts und der um die nämliche Zeit tagende Gesellen- und Arbeiterkongreſs stimmt in einer Denkschrift (Darmstadt 1848) diesen Vorschlägen durchaus zu. Stein meint sogar schlechtweg: „in der damaligen Handwerkerbewegung war das Verlangen nach Einführung der Prud'hommesgerichte geradezu allgemein[2]." Das habe ich nicht nachprüfen können. Immerhin lag für die preuſsische Regierung bei solchen Strömungen und Regungen nichts näher, als an die Institution in den rheinischen Landesteilen anzuknüpfen. Dort hatte sie derweil mit der von Frankreich überkommenen Einrichtung allerlei neue und — was betont werden muſs — durchweg günstige Erfahrungen gemacht. Sie hatte zwei Jahrzehnte hindurch die Hinterlassenschaft der französischen Gesetzgebung nicht angetastet; die beiden bestehenden Conseils (zu Aachen-Burtscheid und Köln), die 1815 die Bezeichnung „Rat der Gewerbeverständigen" erhielten, funktionierten ruhig weiter; neue wurden bis 1834 nicht errichtet. Aber bereits 1830 war ein Schritt von prinzipieller Bedeutung geschehen: die Zuständigkeit des Kölner „Rats der Gewerbeverständigen" ward auf die gesamte Industrie und das Handwerk[3] ausgedehnt und nun folgte in den nächsten anderthalb Dezennien auf Grund des bisher noch nicht in der Praxis angewendeten französisch-bergischen Dekrets vom 17. Dezember 1811 eine rege Tätigkeit, in deren Verlauf Krefeld, der Kreis Gladbach, Barmen-Elberfeld, Solingen, Lennep, Remscheid, Burtscheid im Kreise Solingen und Düsseldorf mit „Gewerbeverständigen" ausgestattet wurden.

Ihren Abschluſs erhält diese Gesetzgebung — die Errichtung eines Conseils in Mülheim am Rh. im Jahre 1857 ist ein Einzelfall, der die Regel nicht mehr durchbricht — durch die

---

[1] Bonn, gedruckt bei C. u. F. Krüger, April 1848.

[2] Auch in Hamburg und Hamm hatten sich Handwerkerkongresse mit der Errichtung von Gewerbegerichten beschäftigt und besondere Gewerbegerichtsstatute ausgearbeitet.

[3] „Die rheinischen conseils waren nur für diejenigen Industriezweige zuständig, die in der Einsetzungsordre aufgeführt wurden. Die Heranziehung des Handwerks hatte eine grundsätzliche Bedeutung, da durch den Ausdruck ‚fabrique' im französischen Text die Anwendung auf das Handwerk ausgeschlossen schien". Stein, a. a. O.

Verordnung vom 7. August 1846: seither heifsen die rheinischen Gerichte „königliche Gewerbegerichte“; ein Privileg, dessen sich die auf Grund des Reichsgesetzes ins Leben gerufenen Gerichte, obschon sie in Preufsen „im Namen des Königs“ Recht sprechen, bis auf den heutigen Tag nicht erfreuen[1]. Wahlfähigkeit und Wahlberechtigung, Verfassung uud Verfahren sind bei diesen rheinischen Gerichten nicht durchweg gleichmäfsig geordnet; im allgemeinen dürfte aber zutreffen, was Thun[2] über ihre Zusammensetzung berichtet: die Mitglieder werden durch die Fabrikinhaber, Werkmeister, Handwerkmeister und selbständigen Arbeiter, sofern sie mindestens drei Taler Klassensteuer zahlen, gewählt. Die einzelnen Gewerbe sind verhältnismäfsig vertreten; aus dem Fabrikantenstande wird ein Richter mehr als aus den Arbeitern genommen; alle Richter werden durch die königliche Regierung bestätigt; die Richter selbst wählen aus ihrer Mitte den Vorsitzenden oder dessen Stellvertreter; ein gewählter Sekretär, der die Aktuariatsprüfung bestanden hat, führt die Protokolle, verwaltet die Kanzlei und kontrasigniert die Urteile. Die Parteien erscheinen persönlich, die Verhandlungen sind mündlich und gliedern sich — worauf früher schon hingewiesen wurde — in zwei Stadien; das der Vergleichskammer und des Hauptbureaus. — Die nämlichen Grundzüge nun kehrten in der Verordnung wieder, die die Regierung nach sehr sorgfältigen Vorarbeiten, nach Beratung mit einer nach Berlin berufenen Kommission von Arbeitnehmern und Arbeitgebern, nach Anhörung der Fachkommission der preufsischen Nationalversammlung für Handwerkerverhältnisse und der im Januar 1849 in Berlin versammelten Abgeordneten des Handelsstandes und der Provinzialhandwerkervereine am 2. Februar 1849 für den gesamten Bereich der Monarchie mit Ausschlufs des Bezirks des Appellationsgerichtshofs erliefs: es war der Versuch, die rheinischen „Räte der Gewerbeverständigen“ auf das ganze Preufsen auszudehnen. Auch hier die Gliederung in Vergleichsausschufs und eigentliches Gewerbegericht; die Zusammensetzung auf der einen Seite — aus der Klasse der selbständigen Handwerker, Fabrikinhaber, Faktoren, Ausgeber, Verleger; auf der andern — aus Gehülfen, Gesellen, Werkführern und Fabrikarbeitern; auch hier die Bevorzugung des Unternehmertums, aus dessen Kreise immer ein Mitglied mehr in das Richterkollegium gewählt wird und dem stets der Vorsitzende und sein Stellvertreter entnommen werden mufs.

Aber was am Rhein in so schöner Blüte stand, das führte

---

[1] Erlafs des preufs. Ministers für Handel und Gewerbe und des Justizministers vom 31. Oktober 1892. Vgl. v. Schulz, Kommentar zum Gewerbegerichtsgesetz. S. 29.

[2] Thun, a. a. O.

in den andern Provinzen allenthalben zum völligen Fiasko. Elf Gerichte im ganzen wurden in der Zeit von 1850 bis 1853 errichtet; dann geriet die Angelegenheit ins Stocken; nach 1854 schon war aufserhalb der Rheinlande kein einziges Gewerbegericht dieser Spielart mehr aufzufinden. Über die Gründe dieses Mifserfolges hat der Aktuarius Wolter[1], der am Magdeburger Gewerbegericht die Funktionen des Gerichtsschreibers versah, in dem einzigen Jahresbericht, den er überhaupt abzufassen hatte, erschöpfende Auskunft gegeben: die Kosten waren zu hoch und zu ungleich verteilt; was nicht durch Sporteln und sonstige Einnahmen des Gerichts einkam, das wurde durch Umlagen gedeckt, die den selbständigen Gewerbetreibenden gleich hart trafen wie den Arbeiter, den Meister mit 20 und mehr Gesellen genau so anfafsten wie den armen Kleinmeister, der ohne Gesellen arbeitend eine zahlreiche Familie zu ernähren hatte. So ward das Unbehagen allgemein; wer irgend konnte, suchte sich der Beitragspflicht zu entziehen oder focht gar die Zuständigkeit des Gewerbegerichts an, und als es zu Neuwahlen kam, wollte keiner mehr ein Wahlrecht besitzen. Zudem waren, wie Stein[2] meint, diese preufsischen Gewerbegerichte in den Fehler verfallen, den die französischen mit sicherem Takt stets vermieden hatten: sie waren mehr eine rechtsprechende als eine ausgleichende Behörde geworden und statt in erster Reihe zwischen den streitenden Parteien zu vermitteln, hatten sie in reiner Geschäfsmäfsigkeit nach den starren Rechtsnormen zu richten versucht. Vielleicht ist es auch nicht so unrichtig, wenn Ferié[3] an dem Mifslingen vornehmlich dem Mangel eines common sense die Schuld gibt, der sich in den alten Provinzen Preufsens nicht so entwickeln konnte, wie in den Rheinlanden unter dem Einflufs der französischen Gesetzgebung. Die trübe Zeit der Reaktion war der Betätigung selbstschöpferischen Gemeinsinns eben ganz und gar nicht günstig.

Trotz solcher nicht gerade ermutigenden Erfahrungen knüpfte die Regierung — an Stelle der preufsischen war mittlerweile die deutsche Reichsregierung getreten — doch wieder an gewisse Züge des französischen Typus an, als sie in den siebziger Jahren die Materie aufs neue zu ordnen unternahm. Inzwischen war aber aus der Initiative der Volksvertretung ein neues Motiv in die gewerbliche Sondergerichtsbarkeit

---

[1] „Mitteilungen über das Gewerbegericht zu Magdeburg aus dem Geschäftsjahre 1850 im amtlichen Auftrage herausgegeben vom Gewerbegerichtsschreiber Aktuarius Wolter." Magdeburg 1851. Das Buch war auf der Berliner kgl. Bibliothek leider nicht zu erhalten. Stein hat, wie er a. a. O. mitteilt, erst nach vielen Bemühungen das letzte noch in den Händen der Erben Wolters befindliche Exemplar auftreiben können.

[2] Stein, a. a. O. S. 57 ff.

[3] Ferié, a. a. O.

hineingetragen worden, von dem Eberty[1] in der Verzückung des freisinnigen Parteimannes behauptet: es sei der „wirklich entscheidende Schritt“ und an ihn schliefse sich „alles, was seit 21 Jahren zur Bildung wirklicher Gewerbegerichte geschehen sei.“

Als im Jahre 1869 den zum Norddeutschen Bund zusammengeschlossenen Staaten eine einheitliche Gewerbeordnung gegeben werden sollte, da hatten die verbündeten Regierungen unter Anlehnung an die alte preufsische Gewerbeordnung und nur die von jener zugelassene Jurisdiktion der Innungen beseitigend vorgeschlagen: wo besondere Behörden zur Schlichtung gewerblicher Streitigkeiten nicht bestünden — ihre nähere Charakterisierung stimmte wortwörtlich mit der 1845 beliebten überein — da sollten sie durch die Ortspolizeibehörde entschieden werden, wofern nicht — das war das Novum – „beide Teile über die Beschreitung des Rechtsweges einig wären.“ Derlei besondere Gerichte bestanden am Rhein und vereinzelt im Königreich Sachsen, wo am 15. Oktober 1861 ein Gesetz über die Errichtung von Gewerbegerichten[2] erlassen worden war; ein ähnlicher Versuch, den man früher schon im Herzogtum Sachsen-Gotha gemacht hatte, war fehlgeschlagen: nach dem Willen der verbündeten Regierungen wäre also die Entscheidung der Gewerbestreitsachen künftighin der Zuständigkeit der Ortspolizeibehörde überwiesen worden. Aber der Reichstagsmehrheit erschien diese Instanz denn doch zu „bureaukratisch“. So ward auf Anregung Laskers und des damaligen Stadtrats, späteren Stadtkämmerers Runge die „Ortspolizeibehörde“ des Regierungsentwurfs durch die „Gemeindebehörde“ ersetzt und den drei Absätzen, in die sich dieser Paragraph der neuen Gewerbeordnung gliederte, ein vierter beigefügt, der es in das Belieben der Gemeindebehörden stellte, statt der bisher dafür bestimmten Behörden zur Entscheidung gewerblicher Streitigkeiten Schiedsgerichte unter gleichmäfsiger Zuziehung von Arbeitgebern und Arbeitnehmern zu bilden. Das ist das berühmte Alinea 4 des § 108, um das sich eine ganze Literatur gebildet hat und das einst — uns Späteren erscheint es kaum mehr glaublich — wie ein Palladium kommunaler Bürgerfreiheit hochgehalten und mit leidenschaftlichem Eifer verfochten worden ist. Auch Alinea 4 hatte seine Ahnen. Schon die Frankfurter Nationalversammlung hatte sich für fachliche Laiengerichte ausgesprochen und diese Meinung im § 47 der „Grundrechte“ also formuliert: „Die bürgerliche Rechtspflege soll in Sachen besonderer Berufserhebung durch sachkundige, von den Berufsgenossen gewählte

---

[1] Eberty, a. a. O., S. 18.

[2] Tatsächlich ist auf Grund des Gesetzes nur ein einziges Gericht — in Meifsen — errichtet worden.

Richter geübt oder mitgeübt werden". Es klang kaum weniger allgemein und unbestimmt, als Alinea 4 des § 108 lakonisch verordnete: durch Ortsstatut, das heifst also nach § 142 der Gewerbeordnung nach Anhörung der beteiligten Gewerbtreibenden und mit Genehmigung der höheren Verwaltungsbehörde könnten gleichmäfsig aus Arbeitgebern und Arbeitnehmern gebildete Schiedsgerichte mit der Schlichtung der im Eingang des § 108 umschriebenen Streitigkeiten betraut werden. H. B. Oppenheim[1] hat in seiner stark pointierten, vornehmlich auf die Wirkungen des Tagesschriftstellers rechnenden Weise von diesem vierten Satz des § 108 erklärt: „Da ist etwas von volkstümlicher Opposition gegen die starre Herrschaft des Juristenrechts, eine nicht durchgeführte Annäherung an den Begriff des Schiedsgerichts und daneben ein Stück mifsverstandenes selfgovernment." Das ist natürlich vom Standpunkt des politischen Gegners gesagt, der die ihm unwillkommenen Dinge in eine möglichst unerfreuliche Beleuchtung zu rücken wünscht. Aber auch ohne solche Voreingenommenheit wird man bekennen müssen, dafs mit gröfserer Sorglosigkeit — man möchte fast sagen: aus dem Handgelenk heraus — wohl selten ein Gesetzgeber eine neue Institution einzuführen versucht hat. Diese gewerblichen Schiedsgerichte des § 108 schwebten ja völlig in der Luft; der Absatz 4, den die Abgeordneten Lasker und Runge gegen das Widerstreben der konservativen Minderheit und bei der müden Apathie erheblicher Bruchteile des Reichstages in die Gewerbeordnung des jungen Bundesstaats hineingewoben hatten, überliefs alle prozessualischen Einzelheiten der ortsstatuarischen Feststellung und stellte es somit in das Belieben jedweder Gemeindeverwaltung, sich ad hoc ein Prozefsrecht nach eigenem Geschmack zu wählen und festzusetzen. Zudem fehlten doch alle Bestimmungen über die Exekutive, die den schiedsgerichtlichen Urteilen erst die Vollstreckung sichern konnten. Nun ist es allerdings richtig, dafs die Urheber des gesetzgeberischen Gedankens sich seiner Schwächen bewufst waren. Sie haben wiederholt betont, dafs es ihnen überhaupt nur darauf angekommen sei, vorerst das neue Prinzip zum Ausdruck zu bringen und der Abgeordnete Lasker hat fünf Jahre später[2], als er im Reichstage das Scheitern der eigenen Anregung persönlich bescheinigen mufste, melancholisch erklärt: der Gesetzgeber hätte ja nur — freilich umsonst — an die „Volkskraft", an die „entwickelnde Tätigkeit aus der Mitte der Beteiligten" appelliert. Am 23. April 1869 hatte derselbe Abgeordnete Lasker anders ge-

[1] H. B. Oppenheim, a. a. O. S. 19.
[2] Vgl. Rede Laskers vom 20. Februar 1874.

sprochen. Da hatte er kühnlich versichert: „Nach Annahme unseres Antrages wird, wie ich glaube, an jedem gröſseren Orte zur Bildung solcher Gerichte geschritten werden, und der Zeitpunkt wird näher kommen, an welchem die gewerblichen Angelegenheiten durch beteiligte und nicht durch gelehrte Richter entschieden werden.“ Zu so stolze Hoffnung atmenden Aussprüchen will es schlecht passen, wenn Rickert[1] und Eberty[2], den Miſserfolg zu bemänteln, späterhin beteuerten: man hätte mit Alinea 4 ja nichts Endgültiges schaffen wollen. Die Regelung aller Einzelheiten sei mit Bedacht späteren Ausführungsbestimmungen vorbehalten geblieben. Um es auf eine kurze Formel zu bringen: an den gewerblichen Schiedsgerichten des § 108 hatte moderner sozialreformerischer Sinn, der sich um einen möglichst gerechten Ausgleich zwischen Kapital und Arbeit müht, geringen Teil. Die auf so schwer wägbare Begriffe wie „Volkskraft“ und „entwickelnde Tätigkeit aus der Mitte der Beteiligten“ Rechtsinstitute zu gründen trachteten, waren noch von naturrechtlichen Gedankenreihen umfangene liberale Romantiker. Es gibt eben — was gemeinhin nicht genug beachtet zu werden pflegt — eine Romantik auch in liberalem Gewande.

Freilich, auch in dem, was ein paar Jahre später die Regierung zur Regelung der gewerblichen Sondergerichtsbarkeit vorschlug, war noch nichts von einem Anklopfen sozialen Geistes zu spüren. Die Aufhebung des Koalitionsverbots hatte in der deutschen Arbeiterschaft auch mancherlei unerfreuliche Kräfte ausgelöst. Die ungewohnte junge Freiheit lockte und wollte ausgenutzt sein; dazu die rücksichtslose Streikpolitik[3] des lassalleanischen Parteihauptes v. Schweitzer und die seltene Gunst der wirtschaftlichen Lage in dem Zeitraum von 1869 bis 1873 mit ihrer andauernd wachsenden Nachfrage nach Arbeitskräften — das alles wirkte auf das Selbstbewuſstsein des Arbeiterstandes, der sich eben erst zu einer abgeschlossenen Proletarierklasse umzuformen begann und trieb ihn an, die schlummernden Kräfte zu gebrauchen. „Die Arbeitseinstellungen,“ so charakterisiert Oldenberg[4] die Epoche, „werden zum Schrecken des Landes und zur Tagesfrage der öffentlichen Diskussion; Politik und Wissenschaft spüren ihren Einfluſs“. Niemals wieder ist in dem letzten Menschenalter deutscher Geschichte die Arbeiterschaft bei den bürgerlichen Schichten vielleicht so unpopulär gewesen, wie in jenen Tagen jungen Trotzes. Der für „kathedersozialistisch“ geltende „Hamburger Korrespondent“ sprach sich — vermutlich unter dem Einfluſs seines

---

[1] Rickert, a. a. O.
[2] Eberty, a. a. O.
[3] Oldenberg, a. a. O., S. 741.
[4] A. a. O., S. 743.

Redakteurs Dannenberg, von dem ein verworrenes Buch über „Das deutsche Handwerk und die soziale Frage“, ein rechtes Journalistenbuch in seinem Gemisch von Oberflächlichkeit und gelegentlichem bon sens zur nämlichen Zeit einen verwunderlich starken Eindruck auf das Publikum machte — wiederholt für eine kriminelle Bestrafung des Arbeitskontraktbruchs aus; genau in demselben Sinne äufserte sich eine Reihe weitverbreiteter fortschrittlicher Organe und selbst auf der Eisenacher Tagung des „Vereins für Sozialpolitik“ erklärte sich eine beträchtliche Mehrheit für die Bestrafung des Kontraktbruchs, obwohl Schmoller in einer klugen Rede, deren staatsmännische Weitsicht man erst heute recht abschätzen kann, eindringlich davor gewarnt hatte, der „vorübergehenden Philisterstimmung“ nachzugeben. Solchen Strömungen, deren A und O der Fundamentalsatz „Es mufs etwas geschehen“ war, konnten sich auf die Dauer auch die verbündeten Regierungen nicht entziehen. Am 4. Oktober 1870 und noch am 31. Juli 1871 hatte der preufsische Handelsminister Graf Itzenplitz in zwei Reskripten an die kgl. Regierungen und Landdrosteien die Schiedsgerichte des § 108 warm empfohlen, in denen er Hilfe gegen die Not der Arbeitseinstellungen und ein „wirksames Mittel zur Wiederherstellung und Erhaltung des sozialen Friedens“ zu erkennen glaubte. Die Vorlage, mit der die verbündeten Regierungen im Sommer 1873[1] der Zeitkrankheit zu begegnen gedachten, wufste von so optimistischen Auffassungen nichts mehr. Von den gewerblichen Schiedsgerichten heifst es in den Motiven der Gewerbeordnungsnovelle abschätzig und apodiktisch: „Dafs sie dem Zweck, eine sachgemäfse und schleunige Erledigung der zwischen Arbeitgebern und Arbeitnehmern entstehenden Streitigkeiten zu sichern, nicht entsprochen hätten, sei durch die bisherige Erfahrung zur Genüge erwiesen und anerkannt.“ So schlug man denn für den Kontraktbruch kriminelle Ahndung vor; die aus dem Arbeitsverhältnis entspringenden Streitigkeiten aber sollten Gewerbegerichte, die sich aus einem von der obersten Justizaufsichtsbehörde ernannten gelehrten Richter als Vorsitzenden und zwei aus der Wahl der Gemeindevertretung hervorgegangenen Beisitzern zusammensetzten, aburteilen und entscheiden. Der 1873er Entwurf ist, weil die Session bald nach seiner Einbringung geschlossen wurde, nie zur Beratung gekommen; am 2. Februar 1874 aber legten die verbündeten Regierungen die Novelle in mehrfach abgeänderter Form von neuem vor. Auch dieser Entwurf gab sich als Novelle zur Gewerbeordnung, aber während jener in seinem ersten Artikel Alinea 4 des § 108 zu ändern vorgeschlagen hatte, empfahl der neue, den Paragraphen überhaupt auf-

[1] Die Novelle ging dem Reichstage am 18. Juni 1873 zu.

zuheben: die bereits vorhandenen besonderen Gewerbegerichte (also neben den rheinischen die elsaſs-lothringischen) sollten bestehen bleiben; wo aber solche Behörden noch nicht bestanden, da sollte die Entscheidung durch eine Deputation der Gemeindebehörde erfolgen, die auf Anordnung der höheren Verwaltungsbehörde zu bilden war. An Stelle der Gemeindebehörden — das Schema des § 108 kehrt hierin wieder — konnte die Zentralbehörde dann Gewerbegerichte mit der Entscheidung der gewerblichen Streitigkeiten betrauen, die man mit den ordentlichen Gerichten erster Instanz zu verbinden und aus einem gelehrten Richter als Vorsitzenden und zwei Beisitzern zusammenzusetzen gedachte. Die sollten dann zwar zu gleichen Teilen Arbeitgeber und Arbeitnehmer sein; aber die sie erkor und in einer Liste zusammenstellte, aus der der Vorsitzende die für die einzelne Sitzung einzuziehenden Beisitzer zu bestimmen hatte, war die Gemeindebehörde. Man sieht ganz klar: soziale Beweggründe hatten den Gesetzgeber hier nicht eben beeinfluſst. „Der leitende Gedanke," urteilt Oppenheim[1], in dem man als Referenten der späteren Reichstagskommission wohl einen kompetenten Interpreten der Absichten der Regierung sehen dürfen wird, „ist unleugbar den rheinischen Gerichten entnommen." Von ihnen stammte neben manchen anderen Einzelheiten — die Entscheidungen z. B. waren als sofort vollstreckbar und endgültig gedacht — in Bezug auf das Verfahren auch die Bestimmung, daſs auf die mündlich oder schriftlich einzubringende Klage zunächst ein Vergleichsversuch erfolgen sollte und erst, wenn dieser fehlschlage, zur Urteilsfällung geschritten werde. Im übrigen hatte das Miſstrauen gegen die Arbeiterschaft, das — wie gesagt — in jenen Tagen in der Luft lag, dem Gesetzgeber die Hand geführt. Denn daſs von der Gemeindebehörde patriarchalisch designierte Beisitzer — zumal in so von sozialem Zündstoff erfüllten Zeitläuften — wenig dazu geeignet waren, den neuen Institutionen, wie die Motive naiv meinten, „das Vertrauen der beteiligten Kreise zuzuwenden", hätte sich wohl am Rande verstehen müssen. Auch dieser Entwurf ist dann nicht im Reichstage zur Verabschiedung gelangt. Bei der ersten Lesung fand er im Plenum mancherlei Anerkennung, in der Kommission vereinigte sich sogar die Mehrheit auf ihn; dann wurde die Tagung geschlossen und die Novelle blieb abermals unerledigt. Vorher aber war ihr durch die Kommission die grundsätzliche Änderung[2] eingefügt worden, daſs die Beisitzer aus der freien

---

[1] Oppenheim, a. a. O., S. 34,

[2] Stieda hält das merkwürdigerweise für keine grundsätzliche Änderung. Er meint, diese Verbesserung der Kommission „träfe die leitenden Grundsätze der Vorlage nicht."

Wahl durch Arbeitgeber und Arbeitnehmer hervorgehen sollten: so viel sozialen Gedankeninhalt hatte die Zeit doch schon aufgenommen, dafs sie die einfache Ernennung der Beisitzer durch die Gemeindebehörde nicht mehr als Mitwirkung der beteiligten Kreise anzuerkennen vermochte! Erst vier Jahre später[1] — das Sehnen der gewerblichen Kreise nach schnell und billig arbeitenden Sondergerichten hatte sich inzwischen nicht gelegt[2] und war namentlich 1877 in mehreren Anträgen aus dem Lager des Zentrums, der Sozialdemokratie und der Nationalliberalen zum Ausdruck gekommen — brachte die Regierung einen neuen Entwurf ein. Der charakterisierte sich nicht mehr als Novelle zum § 108, sondern war in 24 Paragraphen — das 1890er Gesetz hat deren 84, die Fassung von 1901 88 — der erste schüchterne Versuch zu einem selbständigen Gewerbegerichtsgesetz. In der Sache selbst knüpfte er mehr an den Inhalt des § 108 an, als die Entwürfe von 1873 und 1874 das getan hatten. Er hält daran fest, dafs die Gewerbegerichte als autonome Veranstaltung der beteiligten Gemeinden durch Ortsstatut zu bilden seien; aber er verfügt zugleich, dafs sie durch Anordnung der Landeszentralbehörde errichtet werden könnten, wenn die Gemeinden oder Kommunalverbände trotz ergangener Aufforderung innerhalb der gesetzten Frist sich zu keinem Gewerbegericht entschlössen. Er verordnet über die Zusammensetzung: vier Beisitzer unter einem Vorsitzenden, der nicht unbedingt Jurist zu sein braucht (nur ein Arbeitgeber oder Arbeitnehmer dürfte es nimmer sein) sollten das Richterkollegium bilden; aber er lenkt dann sofort wieder in die Ängstlichkeit zurück: der Magistrat müsse die Beisitzer ernennen; eine Wahl durch die Gewerbetreibenden selbst hätte in der Regel nicht stattzufinden. Aufserdem wird bestimmt: die Wahl des Vorsitzenden bedarf der Bestätigung durch die höhere Verwaltungsbehörde; gegen die Entscheidungen des Gewerbegerichts gelten die nämlichen Rechtsmittel wie gegen amtsgerichtliche Urteile; das Amt des Beisitzers ist ein Ehrenamt und nur die Reisekosten werden vergütet. Der Entwurf, der bei seiner ersten Lesung auf allgemeine Zustimmung stiefs, ist hinterher doch wieder gescheitert. Seltsamerweise just an einem Punkt, der uns heute bei rückschauender Betrachtung als durchaus unbeträchtlich erscheint. Die Kommission hatte gefordert — damit ein ganz neues Prinzip zur Geltung bringend —, dafs den Beisitzern, Arbeitnehmern wie Arbeitgebern, die gleiche Vergütung für

[1] Am 23. Februar 1878.

[2] In der Session 1877 waren etwa 150 Petitionen von selbständigen Handwerkern, Innungen, Gewerbevereinen aus allen Gegenden Deutschlands auf Einführung gewerblicher Schiedsgerichte, Sicherstellung einer Entschädigung für Kontraktbruch usw. beim Reichstag eingegangen.

Zeitversäumnis zugebilligt würde. Das hatte die Regierung zugestanden. Die Kommission hatte ferner statt der Berufung durch die Gemeindebehörde die Wahl der Beisitzer durch die Gewerbetreibenden verlangt[1]: auch darin hatte die Regierung zögernd nachgegeben. Nur an der Bestimmung ihres Entwurfs, die die Wahl des Vorsitzenden von der Bestätigung durch die höhere Verwaltungsbehörde abhängig machte, hielt sie unverbrüchlich fest. Und da gerade in diesem Stück sich auch die Reichstagsmehrheit nicht erweichen liefs, zudem das Interesse an dem Zustandekommen sichtlich zu erlahmen begann, kam in der dritten Lesung das Gesetz zu Fall. „Im Reichstage sagte man sich," so motiviert Eberty[2] den verwunderlichen Beschlufs der ihm nahestehenden Mehrheit: „wenn die Vorlage wegen dieses Punktes scheitert, so verbleibt es bei der Bestimmung des § 108 der Reichsgewerbeordnung, mit welchem man auskommen kann. Der Reichstag verzichtete lieber auf ein organisches Gesetz, ehe er ein weiteres Stück der Selbstverwaltungskörperschaften preisgab." Wir werden den nämlichen schiefen Gedankengängen bei den Beratungen des Jahres 1890 noch genugsam begegnen! Beim § 108 — um das noch gleich hier einzufügen — blieb es übrigens nicht mehr. Der „Entwurf eines Gesetzes, betreffend die Gewerbegerichte" hatte ihn ja beseitigen sollen. Nun war der gescheitert und so galt es die Bestimmungen des § 108 wieder in der Gewerbeordnung unterzubringen. Der alte § 108 wurde mit geringen redaktionellen Änderungen zum § 120a der Gewerbeordnung; unter andern mit der, dafs für die Worte „Gesellen, Gehilfen und Lehrlinge" einfach „Arbeiter" gesetzt wurde.

Der Regierung war nach so zwiefachem Mifslingen die Lust zu neuen gesetzgeberischen Anregungen auf diesem Gebiet auf lange hinaus vergangen. Auf dem Wege der Teilgesetzgebung freilich bildete sie das schiedsgerichtliche Verfahren für gewerbliche Streitigkeiten weiter aus: 1881 fiel — natürlich zur „Kräftigung" des Handwerks — die Entscheidung von derlei Differenzen den Innungen zu; als obligatorische Aufgabe (Innungsspruchbehörde): wo es sich um Streitigkeiten zwischen Innungsmitgliedern und deren Lehrlingen handelte; als fakultative (Innungsschiedsgerichte): beim Zwist zwischen Innungsmitgliedern und deren Gesellen. 1887 ward die Kompetenz der Innungsschiedsgerichte dann gar noch dahin erweitert, dafs in bestimmten Fällen auch Nicht-Innungsmitglieder und deren Gesellen ihnen unterstellt werden konnten. Aber die

---

[1] Obligatorisch gemacht war das freilich auch nicht. § 108 der 1878er Vorlage bestimmte nach den Beschlüssen der Kommission lediglich: „die Wahl der Beisitzer kann den Arbeitgebern und Arbeitern zu gleichen Teilen übertragen werden."

[2] Eberty, a. a. O., S. 29.

Materie im ganzen zu ordnen, überkam die Regierung nicht mehr das Verlangen. 1886 sprach sich der Reichstag im Anschlufs an zwei sozialdemokratische[1] Anträge für die Einführung obligatorischer Gewerbegerichte aus und — in beiden Stücken durchaus im Gegensatz zu den Regierungsentwürfen von 1873/4 und 1878 — für die Verleihung des Wahlrechts an die Gewerbtreibenden selbst, die — Arbeitgeber und Arbeitnehmer in getrennten Wahlkörpern — die Beisitzer in unmittelbarer, gleicher und geheimer Abstimmung zu gleichen Teilen wählen sollten. Die verbündeten Regierungen reagierten auf diesen Reichstagsbeschlufs ebenso wenig wie auf gelegentliche Anfragen bei den Etatsberatungen der nächsten Jahre. Aber je mehr unter dem Einflufs der anhebenden sozialen Gesetzgebung der Arbeitsvertrag an positivem Inhalt gewann, je mehr die sozialpolitische Einsicht und das soziale Gewissen sich schärften, um so weniger liefs eine Reform sich auf die Dauer abweisen. Mit Recht erklärte der Abg. Hitze bei der Beratung eines Antrages Baumbach, der die verbündeten Regierungen um baldige Vorlegung eines Entwurfs über die Einführung von Gewerbegerichten ersuchte, am 12. Januar 1889 im Reichstage: „Eine billige, prompte, sachkundige, von dem Vertrauen der Arbeiter getragene Rechtssprechung den Arbeitern zu sichern, sei auch ein wertvolles Stück der Sozialreform." Das Kunterbunt aber, bei dem 74 ortsstatutarische Schiedsgerichte von mannigfaltigster Organisation, „besondere" Behörden in Hamburg, Bremen, Darmstadt, Meifsen und Rostock[2], die ordentlichen Gerichte, die königlichen Gewerbegerichte der Rheinprovinz, die kaiserlichen Elsafs-Lothringens[3], die Gemeindebehörden und die Innungstribunale sich in die Jurisdiktion der gewerblichen Streitigkeiten und der über die Anrechnung und Berechnung der Krankenkassenbeiträge[4] entstehenden teilten und die nämliche Sache bald so und bald

[1] Am 29. Januar 1885 hatten die Abg. Grillenberger u. Gen. den Entwurf einer Gewerbenovelle eingebracht, der u. a. auch die Einführung von Arbeitsämtern, Arbeitskammern und Schiedsgerichten enthielt. Dieser Antrag wurde in der folgenden Session — am 19. November 1885 — vom Abg. Auer wieder aufgenommen.

[2] In Hamburg bestand für diese Zwecke die sogenannte „städtische Vergleichsbehörde"; in Rostock noch von den Zeiten der Hansa her „das Gewett", Vgl. Gebhardt, a. a. O.

[3] Die seit Anfang des Jahrhunderts in Elsafs-Lothringen bestehenden Gewerbegerichte waren erst durch Gesetz vom 23. März 1880 neu geregelt worden. Errichtet konnten sie nur durch kaiserliche Verordnung werden. Vorsitzender und dessen Stellvertreter wurden vom Kaiser ernannt. Ein Arbeiter, der nicht eine direkte Steuer bezahlt, kann nicht Mitglied des Gerichts werden.

[4] Das Kranken-Versicherungsgesetz von 1883 hatte den erwähnten Behörden auch die Entscheidung der Streitigkeiten zugewiesen, die über Anrechnung und Berechnung der Krankenkassenbeiträge zwischen Arbeitgebern und den von ihnen beschäftigten Personen entstehen.

so abgeurteilt wurde, mufste eines geordneten Staatswesens mit der Zeit schlechthin unwürdig werden. Mittlerweile war mit dem jungen Kaiser der sozialpolitischen Betätigung auch ein neuer Antrieb gekommen. Der Geist der Februarerlasse kündigte sich bereits an, und als man bei der Etatsberatung im November 1889 abermals die Frage der Gewerbegerichte streifte, erklärte der damalige Staatssekretär des Innern von Bötticher: dem hohen Hause würde „in nicht ferner Zeit“ ein Entwurf zugehen, der der Resolution[1] des Reichstages Rechnung trüge. Dieser Entwurf erst wies den Gewerbegerichten ihren Platz in unserer Gerichtsverfassung zu.

[1] Im Anschlufs an den oben angezogenen Antrag Baumbach hatte der Reichstag am 12. Januar 1889 folgende Resolution gefafst: „die verbündeten Regierungen zu ersuchen, dem Reichstag baldtunlichst den Entwurf eines Gesetzes betreffend die Einführung von Gewerbegerichten vorzulegen mit der Mafsgabe, dafs die Beisitzer derselben, zu gleichen Teilen von den Arbeitgebern und von den Arbeitern in getrennten Wahlkörpern und in unmittelbar gleicher und geheimer Abstimmung gewählt werden.“

Zweites Kapitel.

Das Gesetz von 1890.

In der Thronrede, mit der der Kaiser nach den Neuwahlen und dem Rücktritt des Fürsten Bismarck am 6. Mai die kurze Sommertagung des Jahres 1890 eröffnete, ward unter den Vorlagen, die den „innerhalb der staatlichen Ordnung berechtigten und erfüllbaren Wünschen der arbeitenden Bevölkerung Rechnung tragen" sollten, an zweiter Stelle die über die Gewerbegerichte genannt. Die Thronrede[1] charakterisierte sie kurz so: „Eine weitere Vorlage erstrebt die bessere Regelung der gewerblichen Schiedsgerichte und zugleich eine Organisation derselben, die es ermöglicht, diese Gerichte bei Streitigkeiten zwischen Arbeitgebern und Arbeitern über die Bedingungen der Fortsetzung oder Wiederaufnahme des Arbeitsverhältnisses als Einigungsämter anzurufen." In den Motiven[2] aber des noch am nämlichen Tage im Reichstage zur Verteilung gelangenden Gesetzentwurfs ward deſs zur näheren Erläuterung ausgeführt: der Entwurf fuſse im allgemeinen auf der Vorlage von 1878 „unter tunlichster Berücksichtigung der zu derselben vom Reichstag auf Grund der Kommissionsberatung in zweiter Lesung gefaſsten Beschlüsse." Auch sein Zweck sei nicht die Beseitigung, sondern „nur die weitere Ausgestaltung und Entwicklung des im § 120a der G. O. aufgestellten Prinzips." Nur im dritten Abschnitt, der unter gewissen Voraussetzungen das Gewerbegericht zur Tätigkeit als Einigungsamt berufe, weiche der Entwurf von der 78er Vorlage ab.

Die Motive taten recht, daſs sie sich so nachdrücklich auf den 78er Entwurf beriefen: mit Ausnahme des vollkommenen Novums des Einigungsamts, das immerhin einen Schritt — wenn auch nur einen schüchternen, zagenden — ins Dunkel bedeutete, stand die neue Vorlage wirklich ganz und gar auf seinen Schultern. Es blieb dabei, daſs die Errichtung der Gewerbegerichte in der Regel in das Belieben der Gemeinden gestellt ward, und daſs nur dann die Landeszentralbehörden

[1] Stenogr. Ber. 1. Session 1890/1, 1. Bd., S. 1.
[2] Ibidem. 1. Anlagebd., S. 38.

eingreifen sollten, wenn beteiligte Arbeitgeber oder Arbeiter sie um ihre Intervention angingen und gleichzeitig erwiesen wurde, daſs die Gemeindehörden oder Kommunalverbände dazu nicht geneigt oder auſser Stande waren. Man hielt auch in der Bezeichnung der Streitigkeiten, für die das Gewerbegericht zuständig sein sollte, die alte Richtlinie ein und ward nur insofern bestimmter, als ausdrücklich alle Ansprüche auf Entschädigung, einschlieſslich derjenigen, die erst mit dem Zeitpunkt der Entlassung oder des Austritts des Arbeiters entstehen, vor die Gewerbegerichte gewiesen wurden. Es blieb auch bei dem Vorsitzenden, der keineswegs ein Mann von rechtsgelehrter Bildung zu sein brauchte, wenn er nur weder Arbeitgeber noch Arbeiter war und bei den vier Beisitzern, die — hier wich der Entwurf in Nachgiebigkeit gegen die damaligen Kommissionsbeschlüsse von der achtundsiebziger Vorlage ab — unter Mitwirkung aller Arbeitgeber und Arbeiter gewählt werden sollten. Ein bestimmtes System, in Sonderheit die geheime und direkte Wahl vorzuschreiben — dazu vermochte sich die Vorlage freilich noch nicht aufzuschwingen. „Wie das System für die Wahlen zu gestalten ist," meinten, die letzten Gründe wohl verschweigend, die Motive[1] „wird in befriedigender Weise nicht durch eine unterschiedslose Regel, sondern nur im einzelnen Falle unter Berücksichtigung der örtlichen Verhältnisse, insbesondere auch der Zahl und des Umfangs der hauptsächlichen Industriezweige zu entscheiden sein." Dafür wollte die Regierung — auch hier wieder ein Zurückweichen, wenn auch kein grundsätzliches, vor den Kommissionsbeschlüssen von 1878 — nichts dawiderhaben, wenn die oder jene Gemeinde ihren Beisitzern auſser dem Ersatz der Reisekosten „gleichmäſsig und ohne Ausnahme" eine Vergütung zukommen lieſse. Nur an dem Erfordernis der Bestätigung des im übrigen von den Magistraten oder Gemeindevertretungen freigewählten Vorsitzenden hielt die Regierung auch diesmal fest. Wie wir noch später sehen werden: mit vollem Recht. Und genau wie 1878 lieſs der Entwurf die Berufung unbeschränkt zu. Aber wenn die neue Vorlage so die sachliche Zuständigkeit der Gewerbegerichte in den alten Grenzen lieſs und auch an der 1878 vorgesehenen Organisation und dem damals projektierten Verfahren nur wenig rührte, so suchte sie doch die persönliche Zuständigkeit zu erweitern. Vorerst nur auf die Bergarbeiter. § 70 der Vorlage bestimmte: „Die Streitigkeiten der in Bergwerken, Salinen, Aufbereitungsanstalten und unterirdisch betriebenen Brüchen und Gruben beschäftigten Arbeiter mit ihren Arbeitgebern finden vor besonderen Berggewerbegerichten ihre Erledigung. Diese werden von der Landeszentralbehörde an-

[1] Stenogr. Ber. 1. Session 1890/1. 1. Anlagebd., S. 41.

geordnet und sind nur für die Bergarbeiter der betreffenden Bezirke zuständig." Die Motive aber erläuterten diese Abweichungen von den allgemeinen Bestimmungen, die bereits in der Vorlage von 1874 vorgesehen waren und die der 1878er Entwurf dann beiseite gelassen hatte, obschon vier Jahre zuvor die amtliche Begründung eindringlich auf das Bedürfnis hinwies, dem Bergwesen eine schleunige Rechtspflege unter Mitwirkung von Sachkundigen zu sichern, wie folgt [1]:

„Die Gemeinden stehen den Bergbauverhältnissen im allgemeinen nicht so nahe wie den Gewerbeverhältnissen im übrigen. Deshalb besteht meist und namentlich in dem gröfsten deutschen Staate neben der Ortspolizei eine besondere Bergpolizei und eine mit den Bezirken der Gemeinden, der weiteren Kommunalverbände und der allgemeinen politischen Verwaltung sich nicht deckende Verwaltungseinteilung. Aufserdem handelt es sich beim Bergbau um Unternehmungen, welche viefach nicht auf das Gebiet einer einzelnen Gemeinde beschränkt sind, häufig sogar die Grenzen der Kreise und selbst der Provinzen durchschneiden. Sollen die Gewerbegerichte für den Bergbau ihrem Zweck entsprechen, so werden sie auf Grund des § 4 Absatz 1 als für diesen ausschliefslich zuständige errichtet und örtlich an die für die Bergverwaltung im allgemeinen bestehende Bezirkseinteilung angeschlossen werden müssen. Eine zweckmäfsige Einteilung der Gewerbegerichtsbezirke wird demnach nicht von lokalen Instanzen, sondern nur von der Landeszentralbehörde nach einem einheitlichen Plane getroffen werden können. Diesen wird daher die Errichtung der Gewerbegerichte für die Bergwerksbetriebe von vornherein und unabhängig von den Voraussetzungen des § 4 Absatz 1 zu überlassen sein. Folgeweise werden aber auch die Kosten der Gewerbegerichte nicht den Gemeinden oder gröfseren Kommunalbezirken aufgelegt werden können, sondern aus der Staatskasse bestritten werden müssen. Ebenso folgt aus der Errichtung der Gewerbegerichte durch die Landeszentralbehörden, dafs diesen die Ernennung der Vorsitzenden zu übertragen ist. Letzteres wird auch schon deshalb notwendig werden, weil es bei der Mehrzahl der für den Bergbau einzurichtenden Gewerbegerichte an einer für den ganzen Bezirk des Gerichts zuständigen Kommunalbehörde fehlen würde" . . .

Diese „halbe Verstaatlichung der Bergbauschiedsgerichte", wie Eberty [2] — übrigens ohne Gegnerschaft und Schärfe — die hier gefundene Organisation nennt, stiefs im Reichstage auf keinen Widerspruch. Auch sonst begegnete man dem Entwurf mit Anerkennung und sympathischer Voreingenommen-

---

[1] Stenogr. Ber. 1890/1. 1. Anlagebd., S. 49.
[2] Eberty, a. a. O.

heit. Wenigstens bei der ersten Lesung, die schon am dritten Sitzungstage der Session — am 9. Mai — stattfand. Ein Mitglied des Zentrums, Dr. Bachem, der später auch den Bericht der Kommission erstattete, hielt der Vorlage die Begrüſsungsrede. Aus seiner Kritik sprach, im Lob wie im Tadel, der Rheinländer. Er begrüſste es zunächst „freudig", daſs die Vorlage sich in vielen Punkten mit dem rheinischen Verfahren berühre und er bedauerte demgemäſs, daſs dem Sühneverfahren und — seltsam genug — dem Sekretär[1] nicht die rechte Stellung zugewiesen sei. Aus rheinischen Erfahrungen ging auch Dr. Bachems Verlangen nach Ausschluſs der Rechtsanwälte und Einführung einer summa appellabilis hervor. Zutreffend führte er aus: ein Fachgericht schöpfe aus eigener Sachkenntnis, es prozediere ohne scharfe Betonung des strictum jus und urteile ex aequo et bono. Lasse man von einem solchen Gericht eine unbegrenzte Berufung an das Landgericht zu, so würden die kassierenden Urteile sehr bald zahlreich werden. Das billige Urteil würde aufgehoben durch ein anderes Gericht, das ausschlieſslich nach dem strictum jus richte. „Sie werden," sagte Bachem[2] — und dieses Urteil ist hinterher durch manche Landgerichtsentscheidung bestätigt worden, die in der Berufungsinstanz gegen Sprüche von Gewerbegerichten erging — „niemals ein Landgericht finden, das sich auf den Standpunkt des praetor peregrinus stellt, wie das Gewerbegericht es sollte und bisher auch immer getan hat. Unsere Juristen sind praetores urbani; es sind Leute, welche aufgewachsen sind in der scharf logischen Denkweise. Solche Leute sind nicht durchaus geneigt und selbst geeignet, auf den Gedanken eines Fachgerichts immer einzugehen." Einzelnes von dem, was Bachem ausführte, ward auch von anderer Seite unterstützt; namentlich seine Forderung, in das Gesetz eine Bestimmung aufzunehmen, durch die für die Wahl der Beisitzer das geheime Wahlrecht ein- für allemal garantiert würde, fand im Hause lebhaften Anklang. Dazu kamen dann noch Einwände anderer Art. Die freisinnigen Redner stieſsen sich vornehmlich an der staatlichen Bestätigung des Vorsitzenden, die ihnen den „Charakter der Institution" zu verändern[3] schien. Sie bemängelten aber auch die Beibehaltung der Innungsschiedsgerichte, die der Abgeordnete Dr. Meyer[4] mit Recht als einen der „anstöſsigsten Punkte" der Vorlage bezeichnete

---

[1] Bei den rheinischen Gerichten war der Sekretär — wenigstens bei der Einleitung des Prozesses und noch im Sühneverfahren — nahezu die Hauptsache. Zudem war der Sekretär, der die Aktuarprüfung bestanden haben muſste, dort sozusagen der einzige Jurist des Kollegiums.

[2] Stenogr. Ber. 1890/1. 1. Bd., S. 12.

[3] Ebenda S. 26.

[4] Ebenda S. 20.

und trafen sich mit dem Sprecher der Sozialdemokratie in der Klage über die engherzige Handhabung des Wahlrechts durch die Vorlage, die den Frauen das Wahlrecht ganz nehme und bei den Männern das passive erst mit 30, das aktive mit 25 Jahren beginnen lasse. Der sozialdemokratische Abgeordnete Tutzauer sah darin ein „in jeder Hinsicht unberechtigtes Mifstrauen“ [1] gegen die Arbeiter, das seiner Partei die Vorlage vollständig unannehmbar machen müsse, was von dem Vertreter der verbündeten Regierungen, dem damaligen Staatssekretär des Inneren, v. Boetticher, nachdrücklich betritten wurde. Das beste in jener ersten Erörterung rührte vom Abgeordneten Dr. Miquel her. In Frankfurt a. M., wo Miquel damals noch als Oberbürgermeister amtierte, war unter seiner Aegide auf Grund des § 120 der Gewerbeordnung ein gewerbliches Schiedsgericht mit ziemlich freimütigen Statuten [2] errichtet worden, und so konnte er aus seiner Erfahrung erzählen. Den Sprechern auf der linken Seite des Hauses, die in doktrinärer Befangenheit die Vorlage einen Rückschritt nannten, weil da und dort ein Ortsstatut den Programmpunkten des Liberalismus weitergehende Zugeständnisse gemacht hätte, hielt er entgegen: welch' einen gewaltigen Gewinn es schon bedeutete, wenn künftighin einheitlich „in ganz Deutschland alle gewerblichen Streitigkeiten auf eine rasche, billige, vertrauenerweckende, durch die Zusammensetzung von Arbeitern und Arbeitgebern getragene Art und Weise“ [3] erledigt würden; den Bedenken von anderer Seite aber, den ausgesprochenen wie den heimlichen, galt die aus reicher Praxis schöpfende Versicherung: welcher sozialen und politischen Ansicht die Mitglieder des Gewerbegerichts in Frankfurt auch seien — auf die strenge

---

[1] Stenogr. Ber. 1890/1, 1. Bd., S. 15.

[2] Der eigentliche Autor dieser Statuten war August Bebel, der sie im Auftrage des Leipziger Arbeiterbildungsvereins entworfen hatte. Auf sie gründete sich das Leipziger Schiedsgericht und von ihm hatte Frankfurt a. M. sein Ortsstatut entlehnt. Vgl. Singer in der Reichstagssitzung vom 25. Januar 1899. Stenogr. Ber. 1898/1900, 1. Bd., S. 445. Flesch in der Festschrift für die Dresdener Städteausstellung „Verband deutscher Gewerbegerichte“ schreibt: „Das Frankf. Statut sah nach dem Vorgang von Leipzig die Bestimmung der Beisitzer durch geheime Wahl der Arbeitgeber und Arbeiter vor und erkannte den Beisitzern Entschädigungen zu. Es bestimmte, dafs die Entschädigung nicht zurückgewiesen werden durfte und gab dem Gewerbeschiedsgericht die Befugnis, den Gemeindebehörden auf deren Ersuchen Gutachten über gewerbliche Fragen zu erstatten, sowie auch bei drohenden oder ausgebrochenen Arbeitseinstellungen sich als Einigungsamt zu konstituieren. So war es natürlich, namentlich bei der bedeutenden Stellung, die der damalige Oberbürgermeister von Frankfurt, Miquel, zur Zeit des Erlasses des späteren Gewerbegerichtsgesetzes im Reichstage und im Preufsischen Staatsrat einnahm, dafs die Bestimmungen des Frankfurter Statuts vielfach, auch bei Aufstellung des Entwurfs des Gewerbegerichtsgesetzes Beachtung fanden und vorbildlich wurden.“ A. a. O. S. 5 u. 6.

[3] Stenogr. Ber. 1890/1, S. 23.

Erfüllung ihrer Pflicht als Richter, auf das gewissenhafte Suchen des Rechts, auf die Behandlung aller Beteiligten, Kläger und Beklagten, welcher Klasse sie auch angehören, nach Mafsgabe von Recht und Billigkeit hätte das niemals den geringsten Einflufs geübt. Aus der Praxis kam auch gegenüber den hitzigen Verfechtern kommunaler Unfehlbarkeit wie gegenüber den allzu Nervösen, die auch dahinter wieder allerlei unklare Umsturzgefahren witterten, die leidenschaftslose, abgeklärte Mahnung: den Streit über die Bestätigung des Vorsitzenden doch ja nicht zu überschätzen[1]. „Ich halte die Wichtigkeit der Frage nach beiden Seiten hin für übertrieben. Es ist für die Rechtsuchenden ziemlich gleichgültig, wenn einmal die Gemeindevertreter die Wahl haben, ob der Gewählte dann noch bestätigt wird oder nicht. Die Nichtbestätigten werden eine ganz extreme Ausnahme sein.“ Die Erfahrungen späterer Jahre haben diese Voraussage vollinhaltlich bewahrheitet[2]. So ging der Entwurf im allgemeinen von guten Wünschen und freundlichen Absichten geleitet noch am Schlufs der nämlichen Sitzung an eine Kommission von 21 Mitgliedern. In dieser Kommission, die am 12. Mai ihre Arbeiten begann und am 9. Juni Bericht erstattete, ist die Vorlage dann vielfach verändert worden. Meistens zum guten; an einer Stelle aber auch entschieden zum schlechten. Es war eine Verbesserung, dafs auf eine Anregung von seiten des Zentrums, der nur die Konservativen widersprachen, die unmittelbare und geheime Wahl der Beisitzer nunmehr reichsgesetzlich festgelegt wurde. Dafs man in einer der preufsischen Verfassung nachgebildeten Bestimmung zum § 118 einstimmig beschlofs: „Der Verzicht auf die Vergütung für etwaige Reisekosten und Zeitversäumnis ist unstatthaft.“ Dafs man die Rechtsanwälte grundsätzlich ausschlofs und eine Berufung erst bei Streitgegenständen von 100 Mark aufwärts zuliefs. Dafs man die verlangte Befreiung der unter staatlicher Verwaltung stehenden Betriebsanlagen auf die Werkstätten der Militär- und Marineverwaltung beschränkte und einer Anregung des Abgeordneten Miquel folgend in die fünf bisherigen Abschnitte des Entwurfes, die von der Errichtung und Zusammensetzung der Gewerbegerichte, dem Verfahren, der Tätigkeit als Einigungsamt, dem Verfahren vor dem Gemeindevorsteher und den Schlufsbestimmungen handelten, einen neuen einfügte, der das Gewerbegericht zur Abgabe von Gutachten über gewerbliche Fragen berief. Ein böses Geschenk aber bereitete die Kommission dem Kapitel, das der Zuständigkeit der Innungen gewidmet war. Es war vielleicht schon ein schlimmes Vor-

[1] Stenogr. Ber. 1890/1, S. 23.
[2] Vgl. Jastrow, a. a. O.

zeichen, daſs zum Vorsitzenden[1] der Kommission ein Hauptvertreter jener wirtschaftspolitischen Bestrebungen gewählt wurde, die alles und jedes vom Standpunkt der „Kräftigung der Innungen“ zu betrachten und zu werten pflegen. Die Regierung hatte die Innungsfrage diesmal nicht wieder aufrollen wollen; sie hatte deshalb an dem Stand der Dinge nicht weiter gerührt, die sich in den achtziger Jahren ja ohnehin so zugunsten der Innungen entwickelt hatten, daſs bei der ersten Lesung der konservative Redner ausdrücklich das „volle Vertrauen“[2] seiner Partei zu den von der Vorlage getroffenen Bestimmungen aussprechen konnte. Die gingen, wie gesagt, lediglich dahin, die Zuständigkeit der Innung in alter Weise aufrechtzuerhalten: die Kompetenz der Innungsschiedsgerichte zur Entscheidung der Streitigkeiten zwischen Meister und Gesellen blieb auch gegenüber den neuen Gewerbegerichten gewahrt; Lehrlingsstreitigkeiten aber sollten nur so lange von den Innungen geschlichtet werden, als ein auf der Grundlage des neuen Gesetzes errichtetes Gewerbegericht nicht vorhanden war. Diese subsidiäre Zuständigkeit der Innungen — so der Wille der Regierungsvorlage — fiel demnach in dem Moment, wo ein wirkliches Gewerbegericht errichtet wurde. Die Freisinnigen machten in der Kommission den Versuch, auch die Kompetenz der Innungsgerichte zu beseitigen; ihr Antrag ward mit neun gegen sieben Stimmen abgelehnt. Statt dessen nahm die Kommission den Antrag eines Zentrumsabgeordneten[3] an, der die Innungsgerichtsbarkeit noch erheblich verstärkte und allen später noch entstehenden Innungen die Zuständigkeit in Lehrlingsstreitigkeiten zuwies, die das Gewerbegericht schlechthin ausschloſs. Solches geschah, wie der Kommissionsbericht betont, um die „in der Vorlage vorhandene Unklarheit“ zu beseitigen, „daſs Innungen, welche erst entstehen, nachdem Gewerbegerichte gebildet sind, in vollem Maſse die Rechte derjenigen Innungen haben, die früher bestanden oder an Orten errichtet wurden, wo Gewerbegerichte nicht gebildet sind.“ An einer andern Stelle des Berichts hieſs es deutlicher über die eigentlichen Motive: die Innungsschiedsgerichte seien vielfach eine ganz besondere Stütze der Innung. Auf eine kurze Formel gebracht aber war der Sinn des Kommissionsbeschlusses: die Rechte der Innungen sollten den Rechten der Gewerbegerichte unbedingt vorgehen[4]. Und dieser unheilvolle Beschluſs, den die Kommission nur mit einer einzigen Stimme Majorität gefaſst hatte, ward hernach allen Vernunftgründen zum Trotz vom Plenum approbiert. Zur „Kräftigung der Innungen!“

---

[1] Vgl. Schmid, a. a. O. S. 158.
[2] Stenogr. Ber. 1890/1, 1. Bd., S. 18.
[3] Der Antrag rührte vom Abg. Bachem her.
[4] Eberty, a. a. O. S. 59.

Die zweite Plenarberatung des Entwurfs war sehr eingehend, sehr sorgfältig, sehr gewissenhaft. Sie begann am 14. Juni und währte mit einem Tag Unterbrechung bis zum 23. Juni; sie zog — zum Teil hartnäckig und nicht ohne starke innere Erregung — alle die Fragen in die Erörterung, die schon bei der ersten Lesung im Plenum und dann wieder in der Kommission berührt worden waren. Wieder kamen die Sozialdemokraten mit ihrem Antrag auf obligatorische Einführung der Gewerbegerichte, zu dessen Unterstützung sie anführten — ein Argument, das später noch mehrfach durch die Praxis bekräftigt worden ist — dafs das in den Gemeinden vertretene liberale Manchestertum [1] der Errichtung von Gewerbegerichten sich nicht immer wohlgeneigt zeigen würde. Wieder mit ihrer Anregung, das gesamte gewerbliche und kaufmännische Hilfspersonal einschliefslich der Lehrlinge — von den landwirtschaftlichen Arbeitern sahen sie diesmal noch ab — in die Sphäre des neuen Gerichts miteinzubeziehen. Aber in der Abweisung der obligatorischen Gewerbegerichte waren Regierung und Parteien sich einig; konservative, nationalliberale und freisinnige Redner wiederholten im Grunde nur, was der Staatssekretär v. Bötticher [2] so ausgedrückt hatte: es würde weite Distrikte im Reiche geben, in denen Gewerbegerichte absolut überflüssig sein würden; wo man durch die Einrichtung dieser Gewerbegerichte Organe schaffe, von denen so selten Gebrauch gemacht würde, dafs Kosten und Weiterungen schliefslich in keinem Verhältnis mehr zu dem möglichen Nutzen stünden. Vielleicht mochte man sich auch nicht dem Gewicht des Arguments verschliefsen, das der greise Windthorst [3] vorbrachte: vorerst die Erfahrung als Lehrmeisterin gelten zu lassen und auf die Frage zurückzukommen, wenn die Notwendigkeit sich ergäbe oder die Behörden widerwillig würden — kurz, die obligatorischen Gewerbegerichte wurden einmütig abgelehnt und die Einbeziehung des kaufmännischen Hilfspersonals desgleichen. Gerade dieser Punkt ward mit beneidenswerter Leichtigkeit abgetan. Die rechtlichen Verhältnisse, — so deduzierte der konservative Redner [4] — die vor dem Gewerbegerichte zur Sprache gebracht würden, seien mehr oder weniger fixiert in der Gewerbeordnung [5]. Das

---

[1] Vgl. die Abgeordneten Dreesbach und Singer in der 17. Sitzung vom 14. Juni 1890. Stenogr. Ber., 1. Bd., S. 324 u. 328.

[2] Stenogr. Ber. 1890/1, 1. Bd., S. 327.

[3] Ebenda S. 333.

[4] Ebenda S. 341.

[5] „Die Haltung der Majorität“, sagt Schmid, a. a. O., S. 161, „mufs um so mehr auffallen, als sie an der dem Reichstage gleichzeitig vorgelegten Novelle zur Gewerbeordnung, welche den Titel VII mehrfach auch auf die Hilfsarbeiter des Handels- und des Apothekergewerbes ausdehnt, erkennen

kaufmännische Personal gehöre nicht zu den Gewerbetreibenden im Sinne der Gewerbeordnung, ergo hätte es auch nichts vor den Gewerbegerichten zu tun. Und es illustriert eigentümlich die Tiefe des Freiheitsbegriffs beim damaligen Liberalismus, dafs der Freisinnige Eberty[1] in seinem Buch solcher Oberflächlichkeit mit der Phrase beitrat: „namentlich" hätten die kaufmännischen Hilfskräfte ja ihre durch das Handelsgesetzbuch besonders geordneten Rechtsverhältnisse. Auch den Gerichtsstand der Hausindustriellen gelang es der Sozialdemokratie nicht nach ihren Wünschen zu regeln. Die Regierungsvorlage hatte es den Ortsstatuten überlassen wollen festzusetzen, inwieweit die Hausindustriellen als Arbeiter anzusehen und demgemäfs der Jurisdiktion der Gewerbegerichte zu unterstellen seien. In der Kommission hatte man dann die obligatorische Unterstellung der Hausindustriellen unter die Gewerbegerichte gefordert; aber von bayerischer Seite war demgegenüber darauf aufmerksam gemacht worden, dafs die dortigen Hausindustriellen — die sogenannten „Heimarbeiter" — häufig mit eigenem Material arbeiteten und sich dadurch vielfach dem Unternehmertum näherten und so ward schliefslich der Ausweg gefunden: diejenigen Hausarbeiter, die mit geliefertem Material arbeiteten, obligatorisch den Gewerbegerichten zu unterstellen; bei den anderen aber, die sich die Rohstoffe selbst besorgten, es dem Belieben der Gemeinden zu überlassen, ob sie sie den Gewerbegerichten unterwerfen wollten oder nicht. Die Sozialdemokraten erneuerten ihren Antrag auf obligatorische Unterstellung sämtlicher Hausindustrieller unter die neuen Gerichte; sie befürchteten, auch jetzt noch könnten durch unzweckmäfsige ortsstatutarische Bestimmungen Hausindustrielle, die zwar die Rohstoffe sich selbst besorgten, im übrigen aber ihrer ganzen sozialen Stellung nach als Arbeitnehmer zu betrachten seien, der Jurisdiktion der Gewerbegerichte entzogen werden. Aber der Vertreter der verbündeten Regierungen — der damalige Geheimrat Lohmann[2] aus dem preufsischen Handelsministerium — fand schon den ersten Teil der Kommissionsbeschlüsse über die Heimarbeiter zu weitgehend; an Berliner Beispielen führte er aus, wie selbst Hausindustrielle, die Rohstoffe und Halbfabrikate von den Gewerbetreibenden, für die sie arbeiten, bezögen, nach ihrer sozialen Stellung keineswegs immer als Arbeitnehmer zu betrachten seien, und so hielt man's für das beste, wohl auch für das bequemste, der Kommission zu glauben, dafs sie die richtige Mitte fand und allen Ver-

konnte, wie die Scheidewand zwischen den Angehörigen dieser Branchen und den übrigen Hilfsarbeitern immer mehr verschwindet."

[1] Eberty, a. a. O., S. 59.

[2] Stenogr. Ber. 1890/1, 1. Bd., S. 347 ff.

hältnissen in den verschiedenen Teilen Deutschlands Rechnung trug.

Ein wirklich heftiger Streit entbrannte erst bei der Bestimmung der Altersgrenze für die Wahlfähigkeit. Die Bedenken der ersten Lesung hatten sich inzwischen zu festen Anträgen verdichtet; Freisinnige und Sozialdemokraten [2] verlangten, dafs, wer das fünfundzwanzigste Lebensjahr vollendet hatte, auch zum Mitglied eines Gewerbegerichts gewählt werden dürfe, und man wird den Antragstellern zugeben müssen, dafs für ihre Auffassung immerhin ansehnliche Gründe stritten. Sie wiesen darauf hin, wie, was jetzt von ihnen gefordert würde, schon bei verschiedenen gewerblichen Schiedsgerichten Rechtens sei und wie nirgends — weder in Frankfurt, noch in Breslau, Leipzig, Stuttgart, ja selbst in Nürnberg [3] nicht, wo man bereits mit 21 Jahren Beisitzer werden könnte — sich irgendwelche Nachteile gezeigt hätten. Sie erinnerten daran, dafs ja auch in den Kriegsgerichten junge Leutnants von 20 Jahren, ja mitunter noch jüngere als Richter über Leben und Tod säfsen; dafs man mit 25 Jahren bereits Reichstagsabgeordneter sein könne, und dafs die Freude an dem Gesetz und seine Popularität bei denen, für die es doch eigentlich geschaffen würde, sich notwendig verringern müfste, wenn so erhebliche Bruchteile der Arbeiterschaft von der Wählbarkeit ausgeschlossen würden. Aber auch die Gegenpartei, zu der sich Konservative, Zentrum und die Mehrheit der Nationalliberalen um die Regierung zusammenscharten, hatte gute und gewisse Gründe. Bei den Schöffengerichten — so führte sie aus —, den Handelsgerichten, den rheinischen Gewerbegerichten, den kirchlichen Körperschaften, allerorten träfe man die Altersgrenze von 30 Jahren. Nun würde von diesen Gewerbegerichtsbeisitzern, die nach den Beschlüssen der Kommission bis zu einem Streitwert von 100 Mark als erste und letzte Instanz endgültig und mit Ausschlufs jeder Berufung entscheiden sollten, ja keinerlei besondere Qualifikation verlangt. Da sei es doch notwendig, dafs man das mangelnde Erfordernis [4] einer Qualifikation balanciere durch das Verlangen eines gewissen Lebensalters, einer gewissen Reife. Bestimmungen eines einzelnen Ortsstatuts könnten unmöglich ohne weiteres generalisiert werden. Eines schicke sich eben nicht für alle; hier, wo zum ersten Male die Zusammensetzung der gewerblichen Schiedsgerichte ex professo [5] behandelt würde, müsse man schon mit Rücksicht auf die Würde und Autorität des Gerichtshofs vorsichtig sein. Schliefslich wolle man sich bei der Heranziehung

[1] Stenogr. Ber. 1. Bd., S. 344.
[2] Drucksachen, Nr. 57 ii; 6 u. Nr. 63.
[3] Stenogr. Ber. 1. Bd., S. 397.
[4] Ebenda S. 355.
[5] Ebenda S. 356.

der Arbeiter doch auf die älteren[1], erfahreneren, die reiferen und besonneren Elemente des Arbeiterstandes stützen; nicht auf die jungen Leute, die den ganz unbegründeten Ehrgeiz[2] hegten, schon mit 25 Jahren auf den Richterstuhl zu kommen.

Für uns Angehörige der höheren Stände ist es in dieser Frage nicht leicht zu entscheiden. Wir selbst pflegen mit 25 Jahren kaum die Universität verlassen zu haben und werden es immer ganz selbstverständlich finden, dafs man einem Lebensalter, in dem wir erst mühsam und allmählich auf eigenen Füfsen zu stehen lernen, nicht die Charakterstärke, die Gefeitheit gegenüber Einflüssen von aufsen zutraut, die das Amt des Beisitzers erfordert. Aber möglich, dafs der Arbeiter, den in der Regel schon mit vierzehn Jahren das Leben in seine harte, mitleidslose Schule nimmt, in der Beziehung eine andere Entwicklung durchmacht. Wahrscheinlich freilich, dafs der Abgeordnete Miquel auch hier wieder recht hatte mit der kühlen Mahnung des Praktikers, den Streitfall nicht zu überschätzen[3]. Die Frage hätte garnicht die Bedeutung, zu der sie in Für und Wider aufgebauscht sei. Tatsächlich würden die Arbeiter wohl immer die Älteren und Erfahreneren aus ihrer Mitte wählen, wie sie das in Frankfurt getan hätten, obschon das Ortsstatut dort ihnen freie Hand liefse. Aber als über den freisinnigen Antrag namentlich abgestimmt wurde, da stimmte der Mann, der acht Tage später in Preufsen Finanzminister werden sollte, doch mit Freisinn und Sozialdemokratie für die Altersgrenze von 25 Jahren! Über das Wahlsystem selbst ward dann nur noch wenig im Plenum gestritten. Der Abgeordnete Singer traf wohl die Meinung des Hauses, als er erklärte[4]: die Frage der Beseitigung des geheimen Wahlrechts beim Gewerbegericht sei überhaupt nicht diskutabel. Nur die Konservativen hielten es „zur Wahrung ihrer Grundsätze" für erforderlich, einen Gegenantrag zu stellen, und die Verantwortung für die „unheilvollen Folgen"[5] des Kommissionsbeschlusses abzulehnen. Dann ward dieser auch vom Hause gutgeheifsen und erst bei der Frage der Altersgrenze für das aktive Wahlrecht und des Stimmrechts der Frauen platzten die Geister abermals aufeinander. Mit der Altersgrenze für das aktive Wahlrecht, das Freisinn und Sozialdemokratie an das vollendete 21. Lebensjahr knüpfen wollten, während Vorlage und Kommissionsbeschlüsse 25 Jahre verlangten, stand es im Grunde genau so wie mit der für das passive. Ein wenig anders lagen die Dinge beim Wahlrecht der Frauen. Die kämpfen doch heute gerade wie der Mann

[1] Stenogr. Ber. 1. Bd., S. 365.
[2] Ebenda S. 366.
[3] Ebenda S. 360.
[4] Ebenda S. 377.
[5] Ebenda S. 373.

den Kampf ums Dasein; viele Erwerbszweige, ja ganze grofse und bedeutende Industrien ruhen tatsächlich nur in den Händen der weiblichen Arbeiter, und so konnte man es immerhin nur billig finden, dafs man auch den Frauen einen Anteil an der Zusammensetzung — das aktive Wahlrecht ward ja nicht gefordert — der Gewerbegerichte gewährte, denen sie sich hinterher bedingungslos zu fügen hatten. Zudem waren die Argumente der Mehrheit in diesem Falle wirklich nicht sehr schlagend. Der eine zitierte den alten Satz „mulier taceat in ecclesia"; ein anderer liefs die Frauen die bekannten himmlischen Rosen ins irdische Leben flechten; ein dritter — der Referent der Kommission — erklärte gar: die Kommission hätte den Frauen deshalb das Wahlrecht versagt, weil sie auf dem Standpunkt stand, „dafs alle diejenigen, welche die heutige religiöse und soziale Konstruktion der Familie festhalten wollten, auch diejenigen Konsequenzen derselben ziehen müfsten, welche sich für das politische Leben aus derselben ergeben[1]." Besser als diese pathetische Hohlheit hörte sich an, was der Staatssekretär v. Bötticher ausführte: es handele sich hier doch nicht um ein kommunales Schiedsgericht, das im Wege des Kompromisses zusammengesetzt würde, sondern um staatlich zusammenzusetzende Gerichte, die mit den gröfstmöglichen Bürgschaften für eine sachgemäfse und objektive Rechtsprechung umgeben werden müfsten und bei denen der Staat die Verantwortung dafür trüge, wenn solche Bürgschaften nicht in ausreichendem Mafse geschaffen würden. Die Frauen seien aber nun einmal das schwächere Geschlecht und allen möglichen Einflüssen ausgesetzt, denen der Mann in der Regel gröfseren Widerstand entgegenzusetzen vermöge[2].

Verhältnismäfsig geringen Raum nahm in der Erörterung der Punkt ein, an dem einst vor zwölf Jahren das ganze Werk gescheitert war: das Bestätigungsrecht des Vorsitzenden. Mit den Erfordernissen, die man an diesen Gewerbegerichtsvorsitzenden stellen zu müssen glaubte, war es überhaupt eigentümlich ergangen. Lange Jahre hatte es als liberales Axiom gegolten: der Vorsitzende müfste ein Laie sein, der den „Prozefs von dem alten Formelkram loslöse und jedes einzelne Urteil aus dem Inhalt des Lebens schöpfe" und insbesondere Eduard Lasker war nicht müde geworden, auf Fernhaltung des Beamtenrichters von der Entwicklung der Gewerbegerichte zu dringen[3]. Ganz ausgestorben war diese Anschauung auch jetzt noch nicht. Selbst ein Mann wie Miquel hatte noch bei der ersten Beratung der neunziger Vorlage erklärt: „Lieber will ich die Bestätigung als die

---

[1] Stenogr. Ber. 1. Bd., S. 386.
[2] Ebenda S. 383.
[3] Eberty, a. a. O. S. 27.

juristische Qualifikation des Vorsitzenden vorschreiben"[1] und auch in dem Buch von Eberty wird noch mit einem gewissen Schwung auseinandergesetzt, wie wünschenswert es sei, wenn der Vorsitz Männern übertragen würde, deren „gesunder Sinn, Lebenserfahrung und Takt fortdauernd aus dem frischen täglichen Leben, nicht aber meistens aus Büchern und Akten Nahrung" fände[2]. Trotzdem sah ein Antrag[3], mit dem die Freisinnigen das in der Kommission geschlossene Kompromiſs zu durchbrechen gedachten, die juristische Bildung des Vorsitzenden bereits als die Regel an. Erfolg war dem freisinnigen Vorstoſs übrigens auch so nicht beschieden. In der Kommission hatte man sich auf einen Vergleich geeinigt. Man hatte das staatliche Bestätigungsrecht prinzipiell zugegeben; aber man hatte gleichzeitig seine Anwendung eingeschränkt, indem man verfügte: auf Staats- und Gemeindebeamte, die ihr Amt kraft staatlicher Ernennung oder Bestätigung verwalten, sollte, solange sie dieses Amt bekleiden, die Notwendigkeit einer Bestätigung keine Anwendung finden[4]. Dabei blieb es, auch nachdem Staatssekretär v. Bötticher den „Grundirrtum" des Freisinns, daſs diese „Gerichte quasi als Kommunalgerichte fungieren" sollten, zurückgewiesen hatte. „Sie sind Staatsgerichte", erklärte er mit Nachdruck, „und sprechen in Preuſsen Recht im Namen des Königs"[5]. Es war unter solchen Umständen nur recht und billig, — wir haben das schon an anderer Stelle betont — daſs man der Regierung eine gewisse Einwirkung wahrte. Selbst ein so wenig konservativer Regungen verdächtiger Autor wie Schmid[6] wies schon auf den Widerspruch hin, auf der einen Seite der Staatsverwaltung für die ordentliche Rechtsprechung in diesen Gerichten eine schwerwiegende Verantwortung aufzuladen und auf der anderen ihr jeglichen Einfluſs auf die Zusammensetzung der Gerichte zu entziehen. „Eine derartige Bestimmung," schreibt er, „müſste in konsequenter Fortbildung zur Auflösung der im modernen Staat bestehenden Überordnung der Staatsgewalt gegenüber den niederen Verwaltungsinstitutionen führen, denen eine solche dem Einfluſs der Staatsregierung entrückte Stellung niemals eingeräumt werden kann."

Der schwerste Kampf galt wie in der Kommission der Frage der Zuständigkeit der Innungen. Zwei lange Sitzungen nahm er in Anspruch und leidenschaftlich wogte in ihm der Kampf der Meinungen. Einmal versuchte man es sogar mit dem handlichen Auskunftsmittel, die unbequemen Mahner von

---

1 Stenogr. Ber. 1. Bd., S. 23.
2 Eberty, a. a. O. S. 37.
3 Drucks. Nr. 63, 5.
4 Stenogr. Ber. 1. Bd., S. 422.
5 Ebenda S. 423.
6 Schmid, a. a. O. S. 168.

der Minderheit, auf deren Seite alle Gründe von Vernunft und Logik stritten, mundtot zu machen. Aber da über den Schlufsantrag namentliche Abstimmung beantragt ward, regte sich doch wieder die Scham über diese unvornehme Art, sich seiner Gegner zu entledigen, und so tobte die Schlacht weiter. Immer offenbarer wurde es dabei, was freilich schon der Kommissionsbericht angedeutet hatte — dafs gewichtigen Bruchteilen der Reichstagsmehrheit überhaupt keine Ahnung der sozialen Bedeutung des vorliegenden Gesetzgebungswerkes dämmerte. Ganz trocken erklärte der Berichterstatter: die Mehrheit der Kommission hätte für die Anträge, welche die Innungszuständigkeit erweitern sollten, gestimmt „zur Stärkung der Schiedsgerichte in den Innungen, von denen man die Hebung des Handwerks erwarte[1].“ Als ob bei dieser Gelegenheit die Kräftigung und Privilegierung der Innungen in Frage gestanden hätte; als ob es nicht vielmehr darauf ankam, allen Arbeitern ohne Ausnahme, also auch denen, die bei Handwerksmeistern in Arbeit standen, die Wohltat eines schleunigen, billigen und bis zu einem bestimmten Grade endgültigen, die ordentlichen Gerichte ausschliefsenden Verfahrens zu sichern! Aber für den alten Herrn v. Kleist-Retzow handelte es sich, wie er treuherzig selbst bekannte, einzig um die Frage: „wollen Sie diese Hilfe für das Handwerk oder wollen Sie sie nicht?“ [2] Wolle man sie, so käme man über juristische und sachliche Bedenken „leicht“ hinweg. Und der sächsische Konservative Ackermann stellte an die Spitze seiner Ausführungen gar den ungenierten Satz[3]: „Wir haben das Bestreben gehabt und werden dabei auch verharren, die Innungen mehr und mehr zu stärken, weil nach unserer Meinung die Innungen nötig sind zum Schutz des Handwerks und weil, je mehr wir sie kräftigen, wir desto mehr uns der Hoffnung hingeben dürfen, dafs das Handwerk wieder seinen goldenen Boden findet, den es in früheren Jahren gehabt und jetzt ganz verloren hat.“ Vergebens lieh Johannes Miquel — in diesen kritischen Tagen schon mit einem Fufs im preufsischen Ministerium — der Minderheit seine autoritäre Unterstützung. Das meiste von dem, was Miquel bei der Gelegenheit sagte, hat auch noch heute seinen vollen Wert. Nachdem einmal — so begann er — der zurückhaltende Standpunkt, den die Staatsregierung in ihrer Vorlage eingenommen hätte, verlassen wäre, sei es ganz naturgemäfs, dafs der Frage näher getreten würde: vertragen sich diese Rechte und Privilegien der Innungen, wie sie in der Gewerbeordnung vor der Existenz einer auf Gesetz beruhenden Organisation festgelegt

---

[1] Stenogr. Ber. 1. Bd., S. 473.
[2] Ebenda S. 466.
[3] Ebenda S. 447.

sind, mit dem Zustand nach Einführung der neuen Gerichte? sind sie organisch in ein vernünftiges Verhältnis zu diesen neuen Gewerbeschiedsgerichten zu bringen?[1] Und dann fuhr er fort:

„Meine Herren! Wenn zweierlei konkurrierende Gerichte nebeneinander bestehen, wo diejenigen, die Recht suchen, unaufhörlich gegen ihren Willen und mit ihrem Willen heute unter die Kompetenz des einen und morgen unter die Kompetenz des anderen Gerichts geschoben werden, was ist das für ein Zustand? . . . Das Wahlrecht der Arbeiter wird auch gefährdet, weil ein Arbeiter, der heute bei einem Innungsmeister arbeitet, morgen von demselben entlassen wird und bei einem Nichtinnungsmeister arbeitet, und nun unter das kommunale gewerbliche Schiedsgericht kommt, gar nicht in der Lage war, seine Stimme für die Wahl seiner Schiedsrichter abzugeben, während doch der Grundgedanke des ganzen Gesetzes der ist, dafs die gewerblichen Schiedsgerichte aus der Vertrauenswahl ihrer Berufsgenossen hervorgehen. Welche Summe von Unzuträglichkeiten und Beschwerden wird dadurch erwachsen! . . . Ich würde es an sich nicht für unrichtig halten, wenn die Streitigkeiten zwischen Meister und Lehrling ausschliefslich beim Innungsgericht blieben; dagegen die Streitigkeiten zwischen Meister und Gesellen ausnahmslos an die neuen Gewerbegerichte gebracht und die Kompetenz derselben nicht vom reinen Zufall, bei welchem Arbeitgeber ein Gehilfe oder Geselle arbeitet, abhängig gemacht würde. Aber, meine Herren, ich sehe davon doch ab, weil die Kompetenz der Gerichte der Innungen in den Entscheidungen zwischen Meister und Lehrling keine definitive Entscheidung zuläfst und weil ich es für das gröfste Übel halte, dafs die Berufung dann an die ordentlichen Gerichte geht. Meine Herren! Hier haben wir wieder das Privilegium odiosum. Die Innungsschiedsgerichte können ja gar nicht definitiv entscheiden und ihre Mitglieder, ob Beklagter oder Kläger, ob Arbeitgeber oder Arbeitnehmer, sind darauf verwiesen, den schwierigen, wie wir erkannt haben, für diese Entscheidungen ungeeigneten Weg der Berufung auf die ordentlichen Gerichte zu nehmen. Das kann man doch nur ein Privilegium odiosum nennen und ich begreife gar nicht, wie objektiv denkende Männer aus dem Gebiete der Innungen dies für einen Vorteil halten. Diejenigen Herren, welche sich vielleicht vorstellen, dafs diese Verweisung auf die ordentlichen Gerichte gerade für den Lehrling so unbequem ist, dafs sie sich in allen Fällen

[1] Stenogr. Ber. 1. Bd., S. 462 ff.

dem Ausspruch der Innungsschiedsgerichte unterwerfen, die können das vielleicht vertreten; aber wir, die gleiches Recht für alle wollen, wir können hierin nur den gröfsten Schaden für den Gewerbestand und für den kleinen Handwerksstand selbst erblicken. Auch die Gesellen, wenn sie nun ihre Streitigkeiten von den Innungsschiedsgerichten entscheiden lassen, werden auf den ordentlichen Rechtsweg verwiesen. Einmal liegt schon eine kolossale Verzögerung in einem solchen doppelten Verfahren und ich habe immer gefunden — ich will von der Beschaffenheit der Justiz ganz absehen — dafs der Arbeiter das allergröfste Interesse an der schnellen Entscheidung hat ... Wie kommen wir nun dazu, zwei Klassen oder zwei Personen, die genau in denselben sozialen Verhältnissen stehen, für welche genau dieselben Differenzen mit den Arbeitgebern erwachsen, die dieselben Bedürfnisse haben, die dasselbe Interesse haben, eine gute, schnelle und sachliche Justiz zu fordern, blofs deswegen anders zu behandeln, weil zufällig ihr Meister, der vielleicht noch gar nicht in der Innung war, später in dieselbe eingetreten ist. Das ist eine unorganische Gesetzgebung, meine Herren. Ich würde mich gar nicht abgeneigt zeigen, wenn die Gewerbeordnung die nötigen Garantieen liefert, die Lehrlinge unter die Innungsschiedsgerichte definitiv zu stellen. Das hat die Gewerbeordnung aber auch nicht getan. Nun greifen wir ganz unorganisch in diesen ganzen Zustand hinein und richten nach meiner Meinung nichts als die gröfste Unklarheit und die gröfste Unzufriedenheit dadurch an ... Ich werde im äufsersten Falle für die Regierungsvorlage stimmen ... Aber ich bin überzeugt, dafs dieser durch die Regierungsvorlage geschaffene Zustand auf die Dauer auch nicht bleiben wird. Ich bin fest überzeugt, in den eigenen Kreisen der Innungsgenossen wird das Bedürfnis sehr bald gefühlt werden, in dieser Beziehung zu klareren und geordneteren Verhältnissen zu kommen."

In der Voraussetzung sollte sich freilich auch dieser feine Kopf irren. Die „unorganische Gesetzgebung" hat in dem folgenden Jahrzehnt noch manche unerfreuliche Fortsetzung erfahren. Aber auch sonst blieb das Eintreten Miquels ohne Wirkung. Die Opposition verschwendete ihre guten Gründe; die Regierung verharrte in einer Haltung, die man trotz des Widerspruchs ihres Vertreters[1] immerhin als „wohlwollende Neutralität" wird bezeichnen dürfen und dann wurde mit 122 Stimmen gegen 114 die Aufrechterhaltung der Kommissionsfassung beschlossen. So ward mit gering-

[1] Stenogr. Ber. 1. Bd., S. 467.

fügiger Mehrheit jener unheilvolle Zustand stabiliert, den Eberty sehr anschaulich also geschildert hat[1]:

„Es gibt nun nach dem Gesetz viererlei verschiedene Zuständigkeit der Innungen, welche in die Zuständigkeit der Gewerbegerichte — diese jedesmal ausschliefsend — hineingreifen. Zum ersten: wenn es sich um Streitigkeiten von Innungsmeistern mit ihren Lehrlingen handelt. Dann: wenn es sich um Streitigkeiten handelt, welche zwischen einem Meister und einem Lehrling entstehen, falls der erstere der Innung nicht angehört, aber ein Gewerbe treibt, welches in der Innung vertreten ist — sofern einer der streitenden Teile die Innung anruft. Diese Zuständigkeit tritt dann ein, wenn sie der Innung, „welche sich im Gebiete des Lehrlingswesens bewährt hat“, als Privilegium gewährt ist (§ 100 Nr. 1 der Gewerbeordnung). Zum dritten: wenn die Innung ein Schiedsgericht als eine ihrer freiwilligen (fakultativen) — nicht notwendigen — Einrichtungen in Gemäfsheit des § 97 Nr. 6 der Gewerbeordnung für Streitigkeiten der Innungsmeister mit ihren Gesellen eingerichtet hat und endlich zum vierten: wenn die Innung wiederum kraft eines von der höheren Verwaltungsbehörde (d. h. in der Regel dem Regierungspräsidenten) verliehenen Privilegiums gemäfs § 100, 1 die Befugnis erhält, im Falle einer Gewerbestreitigkeit einen der Innung nicht beigetretenen Arbeitgeber und dessen Gesellen vor ihr Forum zu ziehen, wenn auch nur einer der streitenden Parteien das Innungsschiedsgericht anruft . . . Dies hat folgende Konsequenzen: gerät ein Arbeiter mit einem Arbeitgeber in Streit, welcher, sagen wir, ein Böttcher ist, aber der im Bezirk des Gewerbegerichts errichteten und privilegierten Innung nicht angehört, so kann der Arbeitgeber die Entscheidung des Innungsgerichts anrufen. Der Arbeitnehmer mufs dann vor diesem besonderen Innungsschiedsgericht Recht nehmen, dessen Beisitzer, soweit sie Gesellen sind, von einer kleinen Minderheit von Gesellen — dem Gesellenausschufs — gewählt sind. Jedenfalls hat der wider Willen vor dieses Gericht gezogene Böttchergeselle sich an der Wahl seiner Richter — wie er's ja bei dem allgemeinen Gewerbegericht hat tun können oder auch getan hat, nicht beteiligt. Er wird also wider Willen seinem ordentlichen Gericht entzogen und vor ein Sondergericht gestellt. Aufserdem tagt dieses kleine Innungsschiedsgericht nur vielleicht alle drei bis vier Wochen und schliefslich sind seine Entscheidungen nur vorläufige.“

---

[1] Eberty, a. a. O. S. 59.

Der nächste Streitpunkt — über die Frage, ob der Vorsitzende des Gewerbegerichts das Recht haben sollte, unter Weglassung der Beisitzer den ersten Termin anzuberaumen, kam man verhältnismäfsig leicht hinweg — ergab sich bei der Berufungssumme. Gegen die Kommissionsbeschlüsse erhob sich in erster Reihe der Freiherr v. Stumm, der die Herstellung der Berufung für einen „ganz erheblichen Teil des Arbeiterschutzes“ [1] erklärte, indefs von sozialdemokratischer Seite umgekehrt der Ausschlufs jedweder Berufung oder — ein dahinzielender Antrag [2] wurde erst im Lauf der Verhandlung eingebracht — eine Berufung an ein anderes Gewerbegericht befürwortet wurde. Die Einsetzung des Landgerichts als Berufungsinstanz, meinte ein sozialdemokratischer Redner [3] geradezu, käme für den Arbeiter direkt einer Rechtsverweigerung gleich. Das war natürlich rednerische und parteitaktische Übertreibung; immerhin mufste doch selbst der Regierungsvertreter einräumen, dafs die Einführung eines Rechtsmittels — neben der Berufung handelte es sich hier auch um die Beschwerde — an ein Kollegium von ausschliefslich rechtsgelehrten Richtern den Zwecken des Instituts in einem gewissen Grade widerstritt [4]. Aber schliefslich beruhigte man sich bei der Erwägung, dafs wir ja auch im Zivilprozefs den Unterschied von revisiblen und irrevisiblen Sachen kennten und dafs zudem gerade auf dem Gebiet der Gewerbegerichte in dieser Richtung bereits verschiedentliche Präzedenzfälle vorlägen.

Über das Bedenken aber der Zulässigkeit der ordentlichen Gerichte als Berufungsinstanz kam man mit dem Trost hinweg: dafs man zurzeit nicht in der Lage sei, etwas besseres zu geben [5]. Es war eben, wie der Referent in seinem Schlufswort betonte, keine grundsätzliche Entscheidung. Lediglich von praktischen Gesichtspunkten [6] hatte die Kommission sich leiten lassen, und diese gaben auch jetzt wieder im Plenum den Ausschlag. Noch einmal kam es dann zu einer etwas lebhafteren Auseinandersetzung bei der in der Kommission in beiden Lesungen weitläufig und eingehend

---

[1] Stenogr. Ber. 1. Bd., S. 493.

[2] Der vom Abgeordneten Stadthagen eingebrachte Antrag zum § 49 lautete in seinem hier in Betracht kommenden Eingang: „In den vor die Gewerbegerichte gehörigen Rechtsstreitigkeiten finden die Rechtsmittel statt, welche in den zur Zuständigkeit der Amtsgerichte gehörigen bürgerlichen Rechtsstreitigkeiten zulässig sind. Als Berufungs- und Beschwerdegericht ist das Gewerbegericht in der Zusammensetzung von drei anderen Mitgliedern als denjenigen zuständig, welche bei der angefochtenen Entscheidung mitgewirkt haben.“

[3] Stenogr. Ber. 1. Bd., S. 505.

[4] Ebenda S. 502.

[5] Ebenda S. 507.

[6] Ebenda S. 509.

behandelten Frage der Zuständigkeit der Gewerbegerichte für die der Militär- und Marineverwaltung unterstehenden Anstalten. Ein sozialdemokratischer Antrag setzte das in der Kommission unterlegene Bemühen fort und der Abgeordnete Hirsch und zwei sozialdemokratische Redner liehen ihm allerlei gute und triftige Gründe. Aber die Vertreter des Reichsmarineamts und des preufsischen Kriegsministeriums blieben bei ihrer Behauptung: die Disziplin müsse leiden, wenn die Gewerbegerichte auf diese Betriebe ausgedehnt würden, ohne im übrigen ihre schon von der Kommission her bekannte Beweisführung zwingender gestalten zu können. Denn Disziplin mufs schliefslich auch in jedem anderen Betriebe herrschen und das Argument des Admiralitätsrats Holtz: „wenn die Arbeiter sich daran gewöhnen, mit ihren unmittelbaren Vorsitzenden zusammen oder gar über sie zu Gericht zu sitzen, so werden sie sich auch bald daran gewöhnen, sich bei anderen Gelegenheiten neben und über sie zu stellen“ [1], hätte genau mit dem nämlichen Recht sich auch jeder private Betriebsleiter zu eigen machen können. Aber man sah wohl ein, dafs auf diesem Gebiet vorläufig noch keine Erfolge zu erstreiten [2] waren und so ward nach kurzer Rede und Gegenrede dies Kapitel beschlossen. So ging nach sieben langen Sitzungen die zweite Beratung des Gesetzentwurfs über die Gewerbegerichte aus.

Die dritte Lesung bot keine neuen Gesichtspunkte mehr. Man stand am Ende der kurzen Sommertagung und wollte nach Hause; zudem war alles Grundsätzliche in Für und Wider bereits wiederholentlich vorgebracht. So schlug man denn ein eilendes Tempo ein. Die Sozialdemokratie hatte ihre anfänglichen Ansprüche — was man billig zugestehen dürfen wird — stark heruntergeschraubt. Sie verlangte nur noch Herabsetzung der Altersgrenze für das aktive und passive Wahlrecht; das aktive Wahlrecht für die Frauen und die Beseitigung der ohne Frage anstöfsigen Bestimmungen über die Innungsschiedsgerichte. Aber die Auffassungen der Mehrheit lagen nun einmal fest; zu weiterem Entgegenkommen waren Haus und Mehrheit nicht zu bewegen. Gröfsere Debatten rief daneben nur noch der aus der zweiten Lesung erneuerte Versuch der Sozialdemokratie und des Freisinns hervor, die Möglichkeiten für die Enthebung eines Mitglieds des Gewerbegerichts zu beseitigen oder doch wenigstens einzuschnüren und das — übrigens von Erfolg gekrönte — Bemühen der Konservativen, den Verwaltungsbehörden das Recht einzuräumen, Ortsstatuten gelegentlich auch schon aus Zweckmäfsigkeitsgründen die Genehmigung

[1] Stenogr. Ber. 1. Bd., S. 518.
[2] Vgl. Schmid, a. a. O., S. 160.

zu versagen. Sonst wurde an dem fertigen Bau kaum noch gerüttelt; in einer einzigen Sitzung ward die dritte Lesung beendet. Tags darauf fand die Gesamtabstimmung statt; Freisinn und Sozialdemokratie stimmten gegen das Gesetz, das ihren Beifall nicht mehr hatte; der Freisinn — wie Eberty verzeichnet — aus dem immerhin recht kurzsichtigen Gesichtspunkt: weil das Gesetz „namentlich bezüglich des Wahlrechts, der Bestätigung des Vorsitzenden und anderer Punkte sehr erhebliche Verschlechterungen desjenigen Rechtszustandes enthalte, wie er sich tatsächlich in den allermeisten jetzt vorhandenen ortsstatutarischen Gewerbeschiedsgerichten" darstelle[1]. Das war das Ende der Beratung des ersten sozialpolitischen Gesetzentwurfs unter der neuen Aera[2].

[1] Eberty, a. a. O. S. 65.
[2] Stenogr. Ber. 1. Bd., S. 618.

Drittes Kapitel.

Das Einigungsamt.

Der Entwurf von 1890, aus dem in so kurzer Frist das Reichsgesetz von 1890 erwachsen war, hatte Gewerbegericht und Einigungsamt zusammenzuschweifsen und miteinander zu verknüpfen gesucht. Einmal hatte man früher schon daran gedacht: in der Kommission, der die Vorlage des Jahres 1878 überwiesen worden war. Damals hatte man vorgeschlagen, den Gewerbegerichten die Aufgabe eines Einigungsamtes zu übertragen; aber der Vorschlag wurde abgelehnt, weil man ihn „nur unter besonderen Voraussetzungen für durchführbar“ [1] hielt. Gelegentlich ward dann einer solchen Verknüpfung auch in der Literatur das Wort geredet: von der älteren abgesehen, die diese Dinge vielfach verwechselte und durcheinanderwarf, in einem anonym erschienenen Aufsatz der „Grenzboten“ von 1888. Jetzt griff die Regierung unter der Not der Zeit (wir befinden uns gerade in der zweiten grofsen Streikperiode mit ihren Massenstreiks von bisher ungekannten Dimensionen [2]) auf den Gedanken zurück. Man kann nicht sagen, dafs das mit überschwenglichen Hoffnungen geschah. Im Gegenteil: schüchtern, fast zaghaft klang, was die Motive [3] dem neuen Institut des Einigungsamts zur Einführung und Erläuterung voraufschickten:

> „Bei den in neuerer Zeit vorgekommenen Arbeiterausständen ist es mehrfach als ein schwerwiegender Übelstand empfunden worden, dafs es auch bei vorhandener Geneigtheit zu Einigungsverhandlungen auf beiden Seiten zur wirklichen Einleitung solcher gar nicht oder nicht rechtzeitig gekommen ist, weil es an einem Organ fehlte, welches geeignet und berufen gewesen wäre, die Leitung solcher Verhandungen und die Vermittlung zwischen den streitenden Parteien in die Hand zu nehmen. Es wird

---

[1] Stieda, Jahrb. f. Nat. S. 20 ff.

[2] Vgl. Handwörterb. d. Staatsw. 1. Bd., S. 747 Aufsatz von Oldenberg.

[3] Stenogr. Ber. 1. Session 1890/1. 1. Anlagebd., S. 36.

wenigstens der Versuch zu machen sein, durch Schaffung eines solchen Organs und durch einige Bestimmungen über das bei den Verhandlungen einzuhaltende Verfahren eine friedliche Erledigung der zwischen Arbeitgebern und Arbeitern über die billigen Bedingungen des Arbeitsvertrages entstehenden Meinungsverschiedenheiten zu erleichtern und die für beide Teile mit schweren Opfern verbundenen Arbeitseinstellungen tunlichst zu vermeiden oder, wo sie entstanden sind, möglichst rasch zu beseitigen. Die Hoffnung, daſs es den Gewerbegerichten gelingen wird, durch eine auf Sachkunde beruhende unparteiische Rechtsprechung das Vertrauen der Arbeitgeber und Arbeiter zu gewinnen, läſst es gerechtfertigt erscheinen, sie zu einer Tätigkeit zu berufen, deren Erfolg in erster Linie durch die Vertrautheit mit den Beziehungen zwischen Arbeitgebern und Arbeitern und durch das Vertrauen der Beteiligten bedingt ist."

Also lediglich ein Versuch, zu dem die drängende Not der Zeit treibt. Die aufsteigende Konjunktur, die nach Jahren harter Schulung 1888 für die deutsche Groſsindustrie heraufgezogen war, hatten die Gewerkschaften mit einer fieberhaften Geschäftigkeit begleitet, die der Vorbote umfassender Ausstände war. Im Baugewerbe, bei den Formern und in der Brauerei kam es zu Streiks von längerer oder kürzerer Dauer, aber immer von nationaler, fast das ganze deutsche Marktgebiet umspannender Ausdehnung. Dann brach, nachdem die Frühlingsmonate im niederrheinischen Industriebezirk von starken Bewegungen der Riemendreher, Färber und Weber erfüllt gewesen waren, in den ersten Tagen des Mai 1889 der groſse Bergarbeiterausstand aus, der eine knappe Woche später — am 13. Mai — weit über 90000 Teilnehmer (d. h. etwa $^5/_6$ der Gesamtheit) zählte [1]. Der Kaiser greift ein, der Ausgleich erfolgt; aber die Maſsregelungen der nächsten Monate erweisen, wem trotz der Abkürzung der Arbeitsschicht und der ansehnlichen Lohnerhöhung die Machtfülle geblieben ist, und als im kommenden Frühling eine ebenso wilde wie unbesonnene Agitation die Maifeier durchzudrücken versucht, findet sie die Unternehmerschaft bereits gewappnet; allenthalben beginnen die Arbeitgeber sich zu Gegenkoalitionen [2] zusammenzuschlieſsen, um aus eigener Kraft der von den Fesseln des Sozialistengesetzes befreiten

---

[1] Vgl. Oldenberg, a. a. O. S. 750 ff.

[2] Im April 1890 hatte sich in Hamburg der später noch so bekannt gewordene „Allgemeine Arbeitgeber-Verband Hamburg-Altona" gebildet, der binnen acht Tagen einen Fonds von 500000 Mark zur Unterstützung kleinerer Arbeitgeber im Streik schuf. Fast um dieselbe Zeit entstand auch der „Verband Berliner Metallindustrieller"; ein wenig später der „Verband deutscher Metallindustrieller" usw.

Arbeiterschaft Herr zu werden. Aber die Eindrücke des letzten Sommers hatten doch zu tiefe Spuren gegraben, um die weitere Entwicklung dem freien Spiel der Kräfte anzuvertrauen und die Klassenkämpfe sich austoben zu lassen, bis aus ihnen hüben und drüben gefestete Organisationen herauswuchsen. Standen doch, wie Jastrow[1] sagt, in jenen Tagen die oberen Klassen Deutschlands wie vor einer neuen Offenbarung. Durch eine in ihrer Art gewifs grofsartige Versicherungsgesetzgebung glaubte man den Ansprüchen der handarbeitenden Schichten Genüge getan und den guten Willen der alten Gesellschaft handgreiflich erwiesen zu haben. Und nun meldete sich, woran man bislang in der Sorge um die Zukunft des Arbeiters achtlos vorübergegangen war — die Gegenwart des Arbeiters: der rüstig Schaffende, der noch für die Zeiten seines Wirkens eine Besserstellung seiner Lage, eine Regelung von Arbeitszeit und Arbeitsart erstrebte. In jenen 1889er Sommertagen, da die niederrheinische Bewegung ins Saargebiet und die Bergreviere des Königreichs Sachsen, ja schliefslich sogar nach Nieder- und Oberschlesien hinüberschlug, standen zuletzt an die anderthalbhunderttausend Menschen im Ausstand. Die Kosten wuchsen ins Riesenhafte[2]; vornehmlich die Nichtbeteiligten und der letzte Konsument hatten den Schaden, für die Arbeitgeber des Bergbaus fiel vielleicht sogar noch ein Gewinn ab; den Ausständigen aber half ihre musterhafte Haltung, ihre Mäfsigung und disziplingewohnte Einmütigkeit Sympathien bis weit ins nationalliberale Lager hinein werben. So war der psychologische Untergrund, der in Deutschland zur Stabilisierung des Einigungsamtes führte, im grofsen ganzen nicht unähnlich dem, der einige zwanzig Jahre zuvor das nämliche Institut in England hervorgerufen[3] hatte. Denn daran wird festzuhalten sein: wie wir die Idee des Gewerbegerichts von Frankreich übernahmen, so kam uns das Einigungsamt jedenfalls von jenseits des Kanals. Stieda[4] nennt es zwar „eine seit alter Zeit gekannte Veranstaltung“ und führt defs zum Beweise an, dafs bereits im Jahre 1363 in Strafsburg im Elsafs ein aus fünf Leinewebermeistern und ebensoviel -knechten gebildeter Ausschufs unter dem Vorsitz des Ammanmeisters die Bedingungen festgesetzt hätte, die für das Lehrlingswesen gelten sollten; aber ganz abgesehen davon, dafs dieses Präcedens nur eine — und nicht einmal die wesentlichste Funktion des Einigungsamts berührt — auch Stieda mufs doch einräumen, dafs diese

[1] Jastrow, Sozialpolitik und Verwaltungswissenschaft. 1. Bd., S. 7.

[2] Dr. Karl Möller in den christl.-sozial. Zeitfragen. Heft 4, S. 14.

[3] Wenngleich die ersten Ansätze zu einigungsamtlichen Versuchen in England natürlich viel weiter, z. T. sogar ins 18. Jahrh. zurückreichen. Vgl. Brentano, Arbeitergilden, II.

[4] Stieda, Handwörterb. 3. Bd., S. 336.

„Veranstaltung“ Jahrhunderte hindurch „wenig oder garnicht geübt“ worden sei und das ist doch schliefslich das Entscheidende. Sonst könnte man am Ende auch in den Fabrikschiedsgerichten, die am 20. Februar 1849 ein Minoritätsvotum[1] dem Frankfurter Reichsparlament empfahl, die Vorläufer unserer heutigen Einigungsämter sehen.

Es kann nicht unsere Aufgabe sein, die Geschichte des englischen Einigungsamtswesens hier im einzelnen zu verfolgen. Das ist zudem schon unzähligemal geschehen: denn fast nirgends in der älteren Literatur pflegt die umständliche Wiedergabe der Auskünfte zu fehlen, die Mundella, Kettle und Hollins 1867 der königlichen Untersuchungskommission erteilten. Nur soweit die englischen Institutionen dazu dienen, die Entstehung unserer heimischen zu erläutern, mufs doch auch in diesem Zusammenhange auf sie eingegangen werden. Auch in England waren die einigungsamtlichen Bestrebungen aus der Not friedloser Zeiten erwachsen. Wilde Kämpfe zwischen Kapital und Arbeit erfüllen dort die erste Hälfte des vorigen Jahrhunderts. Die Aufhebung des Koalitionsverbots, die bereits 1825 erfolgt, hat den ersehnten Frieden nicht gebracht; in rücksichtslosem Terrorismus gebrauchen die Gewerkvereine ihre junge Freiheit; von der andern Seite antwortet ihnen eine zu frühem Reichtum gelangte Fabrikantengeneration, der Unbildung und Parvenutum noch an allen Gliedern kleben, mit gleicher Härte; Mifstrauen, Verdacht, Hafs in beiden Lagern, die bei den Arbeitern oft genug in gewalttätigen Exzessen gegen das Eigentum der Unternehmer und blutigen Gewalttaten gegen Abtrünnige aus den eigenen Reihen ihr Ende finden. In solcher Bedrängnis, vielleicht auch — wie Sombart[2] wohl nicht unzutreffend vermutet — unter dem Eindruck des ungeheuren geschäftlichen Aufschwungs, der in jeder Arbeitsstörung in erster Reihe das lucrum cessans, den ärgerlichen Gewinnverlust, sah, hatte das Parlamentsmitglied Anthony John Mundella im Jahre 1860 den Versuch gemacht, angeregt durch Erinnerungen an die französischen conseils de prud'hommes[3], den Frieden in der

[1] Die dem rechten Zentrum des Frankf. Parlaments angehörenden Abgeordneten Lette, Degenkolb, Veit und Becker aus Gotha erstatteten unterm 20. Februar 1849 ein Minoritätsvotum zu dem vom volkswirtschaftlichen Ausschufs ausgearbeiteten, übrigens im Plenum nie zur Verhandlung gelangten Entwurf einer Gewerbeordnung unter Vorlage eines Gegenentwurfs, der einen ganzen Aufbau — Fabrikausschüsse, aus diesen Fabrikräte und aus diesen wieder Fabrikschiedsgerichte — empfiehlt.

[2] Vgl. Sombart, „Sozialismus und soziale Bewegung im 19. Jahrhundert“. Jena 1900. S. 38.

[3] Vor der königlichen Kommission erklärte Mundella: „ich hatte von den conseils de prud'hommes in Frankreich gehört und ich erdachte mir mit einem oder zwei anderen einen Plan, mit den Arbeitern die Höhe der Löhne zu regulieren“. Vgl. Gustav Eberty, Denkschrift über die gewerblichen Schiedsgerichte. Halle 1872. S. 7.

Wirkerei zu Nottingham herzustellen. Ein paar Jahre später (1864) war ihm auf demselben Wege der Grafschaftsrichter Rupert Kettle gefolgt und hatte durch Schieds- und Sühneämter die Arbeitsstreitigkeiten im Baugewerbe zu Wolverhampton beseitigt. Dann ward ihr Beispiel mit dem nämlichen glücklichen Erfolge auch noch von andern nachgeahmt, und als die Kommission ihre Umfrage ergehen liefs, lagen bereits zahlreiche Erfahrungen vor. Der Mundellasche Grundtypus, der sich in Nottingham zwanzig Jahre ohne wesentliche Änderungen erhalten hat, war überaus einfach. Das Amt bildeten je neun Arbeitgeber und Arbeiter, die auf ein Jahr gewählt wurden. Diese hatten über jede Lohnfrage, die vor sie gebracht wurde, zu entscheiden, jede entstehende Streitigkeit durch gütliche Verhandlung zu begleichen. Ihre Vollmacht war unbeschränkt und die Entscheidungen galten als bindend für alle Teile. Daneben war auch noch ein Untersuchungsausschufs vorgesehen, vor den alle Meinungsverschiedenheiten zur näheren Feststellung gelangten, ehe das Amt urteilte — ein Ausschufs, der nicht entschied, sondern nur in Güte vermittelte; wie überhaupt bei Mundella das Schwergewicht auf das Moment der Einigung gelegt war. Dem entsprach es auch, dafs man schliefslich gar nicht mehr votierte, als aus dem Umstande, dafs der aus der Zahl der beisitzenden Arbeitgeber erwählte Vorsitzende bei Stimmengleichheit den Ausschlag zu geben hatte, Schwierigkeiten zu erwachsen begannen. Solchen Verlegenheiten war Kettle von vornherein aus dem Wege gegangen. Sein Amt bestand aus je sechs Vertretern der Unternehmer und Arbeiter, zu denen als dreizehnter der (übrigens gleichfalls von den Mitgliedern des Einigungsamts gewählte) Unparteiische kam. Dem Untersuchungsausschufs bei Mundella entsprach hier der Einigungsausschufs; nur wenn vor diesem board of conciliation, das sich bei Mundella aus vier, bei Kettle aus zwei Mitgliedern des Einigungsamts zusammensetzte, keine Versöhnung zu stande kam, sollte das vollbesetzte Amt (board of arbitration — full board) angegangen werden. Seine Entscheidungen anzuerkennen, verpflichteten sich nach Mundella Arbeitgeber und Arbeiter durch Aufnahme einer Bestimmung in den Arbeitsvertrag, die alle Streitigkeiten aus dem bestehenden Vertrag wie die Bedingungen künftiger Verträge an die Einigungskammer verwies. Kettle, der sein Verfahren ohnehin straffer, juristisch zwingender organisierte, ging auch hier über den alles auf Freiwilligkeit und guten Willen stellenden Mundella hinaus: er fügte eine Formel in die Arbeitsverträge ein, die den einigungsamtlichen Sprüchen

---

[1] Vgl. Gustav Eberty, Denkschrift über gewerbl. Schiedsger. Halle 1872. S. 8.

Klagbarkeit verlieh[1]. Die Vertreter der Arbeiter — um das noch anzuführen — wurden in dieser ersten Periode wohl noch nicht überall von den Organisationen, sondern von der Gesamtheit der Arbeiter des in Frage kommenden Gewerbes gewählt; noch war die Abneigung der Arbeitgeber gegen die Organisationen vielfach doch zu stark und zu schonungsbedürftig. Schon damals freilich hatten, was sowohl Mundella wie Kettle betonten, die Gewerkvereine sich als eine wesentliche Stütze des Einigungsverfahrens erwiesen. Dergestalt waren in der Hauptsache die neuen Friedensinstitutionen beschaffen, als die königliche Untersuchungskommission am 27. Februar 1867 an die ihr gestellte Aufgabe ging, „das Verhältnis der Arbeitgeber zu den Arbeitern zu verbessern.“ Nun waren freilich die von Mundella und Kettle gefundenen Typen von den Nachahmern nicht überall gleich streng gewahrt; je nach den örtlichen Verschiedenheiten und der Lage des einzelnen Gewerbes gab es mancherlei Abweichungen: auch wo man sich an Mundella anschlofs, entsandte man nicht immer je neun Arbeitgeber und Arbeitnehmer in das Schiedsamt; nicht immer gerade sechs aus jedem Lager, wo man den von Kettle gewiesenen Wegen folgte. Aber das waren Unbeträchtlichkeiten. Worauf es ankam, war, dafs die neuen Einrichtungen sich bei der Schlichtung der Streitigkeiten aus dem Arbeitsvertrage bewährt hatten — neben der Regelung zukünftiger Arbeitsbedingungen fiel auch die in unserem Sinne gewerbegerichtliche Tätigkeit ihnen zu — und dafs der Kommission von allen Seiten das laute Lob der Einigungsämter entgegenscholl, die zu einem „vollständigen Erziehungsprozefs“[2] geworden seien und „an die Stelle von Blutvergiefsen und Aufruhr[3] freundliche Gefühle zwischen Kapital und Arbeiter“ gesetzt hätten. In ein Lob und eine Empfehlung der Friedensinstitute klang

[1] Die 13. Sektion des Act 5 Ges. 4 c. 96, die Pfändung, Verkauf und Einsperrung ins Gefängnis zur Durchführung von Schiedssprüchen anordnet, sollte auch für die Entscheidungen des Einigungsamts als bindend angesehen werden. Vgl. Stieda, Handw., 3, S. 339. Die Verpflichtung aber, die Entscheidung des Einigungsamts überall da anzurufen, wo sie in den Arbeitsvertrag aufgenommen war, hatte auf Kettles Anregung die Arbitration Act von 1872 auszusprechen versucht. In der Praxis ist dann kaum von ihr Gebrauch gemacht worden. Erst als das Gesetz von 1896 das Handelsministerium ermächtigte, ein amtliches Verzeichnis der Einigungsämter anzulegen, nötigenfalls den privaten Einigungsämtern einen behördlich ausgewählten Obmann zu geben und zu diesem Zwecke nicht blofs auf Anrufen, sondern unter Umständen auch aus eigener Initiative zu handeln, wurde die Bewegung mehr zusammenhängend. Vgl. Jastrow, Sozialpolitik und Verwaltungswissenschaft. 1, S. 500.

[2] Aus Mundellas Zeugnis vor der Kommission. Vgl. Gustav Eberty, Denkschrift. 1872. S. 8.

[3] Aus Kettles Zeugnis vor der Kommission. Ebenda S. 25.

denn auch der Bericht der königlichen Untersuchungskommission aus[1]:

„Alles, dessen es bedarf, ist, daſs solche, nämlich von beiden Klassen freigewählte Repräsentanten der Arbeiter und Arbeitgeber sich regelmäſsig zusammenfinden und freundlich um den runden Tisch die gemeinsamen Interessen ihres Gewerbes und Geschäftes besprechen. Es könnte für jeden Geschäftszweig sofort eingeführt werden. — Bei einem solchen System kann man hoffnungsvoll an eine friedliche nnd günstige Zukunft der Industrie denken und hätte die Kommission keinen andern Erfolg, als die Aufmerksamkeit auf diesen einfachen, schleunigen, praktischen Weg hinzulenken und Streitigkeiten zwischen Herren und Arbeitern zu schlichten und ihnen vorzubeugen und freundliche Beziehungen zwischen Kapital und Arbeit herzustellen — so würde sie ihre Zeit nicht für übel angewandt halten und glauben, daſs Gutes aus ihrer Untersuchung kommen wird."

Dies Lob des Berichts galt den auf Freiwilligkeit basierenden Einigungsversuchen; Zwangsschiedsämter glaubte die Kommission ablehnen zu müssen.

So lag in England bereits eine erfahrungsreiche Entwicklung vor, als das Verhältnis zwischen Arbeitgeber und Arbeitnehmer sich in Deutschland zuzuspitzen begann. Es waren ungewöhnlich friedliche Zeiten gewesen, die der Aufhebung des Koalitionsverbots voraufgingen. Ausstände waren überaus selten und wo sie vorkamen, verliefen sie still und ruhig. Die Rechtsprechung gegen Streikende befleiſsigte sich einer bemerkenswerten Milde und auch die Polizei pflegte Übertreter des Koalitionsverbots nicht sonderlich hart anzufassen. So patriarchalisch wurden diese Dinge vielfach gehandhabt, daſs der Magdeburger Oberbürgermeister Hasselbach[2] im Herrenhause erzählen konnte, daſs die Polizeibehörden, statt Bestrafungen herbeizuführen, häufig den Vermittler machten und sich um Arrangements zwischen Fabrikanten und Ausständigen bemühten. Als in diese friedliche, ein wenig spieſsbürgerliche Welt, die noch allen Ernstes wähnte, die Koalitionsfreiheit als Abschreckungsmittel benutzen zu können, dann wie von ungefähr ein paar Ausstände hineindrangen, schienen sich zur Begleichung solcher Differenzen Einigungsämter nach englischem Muster wie von selbst anzubieten. Eine Bewegung bei den Berliner Wollkämmerinnen gab dem „Zentralverein in Preuſsen für das Wohl der arbeitenden Klassen" Anlaſs, das Thema „Ein-

---

[1] Vgl. G. Eberty, Die Gewerbegerichte und das gewerbliche Schiedsgerichtswesen. Berlin 1869. S. 44.

[2] Handw. 1, S. 740. Aufsatz von Oldenberg.

richtungen zur Beschützung der gegenseitigen Rechte der Arbeitnehmer und Arbeitgeber“ am 20. Mai 1868 auf seine Tagesordnung zu setzen. Aus diesen Beratungen gingen dann zwei Arbeiten hervor: Lettes bereits im ersten Kapitel besprochener Aufsatz über „Fabrik- und Gewerbegerichte“ und des älteren Eberty Denkschrift über „Gewerbegerichte und gewerbliches Schiedsgerichtswesen in ihrer geschichtlichen Entwicklung und ihrem gegenwärtigen Stande“ [1]. Ebertys Arbeit, die in eine warme Empfehlung der Einigungsämter nach Mundella und Kettle ausmündet, zeigt die ganze Jugendlichkeit und den politischen Optimismus dieser Epoche: Sühneämter, die „aus der Quelle der Bruderliebe, der Solidarität des Menschengeschlechts“ entsprängen, sind ihm ein Allheilmittel; hätte man erst die, so würden sich Schiedsgerichte im Sinne des § 108 der Gewerbeordnung von selbst erübrigen, denn die Sühneämter würden eine so anziehende Kraft ausüben, dafs die Beteiligten ihnen auch die Entscheidung aller anderen Streitigkeiten, „die doch sämtlich nur untergeordneter Natur seien“, übertragen würden [2]. Als Eberty ein paar Jahre später (1872) dasselbe Thema dann noch in einer neuen Denkschrift abhandelte, war er bereits so weit, dem gewerblichen Schieds- uad Sühneamt vorbildliche Bedeutung auch für die Art zuzumessen, wie dermaleinst die politischen Händel aus der Welt geschafft werden würden [3]. Inzwischen aber war das preufsische Koalitionsverbot gefallen und nun zeigte sich doch, dafs die Bedeutung der Mafsregel von den politischen Parteien unterschätzt worden war. Auf die streikstille Zeit folgten Jahre voll Sturm und Drang; Lassalleaner, Bebelianer und fortschrittliche Gewerkvereinler wetteiferten um die Gunst der Massen, die sie in glücklich durchgeführten Lohnbewegungen sich zu erringen trachteten, und nun hagelten die Streiks auf die Verdutzten nieder, die sich solchen Wandels nicht versehen hatten. Den Anfang machten in zwei siegreichen Streiks die Berliner Maurer und Zimmerleute; dann folgte im Winter von 1869 auf 1870 der Ausstand im Waldenburger Kohlenrevier; auf diesen wieder ein Weberstreik in Forst, von kleineren Bewegungen nicht erst zu reden, und unter der Fülle solcher Eindrücke ward, wie Schönberg das 1871 in seiner akademischen Rede [4] bezeichnete, „die Einrichtung gewerblicher Schiedsgerichte nach

[1] Gustav Eberty, Titel wie oben. Zuerst in der „Deutschen Gemeindezeitung“ abgedruckt; dann als Sonderabdruck bei W. Peiser, Berlin 1869.

[2] Ebenda S. 48.

[3] G. Eberty, „Denkschrift über gewerbliche Schiedsgerichte als Mittel den Arbeitseinstellungen zu begegnen.“ Sonderabdruck aus dem „Arbeiterfreund“, 1871, Heft 5. Halle 1872. S. 50.

[4] Gustav Schönberg, Arbeitsämter. Berlin 1871. S. 38.

Art der Mundellaschen Kammern allgemein als eine Notwendigkeit anerkannt.“ Nicht zum wenigsten hatte zur Ausbreitung solcher Erkenntnis Brentanos epochemachendes Buch: „Die Arbeitergilden der Gegenwart“ beigetragen, das um die Wende der beiden Kriegsjahre erschienen war. Nun mehrten sich die Stimmen für die Einrichtung von Einigungsämtern. Am 25. Oktober 1871 sprach sich der „Zentralverein für das Wohl der arbeitenden Klassen“ in einer Ausschufssitzung[1] abermals für Einigungsämter aus; vorher hatte der „Volkswirtschaftliche Kongrefs deutscher Freihändler“ auf seiner Lübecker Tagung bereits das gleiche getan, der Ausschufs des Fabrikantentages schlofs sich ihnen an und als am 6. Oktober 1872 — inzwischen hatte die Streikbewegung in dem (allerdings verunglückten) sechs- bis siebenwöchigen Ausstand von mehr als 15000 Kohlenbergleuten in Rheinland-Westfalen ihren Höhepunkt erreicht — zu Eisenach jene Versammlung „zur Besprechung der sozialen Frage“ zusammentrat, aus der hernach der „Verein für Sozialpolitik“ erwuchs, galt auch ihre vornehmste Aufmerksamkeit dem Problem, das damals alle Welt bewegte: der Epidemie der Kontraktbrüche zu wehren, ohne doch zugleich die Koalitionsfreiheit zu gefährden. Das Referat, das Schmoller bei der Gelegenheit hielt, verdient durch seine reife Ruhe in einer nervös erregten Zeit den besten Leistungen des hochverdienten Mannes zugezählt zu werden. „Der Kampf“ — so führte er[2] aus — „war unvermeidlich, wenn nicht die Gewerbefreiheit, die aus tausend andern Gründen unvermeidlich war, zur blofsen Klassenherrschaft der Unternehmer führen sollte.“ Aber nun gelte es an Stelle des Kampfes und Streits friedliche Verhandlungen und Entscheidungen oder Austräge zu setzen. Zu dem Ende empfehle er gewerbliche Schiedsgerichte und — soweit es sich um Arbeitseinstellungen und Vereinbarung zukünftiger Verträge handele — Einigungsämter, für die man ja „immerhin an Kettle und Mundella Vorbilder hätte.“ Demgemäfs hiefs es dann unter Ziffer 5 der Anträge, die Schmoller der Versammlung zur Beschlufsfassung vorlegte:

„In Erwägung, dafs das beste Mittel die Arbeitseinstellungen und Aussperrungen zu beseitigen und den sozialen Frieden wieder herzustellen, die sogenannten Einigungsämter (boards of conciliation), d. h. Vermittlungskommissionen gewählter Arbeitgeber und Arbeitnehmer eines bestimmten Gewerbes, welche bei entstehenden Streitigkeiten für eine bestimmte kürzere Zeit die Arbeitsbedingungen, unter welchen die Unternehmer Arbeiter beschäftigen, die Arbeiter in Arbeit treten sollen, feststellen, sind — beantragt der Referent:

---

[1] G. Eberty, Denkschrift. S. 1.

[2] Verhandlungen der Eisenacher Versammlung zur Besprechung der sozialen Frage am 6. und 7. Oktober 1872. Leipzig 1873. S. 80 ff.

die Versammlung möge beschliefsen, es sei wünschenswert, dafs überall, wo häufigere Streitigkeiten vorkommen, derartige Kammern freiwillig organisiert werden und dafs sich ihnen möglichst die Gesamtheit der Unternehmer einerseits und die Gesamtheit der Arbeiter anderseits unterwerfe, sowie dafs ein besonderes Gesetz derartigen Kammern, die gewisse allgemeine Bedingungen erfüllen, die notwendigen Befugnisse (Zeugen vorzuladen) erteile und ihre Entscheidungen durchführbar mache" [1].

Man sieht, Schmoller lehnt sich hier in der Hauptsache durchaus an das englische Vorbild an. Die Freiwilligkeit scheint ihm ein wesentliches Moment dieser Kammern und eine gewerkschaftliche Organisation des Arbeiterstandes hält er für den notwendigen Unterbau, den „ersten Schritt, den sozialen Frieden wieder herzustellen" [2]. In diesen Stücken steht Schmoller in Eisenach ohne Frage unter dem Eindruck Hirschscher Auffassungen, und so kann es nicht wundernehmen, dafs er auch bei der Bewertung der Gewerkvereine, dieser „wahren Innungen der Zukunft", ihrem unermüdlich lobpreisenden Anwalt folgt [3]. Nur ein einziger — es sei verstattet das hier einzustreuen, obwohl die Episode streng genommen in diesen Zusammenhang nicht mehr gehört — beurteilte die Gewerkvereine nüchterner und richtiger. Das war Rudolf Meyer, damals Redakteur an der „Berliner Revue", der als Schildknappe Wageners der Eisenacher Versammlung beiwohnte. Der sagte: „Ich weifs, dafs die Arbeiter selbst in ihrer grofsen Mehrheit von Hirschschen Gewerkvereinen nichts wissen wollen. Ich fürchte, Sie legen diesen Gewerkvereinen ein zu grofses Gewicht bei; sie haben keinen Boden unter den Arbeitern und sie werden zur Lösung der sozialen Frage nichts beitragen, sie nur hinschleppen und akuter machen. Ich warne Sie davor, denselben zu viel Wert beizumessen" [4]. Damals ward Rudolf Meyer verlacht und durch Schlufsrufe unterbrochen; die Entwicklung der Dinge aber hat ihm, dem Einspänner, späterhin Recht gegeben: so grofs ist die Möglichkeit des Irrtums, wo es sich darum handelt, zukünftige volkswirtschaftliche Entwicklungsreihen abzuschätzen.

Die Eisenacher Versammlung beschränkte sich darauf — das ward schon an einer früheren Stelle hervorgehoben — ganz allgemein die Zweckmäfsigkeit von Schiedsgerichten und Einigungsämtern anzuerkennen; aber schon im Jahre darauf, als man abermals zu Eisenach zur Tagung des „Vereins für

---

[1] Verhandlungen der Eisenacher Versammlung 1872. S. 94 ff.
[2] Ebenda S. 90.
[3] Ebenda S. 87.
[4] Ebenda S. 101.

Sozialpolitik“ beieinander war, kehrte man zu demselben Thema wieder. In der öffentlichen Meinung der besitzenden Klassen hatte sich inzwischen ein Umschwung vollzogen; „unter dem Einfluſs augenblicklicher Miſsstände und alter Herrschaftsgelüste“ [1], bearbeitet zudem von einer Publizistik, deren Wesen wir schon oben charakterisierten, hatte sie sich von dem Gedanken an Einigungsämter mehr und mehr abgewandt und — nicht erfolgslos — von der höchsten Reichsbehörde den Erlaſs von Not- und Gelegenheitsgesetzen zu heischen begonnen. Die Novelle vom Sommer 1873, die für den Kontraktbruch strafrechtliche Ahndung vorschlug, war dem Reichstage zugegangen und nun ward die Frage als besonderer Gegenstand auf die Tagesordnung der am 13. Oktober anhebenden Jahresversammlung des „Vereins für Sozialpolitik“ gesetzt. Eine Reihe von Gutachten — vom Staatsrat Bitzer in Stuttgart, vom Leipziger Handelskammersekretär Gensel, vom Stadtrat Ludwig-Wolf in Meerane, vom Handelskammersekretär Dr. Julius Schulze in Mainz, vom Redakteur Dannenberg-Hamburg und dem Gewerkvereinler Härtel — hatten den Gegenstand vorbereiten helfen und die vom ständigen Ausschuſs gestellte Frage: „Wie sind gewerbliche Schiedsgerichte und Einigungsämter einzurichten?“ zu beantworten versucht; das Referat aber war diesmal Max Hirsch zugefallen, der seinen Ausführungen folgende Resolutionen zugrunde legte:

„Die Versammlung wolle beschlieſsen:

In Erwägung, daſs bleibende Einigungsämter zur Herstellung und Erhaltung des sozialen Friedens, insbesondere auch zur Beseitigung des vielfach eingerissenen Kontraktbruchs das einzig bewährte Mittel sind;

daſs die Freiwilligkeit des Beitritts der Arbeitgeber und Arbeitnehmer zu den Einigungsämtern die notwendige Grundlage derselben bleiben, daſs aber die Entscheidungen gegen die freiwillig Beigetretenen durch ein Reichsnormativgesetz durchführbar gemacht werden müssen;

daſs der verpflichtende Beitritt zu den Einigungsämtern für Koalitionsvereine (Gewerkvereine) die Hauptbedingung gesetzlicher Anerkennung derselben bilden muſs,

beauftragt die Versammlung den Ausschuſs:

1. Auf alle Weise, insbesondere durch die Herausgabe einer Preisschrift die öffentliche Meinung, zumal unter den Arbeitgebern für die Einigungsämter zu gewinnen;

2. an den Bundesrat und Reichstag um schleunigen Erlaſs eines Normativgesetzes zu petitionieren“ [2].

[1] Schriften d. V. f. S. 4. Bd., S. 152.

[2] Ebenda.

Wir haben hier also dieselben Ideengänge wie bei Schmoller: das Institut soll sich auf unbedingte Freiwilligkeit gründen; seinen Sprüchen aber gegenüber den einmal Beigetretenen ein Reichsgesetz die Ausführung[1] garantieren: „erst an dem Tage, wo ein Reichsgesetz die Einigungsämter gleichsam legitimiert, werden diese Einrichtungen in Deutschland wahrhaft Boden und dauernde Verbreitung finden"[2]. Und natürlich müfsten die Einigungsämter sich aufbauen auf Koalitionsverbänden nach Hirschschem Muster: „wer das Einigungsamt will, mufs auch den Gewerkverein wollen"[3]. Aber selbst wenn man bereit ist, berechtigtem Vaterstolz mancherlei zuzugestehen, kann man sich eines Lächelns nicht erwehren, wenn man Hirsch argumentieren hört: jeder staatliche Zwang sei schon deshalb nicht vonnöten, weil Einigungsämter ohne staatlichen Zwang sich nicht nur in England, sondern auch seit 1870 in Grünberg, Guben, Danzig, Berlin, Stralsund, Barth, Zingst, Rostock und Biebrich[4] glänzend bewährt hätten. Man denke sich nur: die pommerschen Landstädtchen Barth und Zingst, das schlesische Grünberg und das rheinische Biebrich mit ihren turbulenten und höchst verwickelten Arbeiterverhältnissen! In der Folge freilich hat man von diesen stolzen Gebilden auch nicht mehr viel vernommen; ein 1878 bei Gelegenheit eines Berliner Maurer- und Zimmererstreiks unternommener Versuch, unter Mitwirkung der Gewerkvereine ein Einigungsamt einzurichten, scheiterte an der Nichteinhaltung der Vereinbarungen durch die Arbeiter[5]; ähnliche Erfahrungen wurden auch an andern Orten gemacht. So lernte mit den Jahren auch Hirsch sich bescheiden; ganz kleinlaut hiefs es in seinem Bericht vom Juli 1889 über die Tätigkeit der Gewerkvereine: „Die Anregung zugunsten der Einigungsämter und Schiedsgerichte würde voraussichtlich s c h o n (!) in diesem Jahre Früchte bringen"[6].

Auf der Eisenacher Versammlung freilich schiffte man noch mit tausend Masten ins Weltmeer; hochgemut versicherte der Vertreter des Verbandes der deutschen Gewerkvereine (Sasse-Berlin): „Wir werden die Sozialdemokratie doch endlich zwingen. Sie sind nicht die Mehrheit; wir sind es jetzt schon"[7]. Und auch Brentano, der als Korreferent fungierte, schien nicht von jeder Überschätzung der

---

[1] Auch in England war mittlerweile — am 6. August 1872 — ein Gesetz angenommen worden, das den Einigungsämtern gesetzliche Exekutive garantierte.

[2] Ebenda S. 157.

[3] Ebenda S. 162.

[4] Schriften d. V. f. S. 4. Bd., S. 155.

[5] M ö l l e r - H i r s c h, Gewerbegerichte und Einigungsämter. S. 57.

[6] Handw. 3. Bd., Aufsatz von S t i e d a über Einigungsämter. S. 341.

[7] Schriften d. V. f. S. 4. Bd., S. 182.

Hirschschen Bildungen fern zu sein. Immerhin fehlte es auch nicht an Widerspruch und Dannenberg traf in der Beurteilung der Hirschschen Illusionspolitik wohl den Nagel auf den Kopf, wenn er erklärte[1]: „Der Hauptunterschied ist, dafs Herr Dr. Hirsch bezüglich der Gewerkvereine stets das im Auge hat, was er sich unter denselben denkt, was aus ihnen werden kann und soll, während ich mich an dasjenige halte, was sie sind.“ So ward denn auch schliefslich von den Gesetzentwürfen abgesehen, die Hirsch und Brentano der Versammlung unterbreitet hatten und lediglich beschlossen, an Bundesrat und Reichsrat um den schleunigen Erlafs eines Normativgesetzes zu petitionieren. Dies Gesetz ist dann bekanntlich ausgeblieben; statt seiner ging dem Reichstage abermals die Novelle über die Bestrafung des Kontraktbruches zu und im Herbst 1874 beschäftigte sich auch die Jahresversammlung des Vereins für Sozialpolitik mit diesem Problem. In jener Oktobertagung ist noch einmal die Frage der Einigungsämter gestreift worden. Dann wurde es für lange still von ihr. Die rückläufige Konjunktur bändigte die anfänglich so rege Streiklust; zudem begannen die Behörden (ein Zeichen des Umschwungs, der sich in Bismarcks Sozialpolitik vorzubereiten anfing) seit 1874 etwa mit rücksichtsloser Strenge gegen die Gewerkschaften einzuschreiten, und was dann noch an ungebärdigen Tendenzen in der Arbeiterschaft zurückblieb, das half das Sozialistengesetz — wenigstens für den Augenblick — vollständig niederzwingen. Zwischen 1874 und 1878 hat die deutsche Industrie eine ungewöhnlich streikstille Zeit verleben dürfen — erst nach 1881 finden sich Hand in Hand mit dem Wiederanziehen der Konjunktur hier und da wieder beträchtlichere Lohnbewegungen — und so ist in diesen Jahren auch das Bedürfnis nach einem Einigungsverfahren nicht so stark hervorgetreten. Zwar auf den Verbandstagen der Gewerkvereine ist die Frage mehrfach eingehend behandelt worden[2] und einer grofsen Zahl von Ortsverbänden und Ortsvereinen haben eine im Schofs der Gewerkvereine tagende Kommission und ihr Anwalt auch gelegentlich Rat und Vorlagen gegeben. Aber viel ist, wie gesagt, in der Praxis daraus nicht geworden und blofs das Buchdruckgewerbe hat aus sich heraus einigungsamtliche Institutionen zu entwickeln vermocht, ohne ihnen freilich von vornherein Stetigkeit und Bestand sichern zu können. Im kleinen Kreise ist ähnliches dann auch von den Vergleichskammern[3] erstrebt worden

[1] Schriften d. V. f. S. 4. Bd., S. 187.
[2] Stieda im Handw. 3. Bd., S. 341.
[3] Jastrow, a. a. O. S. 505. Diese Vergleichskammern waren aber von den Fabrikanten organisiert. Vgl. Soziale Praxis, Jahrg. 1894/5, Nr. 37 Spalte 629.

— der Ausdruck ist der französischen Gewerbegerichtsgesetzgebung entlehnt —, die in der Solinger Eisenindustrie mit den Lohnvereinbarungen verbunden wurden. Aber auch sie hatten (ebenso wenig übrigens wie das Buchdruckgewerbe) einen Zusammenhang mit den Hirschschen Bildungen: nach Jastrow reichten ihre durchaus selbständigen Anfänge bis in die sechziger Jahre zurück.

Das Reichsgesetz von 1890 ging einen andern Weg, als ihn alle diese Ansätze wiesen. Statt die englischen Einrichtungen auf Deutschland zu übertragen [1], statt an Gewerkvereine und Unternehmerorganisationen knüpfte es das Einigungsverfahren an das Gewerbegericht. Das sollte, wenn beide Teile seine Entscheidung forderten und Vertreter — in der Regel nicht mehr als drei von jeder Partei — abordneten, bei drohenden oder ausgebrochenen Streitigkeiten als Einigungsamt über die Bedingungen entscheiden können, unter denen das Arbeitsverhältnis fortzusetzen oder wieder aufzunehmen war. Die am Einigungsamt teilnehmenden Mitglieder des Gewerbegerichts hatte der Vorsitzende zu bestimmen oder zu gleichen Teilen aus den Kategorien der Unternehmer und der Arbeiter zu wählen; für gewöhnlich sollten vier Beisitzer herangezogen werden; doch stand es frei, ihre Zahl durch Vertrauensmänner zu verstärken, ja diese Ergänzung wurde unabweisbar, wenn sie von einem Vertreter der Streitenden beantragt wurde. Vertrauensmänner wie Beisitzer — hier ein vollkommenes und bewufstes Abgehen von den englischen Bräuchen — durften an dem Streitfall nicht beteiligt sein; auch sollten sie nicht selbständig, sondern nur durch den Mund des Vorsitzenden an die Vertreter und Auskunftspersonen Fragen stellen. Wen es als Vertreter als genügend legitimiert erachtete, entschied das Einigungsamt nach freiem Ermessen. Im übrigen waren seine Aufgaben diese: es hatte zunächst den Tatbestand festzustellen und konnte zu dem Ende, soweit es erforderlich war, auch Auskunftspersonen vorladen. Sodann hatte es einen Einigungsversuch anzustreben und, falls dieser mifslang, einen Schiedsspruch abzugeben. Standen dann bei der Beschlufsfassung die Stimmen sämtlicher Beisitzer und Vertrauensmänner aus Unternehmerkreisen

---

[1] Das englische Einigungsverfahren hatte inzwischen eine Entwicklung genommen, die es immer mehr auf die beiderseitigen Verbände und deren Organe aufbaute. Man unterschied jetzt zwischen Streitigkeiten „individueller" Art und „allgemeiner". Die Streitigkeiten „individueller Art" — etwa unseren Gewerbegerichtssachen entsprechend — wurden meist durch Verhandlungen der Sekretäre der beiderseitigen Organisationen erledigt. Erst die allgemeinen (Grafschaftsfragen) kamen an das Einigungsamt (board of conciliation and arbitration), das sich in einen ständigen Ausschufs (standing committee, joint committee) und die Plenarversammlung aller Delegierten (full board) gliederte. Die Arbeitervertreter sind jetzt durchweg Vertrauensmänner der Gewerkvereine.

denen aus der Arbeiterschaft gegenüber, so war der Vorsitzende berechtigt sich seiner Stimme zu enthalten und festzustellen, dafs ein Schiedsspruch nicht zustande gekommen sei. Eine Exekutive aber, wie sie einst denen vorgeschwebt hatte, die immer wieder den Ruf nach einem Reichsnormativgesetz erhoben, ward dem Gewerbegericht als Einigungsamt versagt. In der Beziehung blieb alles, aber auch alles auf Freiwilligkeit basiert; binnen einer gewissen Frist sollten sich die Parteien erklären, ob sie dem Schiedsspruch Gehör geben wollten. Dann sollte der Spruch — einerlei, ob die Parteien ihn billigten oder nicht — veröffentlicht werden. Desgleichen, wenn die Verhandlungen ergebnislos verliefen und weder Schiedsspruch noch Vereinbarungen zustande kamen: so ward als einziger Zwang der moralische der öffentlichen Meinung statuiert und ihrem nicht immer gleich zwingenden Druck die Exekutive anvertraut, die vom Standpunkt strikten Rechts zu ordnen der Gesetzgeber sich nicht entschliefsen mochte.

Die das Einigungsamt angehenden Bestimmungen des neunziger Gesetzes sind in der damaligen Literatur vielfach abfällig beurteilt worden. Brentano[2], der sie an der englischen Entwicklung mafs, fand — so sehr er der sorgfältigen Durchführung der Gleichberechtigung von Arbeitgebern und Arbeitern seinen Beifall zollte — die „Einigungsämter zu bureaukratisch gestaltet, Verfahren und Zusammensetzung zu ängstlich, die wirtschaftliche Natur des Schieds- und Einigungsverfahrens verkannt und die Tatsache nicht berücksichtigt, dafs es allenthalben, wo es sich nicht auf Organisationen der Arbeitgeber und Arbeiter stütze, in der Luft schwebe.“ Sein ceterum censeo lautete: mit einem Gewerbegerichtsgesetz sind Schieds- und Einigungskammern schlechterdings unverträglich[3]. Es schien fast, als könne er sich nicht von der Definition freimachen, die einst H. B. Oppenheim in seiner schon mehrfach angezogenen Schrift über den Unterschied von Gewerbegericht und Einigungsamt gegeben. Die hatte damals ihren guten Sinn gehabt. Die Verwirrung

[1] Eine ähnliche Organisation scheint übrigens Rickert vorgeschwebt zu haben. Der verlangte a. a. O., S. 61 ff. den Erlafs eines Ausführungsgesetzes zu § 108, das sich gegenüber den Einigungsämtern aber zuwartend verhalten sollte: „Man möge den Schiedsgerichten die Übernahme des Vermittlungsamts in Lohnstreitigkeiten auf Anrufen der Beteiligten zur Pflicht machen; aber sie oder andere Organe zur Zwangsvollstreckung des Spruchs zu ermächtigen ist die Gesetzgebung unter den obwaltenden Umständen nicht in der Lage.“ Hier und da sind auch bereits dem kommunalen Schiedsgericht nach § 108 alinea 4 einigungsamtliche Befugnisse zugewiesen gewesen. So z. B. in Frankfurt a. M., an dessen schiedsgerichtliches Statut sich das Gesetz auch in dieser Beziehung angelehnt hat. Vgl. auch Festschrift des Verbandes deutscher Gewerbeger. S. 6.

[2] Lujo Brentano, Über Arbeitseinstellungen und Fortbildung des Arbeitsvertrags, in Schriften des V. f. S. 1890. S. XLVI.

[3] Ebenda S. XLIX.

war in der Tat grofs gewesen; selbst ein preufsischer Handelsminister — die bereits früher[1] erwähnten Reskripte vom 4. Oktober 1870 und 31. Juli 1871 erweisen es — hatte allen Ernstes von den gewerblichen Schiedsgerichten nach § 120a Hilfe gegen die Not der Arbeitseinstellungen erwartet; ähnlichen Auffassungen konnte man damals allgemein begegnen. Man stand sichtlich unter dem Einflufs englischer Vorstellungen und so schilderte auch Hirsch[2] in seinem Referat vom 12. Oktober 1873 das Verhältnis zwischen Einigungsamt und gewerblichem Schiedsgericht — auch hier für seine Gewerkvereine werbend:

„Allerdings bildet das Einigungsamt gleichsam die gesetzgebende, das Schiedsgericht die richterliche Gewerksbehörde; aber innerhalb der beschränkten Sphäre ihrer Wirksamkeit fliefsen beide vielfach zusammen. Auch diejenigen Fragen, welche das Einigungsamt als solches zu entscheiden hat, werden sich häufig zu den allgemeinen Rechtsbestimmungen als Spezialfälle verhalten; während andererseits jedes Fachgericht, wie überhaupt jedes Gericht durch seine Entscheidungen Gewohnheitsrecht begründet. So können beispielsweise die Fragen, ob ein nur wenig verändertes Modell zu dem bisherigen Akkordsatz zu liefern, ob der Weg des Arbeiters zu einer entfernteren Arbeitsstelle als Arbeitszeit zu rechnen ist und dergleichen, mit gleichem Fug beiden Institutionen unterbreitet werden; welcher von beiden man den Vorzug gibt, wird meistens nur von der Anzahl der betreffenden Personen abhängen. Einigungsamt und gewerbliches Schiedsgericht sind, richtig verstanden, nur zwei Seiten derselben Gewerksorganisationen, woraus folgt, dafs sie in organischem Zusammenhang stehen müssen."

Gegenüber einem solchem Schwanken der Begriffe, das sich gelegentlich noch erheblich drastischer äufsern konnte, war es nicht unverdienstlich gewesen, dafs Oppenheim mit der ihm eigenen Lebhaftigkeit betont hatte[3]: „Gewerbegerichte und Einigungsämter betreffen ganz verschiedene Gegenstände, haben eine gesonderte Kompetenz und berühren einander kaum an irgend einem Punkte . . . Das Einigungsamt vermittelt die Abschliefsung oder Erneuerung des Kontrakts; das Gericht zieht die juristischen Konsequenzen aus dem abgeschlossenen Kontrakt . . ."

Auf diesen Unterschied hatte auch schon zwei Jahre früher — wenn auch nicht so temperamentvoll und ohne die polemische Spitze — Gebhard in einem Aufsatz in „Fauchers

[1] S. 13.
[2] Schriften d. V. f. S. 4. Bd., S. 16.
[3] Oppenheim, a. a. O. S. 41.

Vierteljahrsschrift" aufmerksam gemacht; hinterher haben das auch noch sehr viele andere getan (z. B. Baumbach in seiner Reichstagsrede vom 12. Januar 1889). Mit am besten vielleicht der anonyme Verfasser des oben[1] erwähnten Grenzbotenaufsatzes, der das unterscheidende Merkmal also[2] umschrieb:

„Das Gewerbegericht ist ein wirkliches Gericht (cf. § 14 des Gerichtsverfassungsgesetzes), das Einigungsamt dagegen eine Behörde mit gemischten Befugnissen. Dort handelt es sich um eine endgültige Entscheidung von Rechtsstreitigkeiten zwischen persönlich bestimmten Prozeſsparteien, also um die Feststellung der Rechtsfolgen aus schon bestehenden Arbeitsverträgen, hier um eine gleichsam statutarische Regelung von Interessenstreitigkeiten zwischen gewissen Berufsgruppen, d. h. um die Feststellung der Grundbestimmungen für erst abzuschlieſsende Arbeitsverhältnisse, mit andern Worten — dort erzeugt das Verfahren fertige Vollstreckungsmittel, hier nur die rechtlichen Unterlagen dafür."

Es mutet unter solchen Umständen wie ein Einrennen offener Türen an, wenn ein Autor immer wieder auf den nachgerade urbi et orbi bekannten Fundamentalunterschied zwischen Gewerbegericht und Einigungsamt zurückkommt und sich über das „Trügerische der Verbindung zweier so grundverschiedenen Institutionen" anscheinend gar nicht zu fassen vermag. Schlieſslich gab es dafür doch einen sehr gewichtigen Grund. Das Reich rührte hier an ein Gebiet, das bislang noch nie von Staats wegen geordnet war; es ging daran, eine im übrigen ganz und gar in die Sphäre des freien Willens gerückte Institution in gewissem Sinne doch unter seine Hoheit zu stellen: eine „legitimierte Stelle" zu schaffen, wie der Staatssekretär v. Bötticher[3] das im Reichstage ausdrückte, für die Streitigkeiten allgemeiner Natur zwischen Arbeitern und Arbeitgebern. Da muſste es dem Gesetzgeber von Wert sein, an Bekanntes und Vertrautes (und das war das Gewerbegericht nach mehr als vierzigjähriger Geschichte doch wohl im groſsen ganzen) anzuknüpfen, und wenn Brentano meint: nur ein Gesetz über die eingetragenen Berufsvereine wäre die geeignete Stelle[4] gewesen, auch das Einigungsamt zu regeln, so wird man ihm erwidern dürfen: auch dann wäre es eine Reise in ein unbekanntes Land gewesen. So oder so — auf Auswachsen, auf Entwicklung und langsames Werden blieb das Einigungsamt immer angewiesen. 1890 aber, als Brentano seine Forderung anmeldete, war die

[1] S. 39.
[2] A. a. O. S. 613.
[3] Stenogr. Ber. 1890/1, 1. Bd., S. 25.
[4] Brentano, a. a. O. S. XLIX.

berufsvereinliche Organisation in Deutschland keineswegs so weit abgeschlossen, daſs man ein neues Institut unbesorgt in ihre Obhut hätte geben können.

Besser als von der Wissenschaft ist die Regierung damals vom Parlament verstanden worden. Man versprach sich von der Wirksamkeit der Einigungsämter zwar nicht goldene Berge, aber man begrüſste sie mit Wohlwollen und bei einigen — so bei dem freisinnigen Abgeordneten Eberty und bei dem Elsässer Winterer — steigerte sich dieses Wohlwollen sogar zur Wärme. Merkwürdigerweise war es ein Konservativer — später haben die Konservativen auch in diesen Stücken umgelernt —, der das Einigungsamt mit dem Recht der Exekutive[1] ausgestattet wissen wollte. Aber in der Kommission drang die Ansicht durch, daſs eine Vollstreckbarkeit der Schiedssprüche sowohl vom juristischen wie vom sozialpolitischen Standpunkt weder möglich noch wünschenswert sei. Der Zweck der Einigungsämter sei lediglich die soziale Versöhnung, nicht die Herstellung eines Friedens durch Gewaltmittel. Zudem sei es aussichtslos, Arbeiter, die ohne Kündigung oder mit höchstens vierzehntägiger Kündigung jederzeit ihre Arbeit verlassen könnten, dem Schiedsspruch durch Zwangsmittel unterwerfen zu wollen. Bei diesen Auffassungen blieb man dann auch in der zweiten Lesung. Auch die Konservativen griffen jetzt nicht mehr auf die Anregung ihres Sprechers aus der ersten Beratung zurück; aber sie beantragten[2], daſs das Einigungsamt nur seine Tätigkeit beginnen dürfe, wenn die Vertreter beider Teile die Unterwerfung unter den etwa zu erlassenden Schiedsspruch zu Protokoll des Einigungsamts erklärt hätten. Dem aber ward von allen Seiten lebhaft widersprochen. Der sozialdemokratische Redner und der Vertreter der verbündeten Regierungen befanden sich in der Verteidigung der Vorlage Schulter an Schulter; das Einigungsamt solle lediglich die Stelle sein, an der beiden Teilen Gelegenheit gegeben würde, aneinander zu kommen, sich zu sprechen, zu verhandeln, gegenseitige Miſsverständnisse aufzuklären. Wenn man aber der Partei, die in der Meinung, begründete Ursache zur Unzufriedenheit zu haben, zum Einigungsamt käme, von vornherein sage: „ehe wir in die Sache hineinsteigen, müſst ihr euch verpflichten, unseren Spruch anzuerkennen“, so würde sie bei der Gefahr, ihre Ansprüche für unbegründet erklärt zu sehen, vielleicht lieber versuchen „auf anderem Wege zu ihrem Recht zu kommen.“ Man verglich, was man jetzt für Deutschland anstrebte, mit den Einrichtungen, die einst Mundella in

[1] Der sächsische Abgeordnete Klemm. Vgl. Sitzungsber. 1890/1. 1. Bd., S. 19.

[2] Stenogr. Ber. 1890/1, 1. Bd., S. 513 ff.

England getroffen. Sein System, das wesentlich ein System der Einigung[1] war und das (wenigstens in seiner ursprünglichen, reinen Form) vornehmlich durch häufiges Begegnen von Arbeitgebern und Arbeitnehmern den Ausbruch von Zwistigkeiten vermeiden wollte, gedachte man damit mutatis mutandis in Deutschland einzubürgern. Für das fortgebildete Kettlesche System mit seiner Möglichkeit der Exekutive hielt man unsere gewerblichen Verhältnisse noch nicht für reif. In der dritten Beratung wurden die Paragraphen über das Einigungsamt dann ohne Debatte angenommen. Eberty aber, der den Verhandlungen als Abgeordneter beigewohnt hatte, schrieb über die verpönte „Verquickung richterlicher und administrativer Tätigkeit“ und die aphoristische Kürze der einigungsamtlichen Bestimmungen in sein Buch:

„Das Schiedsgericht — als gesättigter Niederschlag einer mehr als vierzigjährigen gesetzgeberischen Arbeit — enthält überall in sich abgeschlossene, feste, gebietende Bestimmungen. Hier ist das Werden der früheren Gesetzgebung übergegangen zur festen, auf die Dauer berechneten Wirksamkeit; es handelt sich nicht mehr um vorläufige, fliefsende Bestimmungen; Verbesserungen werden hoffentlich die Erfahrungen der Zeit noch bringen; aber eine neue Entwicklung vielleicht nicht. Der Kreislauf ist insofern vollendet, als Gewerbestreitigkeiten von nun an durch freigewählte, zum Verfahren einzuziehende Sachverständige zur Entscheidung gelangen. Anders steht es mit dem Einigungsamt. Hier ist alles nur ein Anfang; die gesetzlichen Bestimmungen sind überwiegend nicht fest abgeschlossene Formen, sondern ein Rahmen, der noch der Erfüllung an der Hand der Tatsachen harrt. Das meiste ist auf Freiwilligkeit und weitere Entwicklung gestellt, nur weniges endgültig geordnet; fast alles harrt noch der künftigen endgültigen Gestaltung . . .“

[1] Brentano, Arbeitergilden.
[2] E. G. Eberty, Gewerbegerichte und Einigungsämter.

Viertes Kapitel.

Zehn Jahre gewerbegerichtlicher Praxis.

Das Institut, das so, angeregt durch französische Organisationen und in Anlehnung an englische Vorbilder erwachsen war, hatte daneben doch von Anbeginn seinen eigenen Charakter. Keine Nachahmung, mehr eine Neuschöpfung, die sich — gut oder schlecht — deutscher Art und dem Stand unserer Volkswirtschaft anzupassen versuchte, wurden die Gewerbegerichte zu dem Mittel, durch dessen eifrige Ausnutzung die handarbeitenden Schichten sich ihren Anteil an der Selbstverwaltung errangen. Der Frankfurter Stadtrat Flesch zuerst hatte, soweit ich zu übersehen vermag, darauf aufmerksam gemacht, wie die gesamte derzeit bestehende Selbstverwaltung in Staat und Gemeinde fast ausschliefslich in den Händen der besitzenden Klassen ruhte; wie die unbemittelten von ihr zwar nicht de jure, aber de facto völlig fern gehalten würden und wie notwendig es darum sei, der einzigen Interessenvertretung, die auch dem Arbeiter zugänglich sei, möglichst Raum und Einflufs zu verschaffen[1]. Das aber waren die Gewerbegerichte; in unserem wunderbar ausgestatteten und verästelten Behördenorganismus die einzige Stätte, an der grundsätzlich und von Rechtswegen auch Arbeiter vertreten sein mufsten[2]. Erst durch sie erfuhren die Kreise, denen man zwar einst das stolze Recht verliehen hatte, in den höchsten Rat der Nation zu berufen[3], die aber im übrigen — teils mit Absicht, teils durch die wirtschaftliche Entwicklung — von Geschworenenbänken und Schöffenstellen, vom landständischen und kommunalen Wahlrecht ausgeschlossen blieben und deshalb, je weniger sie in das politische Verständnis für das Detail des Staatswesens hineingezogen wurden, um so zügelloser das hohe Rofs der grofsen Politik zu tummeln pflegten, den Segen des Selfgovernment am eignen Leibe. Jetzt erst lernte — wenn auch im engeren Bereich — mit Treitschke zu reden, die Arbeiter-

---

[1] Blätter für soziale Praxis. Jahrg. 1, 1893, S. 31 ff.
[2] Jastrow, Sozialpolitik und Verwaltungswissenschaft. S. 410.
[3] Ebenda.

klasse „selbst handanlegend das Regieren[1].“ Zunächst freilich drang die neue Einrichtung doch nur zögernd vor. In einer ganzen Reihe von Städten kam es nach dem ersten April 1891, an dem das Gesetz in Kraft getreten war, wegen der Errichtung von Gewerbegerichten zu Differenzen zwischen Behörden, Arbeitern und Unternehmern[2] und bei einer durch den Vorstand des Thüringer Städteverbandes veranstalteten Umfrage erklärten nicht weniger als 35 Gemeindebehörden, daſs sie an eine Einführung von Gewerbegerichten nicht dächten[3]. Bei den ersten Wahlen siegten zudem fast ausschlieſslich bei den Arbeitnehmern die sozialdemokratischen Kandidaten; auffälligerweise auch da, wo die Arbeiter konfessionell organisiert waren und die Sozialdemokratie bei den Reichstagswahlen noch auf eine starke Gegnerschaft in der Arbeiterbevölkerung stieſs. Ja mehrfach — so neben Berlin in Nürnberg, Hamburg und Bremen — drangen die sozialdemokratischen Listen sogar in der Klasse der Arbeitgeber durch und selbst, wo das nicht der Fall war, erwiesen die beträchtlichen Minderheiten der socialdemokratischen Kandidaten doch die starke Zuneigung der kleingewerblichen Meister zur Sozialdemokratie[4]. Die freilich regte sich auch am meisten und sorgte noch am ehesten für eine rührige Agitation. Auf ihre Rechnung wird es wohl vornehmlich zu setzen sein, daſs bei der Wahl der Arbeiterbeisitzer in fast allen gröſseren Städten regelmäſsig ein wirklicher Wahlkampf entbrannte, bei der sie dann mit den anderen Organisationen der Arbeiterschaft, mit katholischen Vereinen, Christlich-Sozialen und Hirsch-Dunckerschen Gewerkvereinlern ihre Kräfte maſs. Wie anders schaute es dafür bei den Wahlen der Unternehmerklasse aus: eine absolute Teilnahmlosigkeit, die die Entscheidung häufig genug dem bloſsen Zufall des Wahlbesuchs überlieſs[5]; geschah es doch selbst in Berlin, daſs sich knapp 3000 Arbeitgeber[6] zur Wahlliste meldeten! Allerdings gar zu intensiv wird man sich auch die Beteiligung der Arbeiter nicht vorzustellen haben: auch bei ihnen kamen in dem in solchen Stücken

---

[1] Jastrow, a. a. O. bringt hiermit noch in Verbindung, daſs mit dem Gewerbegerichtsgesetz auch noch ein neuer Begriff des politischen Anstands und des Ehrenamts in unser öffentliches Leben eingeführt worden war. Bisher galt es für anständig sich für ehrenamtliche Tätigkeit nicht bezahlen zu lassen. „Das war etwa die anständige Gesinnung des behäbigen Bürgertums . . . jetzt bezeichnet man es andererseits als nicht anständig von seiten der Gesamtheit, diese Dienste unentgeltlich anzunehmen.“

[2] Sozialpolitisches Zentralblatt. 1891/2, S. 26.

[3] Ebenda.

[4] Ebenda 1891/2, Nr. 16, S. 208.

[5] Jastrow, Jahrb. S. 336.

[6] Freund in einem Aufsatz der Blätter f. soz. Praxis. Jahrg. 1, S. 75 ff.

gewifs regsamen Berlin und trotz wochenlanger lebhafter Agitation auf 280000 Wahlberechtigte nur 34388 Eintragungen[1], und an den Wahlen nahmen dann schliefslich nur 70 % der Eingeschriebenen teil[2]. Hier und da waren es daneben ganz bestimmte Widerstände, die sich dem Fortschreiten der Institution entgegenstellten. Es gab doch eine ansehnliche Zahl Unternehmer — und gerade unter den einflufsreichsten und gröfsten —, die der neuen Einrichtung mit unverhohlenem Mifstrauen gegenüberstanden. Die das Gewerbegericht nicht als „den vom Gesetz geschaffenen Ort betrachteten, an dem Arbeitnehmer und Arbeitgeber sich gleichberechtigt gegenüberständen, sondern als die Stelle, an der die Arbeitnehmer nun einmal das Recht hätten zu reden, was sie wollten, an der zu antworten aber die Arbeitgeber eigentlich nicht nötig hätten[3]." Daraus ergab sich von selbst, dafs sie, wo es anging und in ihrer Gewalt lag, die Errichtung von Gewerbegerichten zu verhindern suchten. Ungemein charakteristisch für derartige Strömungen ist der Bericht des Duisburger Gewerbeinspektors für das Jahr 1893. Der führt darüber Klage, dafs die dortigen Gewerbegerichte mit wenigen Ausnahmen erst dann von den Arbeitern angerufen würden, wenn das Arbeitsverhältnis bereits gelöst sei; dafs die Gewerbegerichte also hier garnicht in die Lage kämen, ihrer Bestimmung gemäfs auf einen Ausgleich der Gegensätze zwischen Unternehmer und Arbeiter hinzuwirken. Hierin, meint er resigniert, würde sich aber auch in Zukunft nichts ändern: „die hiesigen Fabrikanten stehen fast ausnahmslos auf dem Standpunkt, dafs sie jeden Arbeiter entlassen, der gegen ihre Mafsnahmen die Entscheidung der Gewerbegerichte anruft." Überhaupt herrsche in den Unternehmerkreisen vielfach Abneigung gegen die Gewerbegerichte: die erschwerten nur auf den grofsen Werken die Aufrechterhaltung der Disziplin und bürdeten den Gemeinden unnötige Kosten auf. Infolgedessen hätten denn auch die Ruhrorter Unternehmer der Errichtung eines Gewerbegerichtes bislang „hartnäckig und erfolgreich widerstanden"[4]. Ähnliches wiederholte sich an verschiedenen Orten. In Augsburg z. B. hatten, als die Gemeindekollegien zum 1. Januar 1893 die Errichtung eines Gewerbegerichtes beschlossen, die Handelskammer sowohl wie 25 hervorragende Industrielle, die man um ihr Gutachten befragt, schlankweg erklärt: ein Bedürfnis nach einem Gewerbegericht sei nicht gegeben; errichte man eins, so würde dadurch lediglich den Parteieinflüssen ein ungleich weiteres Feld geboten als durch

---

[1] Sozialpolitisches Zentralblatt. Jahrg. 2, S. 145.
[2] Ebenda 1892/3, S. 265.
[3] Flesch, in einem Aufsatze der Soz. Praxis. 1894/5, Spalte 975 ff.
[4] Sozialpol. Zentralbl. 1893/4, S. 555 ff.

die bisherigen Zustände[1]. Auch in Halberstadt weigerte sich die Stadtverordnetenversammlung wiederholt, an die Organisation eines Gewerbegerichts heranzutreten, bis der Minister schliefslich zwangsweise die Errichtung verfügte, und in Darmstadt zögerte die Bürgermeisterei, weil ein von ihr eingefordertes Gutachten der Arbeitgeber sich gegen die Gewerbegerichte ausgesprochen hatte[2].

Trotz solcher Hemmnisse, zu denen sich in Preufsen eine mindestens zurückhaltende Stellung des Handelsministers gesellte[3], liefs sich der Fortschritt doch auf die Dauer nicht aufhalten. Im Gegenteil; nach und nach begannen die Gemeindeverwaltungen aus freier Initiative und mit anerkennenswertem Eifer Gewerbegerichte ins Leben zu rufen und in den Jahren 1892—1894 ist im Durchschnitt kaum eine Woche verstrichen, in der nicht ein oder zwei Gerichte errichtet worden wären[4]. Überwunden war die Gegnerschaft, die ja auch heute noch oft genug in der Unternehmerpresse aufflackert, freilich noch lange nicht. Nach zwei Richtungen vornehmlich bewegte sich die Kritik der Abgünstigen: man bemängelte die Inappellabilität der gewerbegerichtlichen Urteile und man klagte über die angebliche Parteilichkeit der beisitzenden Arbeiter; Hand in Hand damit gingen dann in den Blättern ganz summarische, unbegründete und verletzende Beschuldigungen, die beinahe den Vorwurf der Rechtsbeugung zugunsten der Arbeiter in sich trugen[5]. Freiherr von Stumm hatte bei den Beratungen im Reichstage die Berufungsmöglichkeit für einen „ganz erheblichen Teil des Arbeiterschutzes“ erklärt. Die jetzt emsig die Einführung der Berufung propagierten, nahmen sich garnicht erst die Mühe zu so objektiver Begründung. Die Bewegung hatte in Unternehmerkreisen — zumal in Berlin — gleich nach Einsetzung der ersten Gewerbegerichte begonnen[6]. Hier hatte sie in dem „Verein der Arbeitgeberbeisitzer des Gewerbegerichts“ und im „Zentralausschufs kaufmännischer, gewerblicher und industrieller Vereine“ zwei Mittelpunkte, von denen eine überaus rührige Agitation ausging und Reichskanzler, Reichstag und Handelsminister mit Petitionen bearbeitet wurden, für die man —

---

1 Soz. Zentralbl. 1891/2, S. 413.

2 Blätter f. soz. Praxis. 2, Nr. 34 S. 68.

3 Ebenda Jahrg. 1894, 4. Halbjahr S. 200.

4 Jastrow, Sozialpol. und Verwaltungswissenschaft, S. 420. Nach einer von den „Blättern für soziale Praxis“, Jahrg. 1, S. 220 im Auszuge mitgeteilten, auf amtlichen Quellen beruhenden Statistik bestanden 1893 auf Grund des neuen Gewerbegerichtsgesetzes in den sechs gröfsten deutschen Bundesstaaten 179 Gewerbegerichte, nämlich 133 in Preufsen, 13 in Sachsen, 13 in Bayern, 5 in Württemberg, 7 in Baden und 4 in Hessen. Vgl. „Sozialpol. Zentralbl.“ Nr. 41 S. 494.

5 Blätter f. soz. Praxis. Jahrg. II, 3. Halbjahr S. 58.

6 Jastrow in den Jahrb. S. 356.

freilich mit negativem Erfolge — auch die Handelskammern zu gewinnen suchte[1]. Von diesen Eingaben, die die Presse auf lange hinaus beschäftigt haben und auch hier und da in den Plenarsitzungen der einzelnen Gewerbegerichte und zwar durchgehends abfällig erörtert worden sind[2], war diejenige des Vereins der Arbeitgeberbeisitzer noch auf einen halbwegs ernsthaften Ton gestimmt. Drei Gründe machte sie hauptsächlich geltend, die den Wegfall der Berufung schmerzlich empfinden liefsen[3]: die prinzipielle Bedeutung der erlassenen Urteile, die mangelhafte Vorbereitung der Verhandlungen vor dem erkennenden Gericht und die „eigenartige" Besetzung der Richterbank, die „keine hinreichende Gewähr für ein loyales, der allgemeinen Rechtsanschauung entsprechendes Urteil biete[4]." Hier marschierten dann die oft gehörten Klagen über das mangelnde Gerechtigkeitsgefühl der sozialdemokratischen Arbeiterbeisitzer wieder auf; aber auch für die Vorsitzenden fielen ein paar bittere Worte ab. Es sei beim Berliner Gewerbegericht Regel geworden, mit dem Amt eines Vorsitzenden neben einigen Magistratsassessoren im Nebenamt oft ganz junge Gerichtsassessoren zu betrauen. Diesen jüngeren Kräften, die weder die Sprache noch die Gebräuche der Recht suchenden Parteien recht verstünden, müsse natürlich die für das verantwortungsvolle Amt einer nicht appellablen Rechtsprechung erforderliche Erfahrung fehlen. An den Ausführungen war, soweit sie sich gegen die jugendliche Unerfahrenheit der Richter kehrte, vielleicht manches Erwägenswerte. Und doch war auch aus ihnen, wie die „Soziale Praxis" zutreffend anmerkte[5], nur zu folgern, dafs die gerügten Übelstände abzustellen seien, nicht aber die Notwendigkeit der Berufung, die in der gewöhnlich geforderten Form geradezu der Mattsetzung der neu eingeführten Rechtsprechung gleichgekommen wäre. Alle die Kreise, denen die Gleichberechtigung des Arbeiters, wie sie sich in den Gewerbegerichten verkörperte, ein Dorn im Auge war, hätten selbstverständlieh nach Einführung der Berufung grundsätzlich vor den Gewerbegerichten kein Recht mehr genommen und jede Sache vor das Landgericht gebracht[6]. Damit wäre die eine Haupt-

[1] Im Januar 1895 zirkulierten diese Petitionen, die gleichzeitig auch die Vollstreckbarkeit der gewerbegerichtlichen Urteile von einer Sicherheitsleistung abhängig machen wollten, bei den Handelskammern. Aber nur Giefsen war mit der rückschrittlichen Tendenz einverstanden; die Mainzer Handelskammer hingegen bezeichnete die Berliner Vorschläge als durchaus verfehlt und geeignet, den mit dem Gewerbegericht verfolgten Zweck zum Teil illusorisch zu machen. Vgl. Soz. Praxis 1894/5, Spalte 216 ff.

[2] Soz. Praxis vom 29. Juli 1895.

[3] Ebenda 1894/5, Spalte 367 ff.

[4] Blätter f. soz. Praxis. 1895, 5. Halbjahr Nr. 115, S. 206.

[5] Soziale Praxis. 1894/5, Spalte 367 ff.

[6] Jastrow in den Jahrb. S. 356.

aufgabe der Gewerbegerichte, schleuniges Recht zu schaffen, schlechthin vereitelt gewesen. Auch in dem beschränkten Umfang war, wie Jastrow zahlenmäfsig nachgewiesen hat[1], die Berufung an die Landgerichte, die im Durchschnitt der Fälle drei bis sechs Monate, nicht selten mehr als ein Jahr, mitunter sogar zwei Jahre bis zur Entscheidung brauchten, nur deswegen erträglich, weil ihr keine notwendig aufschiebende Wirkung beigelegt war. Die Bestrebungen der Petenten, von denen der Zentralausschufs kaufmännischer, gewerblicher und industrieller Vereine mit der Verallgemeinerung der Berufung gar auch noch ihre aufschiebende Wirkung verlangte, wären einer völligen Lahmlegung der gewerbegerichtlichen Tätigkeit nahegekommen[2]. Und wie dürftig, wie über die Mafsen oberflächlich klang, was der Zentralausschufs zur Begründung seines Verlangens nach so grundstürzender Neuerung auszuführen wufste! Allerlei allgemeine Redensarten und dann, gestützt auf angebliche Erfahrungen beim Berliner Gewerbegericht und Äufserungen seiner Vorsitzenden die Versicherung: dafs eigentlich nur die der Grofsindustrie angehörenden Beisitzer objektiv und unparteiisch zu urteilen wüfsten. „75 % des Arbeitgebertums" — so hiefs es da u. a. — „seien Kleingewerbtreibende, die wegen ihres engen wirtschaftlichen Gesichtskreises oder aus instinktiver Abneigung gegen den Grofsbesitz und Verkennung der Aufgaben desselben nicht die nötige Garantie der Unparteilichkeit geben. Durch diese Umstände werde die objektive Gerechtigkeit der Urteile der Gewerbegerichte gefährdet. — Der Vorsitzende sei oft aufser stande, dem gebeugten Recht gegenüber der durch Parteigeist entstandenen Voreingenommenheit der Beisitzer Geltung zu verschaffen." Und weiter: „Infolge der Besetzung der Gewerbegerichte mit zum Teil objektiv voreingenommenen Richtern herrsche bei den Arbeitgebern ein gewisses Mifstrauen gegen die gewerbegerichtlichen Urteile im allgemeinen, das in der geringen Zahl der Fälle zum Ausdruck komme, in denen die Arbeitgeber gegen Arbeiter klagen, während andererseits die Arbeiter das Gewerbegerichtswesen als eine Art Parteidomäne betrachten. Den Arbeitgebern müsse die Rechtssicherheit verbürgt, der Rechtsbeugung ein Riegel vorgeschoben werden durch eine allgemeine Zulassung der Berufung[3]."

---

[1] Jastrow in den Jahrb., S. 358.

[2] Die Petition an den Reichskanzler gipfelte in folgenden Anträgen: 1. Dafs in Abänderung des § 65 des Gesetzes über die Gewerbegerichte vom 29. Juli 1890 für sämtliche Urteile der Gewerbegerichte unabhängig von der Höhe des Objekts das Rechtsmittel der Berufung für zulässig erachtet werde. 2. Dafs in Abänderung des § 56 gedachten Gesetzes die vorläufige Vollstreckbarkeit der Urteile der Gewerbegerichte von der Sicherheitsleistung abhängig gemacht werde. Blätter f. soz. Praxis. 5. Halbjahr, S. 23.

[3] Blätter f. soz. Praxis. 1895, 5. Halbjahr, Nr. 109, Spalte 100 ff.

Zum Glück haben wir gerade aus jenen Jugendjahren der Institution eine Reihe zuverlässiger Zeugnisse von Gewerbegerichtsvorsitzenden, die aus der unmittelbaren Erfahrung heraus und der zur Beobachtung und Selbstprüfung nötigenden Praxis des neuen Amts zu wesentlich anderen Feststellungen kommen. Das älteste dieser Zeugnisse ist wohl, das Ernst Lautenschlager — damals Vorsitzender des Stuttgarter Gewerbegerichts — 1893 in Schmollers Jahrbuch abgegeben hat. Der Aufsatz ist auch sonst überaus lesenswert. Ein Mann, der wie geschaffen scheint zum Gewerbegerichtsvorsitzenden (er ist später leider zur Anwaltschaft übergegangen), ein warmherziger Menschenfreund, aber dabei frei von allen Sentimentalitäten und über alle parteipolitische Befangenheit hinausgewachsen, erzählt mit einem leisen Anflug trockenen Humors, wie er sich in dem neuen Amt zurechtgefunden. Richtiger vielleicht: wie er's sich zurechtzimmerte. Sein Vorbild für den Verkehr mit dem Publikum ist der englische Polizeirichter[1]: wie der an jedem Morgen, bevor die öffentliche Sitzung beginnt, für jedes Anliegen ein freundliches Wort hat; wie jeder Rat und Auskunft heischend sich an ihn wenden darf, so ist auch Lautenschlager jeder Zeit in Rechtsangelegenheiten zu kostenloser und zuverlässiger Auskunft zu sprechen[2]. Er selbst gewinnt dabei Einblicke in die Zustände bei den verschiedensten Gewerben. Aber er fördert auf die Art auch in so und so vielen Fällen den Ausgleich entstandener Zwistigkeiten. Dann kommt es wohl vor, dass Lautenschlager, indes der Arbeiter, der sein Anliegen vorgetragen hat, dabei steht und auf etwaige Fragen antwortet, den Arbeitgeber anklingelt und mit dem unterhandelt. „Diese telephonischen Verhandlungen,“ sagt er[3], „sind jedenfalls die einfachste, billigste und bequemste Art, wie Rechtsstreitigkeiten erledigt werden können. Sie erfüllen ihren Zweck so gut wie jede mündliche Verhandlung und sie haben den Vorteil, daſs keine Partei die andere sehen und beim Anblick des Gegners in Aufregung geraten kann, was bei mündlichen Verhandlungen bekanntlich sehr oft vorkommt.“ Die Beratungen mit den Beisitzern aber dienen Lautenschlager dazu, mit den bei Arbeitgebern und Arbeitern herrschenden Anschauungen vertraut zu werden. Von den Laienrichtern, „die selbst in den Kreisen leben, in denen die Streitfälle entstehen und sich abspielen,“ lernt er, was Arbeitgeber und Arbeiter im Verkehr miteinander für Recht und Unrecht, für billig und unbillig, für anständig und nicht anständig, mit einem Wort:

---

[1] D. i. der Berufsrichter, der in den gröſseren Städten als Einzelrichter in den Police-courts Recht spricht.

[2] Jahrb. f. Gesetzgeb. und Verw. 1893, S. 142 ff.

[3] Ebenda S. 148 ff.

was sie für „fair“ halten und hier geht ihm auch das Verständnis auf, das zu erwerben Leuten unserer Gesellschaftsschichten gemeinhin so schwer wird, für die Unterschiede innerhalb der handarbeitenden Bevölkerung, zwischen den Arbeitern der verschiedenen Gewerbe: „Die Arbeiter sind keine Hammelherde, in der jeder gleich lebt, gleich denkt, gleich fühlt . . . Was einem Schriftsetzer gegenüber eine grobe Beleidigung wäre, faſst ein Fuhrmann als harmlosen Scherz auf[1].“ Das Urteil eines so unbefangen Menschen und Dinge wertenden Mannes wird man hochhalten müssen. Der aber schreibt zu den schon während der Reichstagsverhandlungen geäuſserten Befürchtungen, die Sozialdemokraten könnten ihre Richterstellung zu Ungunsten der Arbeitgeber miſsbrauchen: „Bei meinem Gewerbegericht, wo wahrscheinlich alle Arbeiterbeisitzer der sozialdemokratischen Partei angehören, habe ich solche Wahrnehmungen bis jetzt nicht gemacht. Oft müssen bei den Entscheidungen gesetzliche Bestimmungen angewandt werden, die für die Arbeiter ungünstig und hart sind. Es ist mir aber nie vorgekommen, daſs ein Arbeiterbeisitzer nur entfernt angedeutet hat, man solle die Anwendung einer solchen Bestimmung unterlassen. Er hat wohl sein Bedauern ausgesprochen, daſs die ungünstige Bestimmung bestehe; aber daſs sie, so lange sie bestehe, angewandt werden müsse, war für jeden selbstverständlich[2].“

Und ferner: „Die Anschauungen, die die Beisitzer in den einzelnen Fällen haben, gehen oft allerdings weit auseinander; aber damit ist nicht gesagt, dass jedes Mal die beiden Arbeiter oder die beiden Arbeitgeber mit ihren Ansichten übereinstimmten. Es kommt im Gegenteil häufig vor, daſs der eine Arbeiter einen ganz anderen Standpunkt vertritt als der andere; es ist schon vorgekommen, daſs ein Arbeitgeber und ein Arbeiter miteinander übereingestimmt haben, während der andere Arbeitgeber und der andere Arbeiter den entgegengesetzten Standpunkt eingenommen haben . . . . Wenn bei den Arbeiterbeisitzern eine Neigung zu Gunsten der Arbeiter zu entscheiden vorausgesetzt wird, so beweist das bloſs, daſs man die Arbeiter nicht kennt. Gerade die Arbeiter, die als Richter im Gewerbegericht sitzen, pflegen streng darauf zu sehen, daſs die Arbeiter ihre Verpflichtungen pünktlich einhalten. Der Arbeiter, der durch seine eigene Unpünktlichkeit und Gedankenlosigkeit sich in üble Lage gebracht hat, darf sich wenig Hoffnung machen, daſs die Arbeiterbeisitzer im Gewerbegericht den Versuch machen, ihm herauszuhelfen. Die Arbeiterbeisitzer wissen ganz wohl, daſs sie strenge Anforderungen an die Arbeiter stellen müssen, wenn sie verlangen wollen,

[1] Jahrb. f. Ges. 1893, S. 770/1.
[2] Ebenda 1893, S. 172.

dafs auch die Arbeitgeber ihre Pflichten gegen die Arbeiter erfüllen[1]."

Ganz ähnlich stellte ein wenig später der hochverdiente Frankfurter Stadtrat Flesch die Dinge dar. In einer Besprechung des Lautenschlagerschen Aufsatzes schrieb er — und zwar zu einer Zeit, als im Frankfurter Gewerbegericht sämtliche Beisitzer, auch die der Arbeitgeber, Sozialdemokraten[2] waren — in den „Blättern für soziale Praxis:" „Im Übrigen will ich mich noch ausdrücklich dem anschliefsen, was Herr Lautenschlager über die in der Regel durchaus unparteiische und einwandfreie Tätigkeit der sozialdemokratischen Beisitzer sagt. Ich beklage es lebhaft, dafs die Arbeiterführer die politische Parteizugehörigkeit als Bedingung der Aufnahme in die Wahlvorschläge zum Gewerbegericht aufstellen. Aber ich beklage es in erster Reihe, weil dadurch unbegründete Vorurteile wachgerufen worden sind und der Schein der Parteilichkeit hervorgerufen wird, den ja das Gericht fast ebenso sehr meiden mufs als die Parteilichkeit selbst und die speziell beim Gewerbegericht indirekt die Ausdehnung der gutachtlichen Tätigkeit erschwert und das Gewicht seiner Anträge bei manchen Behörden möglicherweise mindert. Für die Rechtsprechung dagegen habe ich bisher — wobei ich bemerke, dafs im hiesigen Gericht auch als Arbeitgeber lediglich Sozialdemokraten gewählt sind — noch keinerlei Nachteil wahrgenommen; sie ist, insbesondere was das Entgegenkommen gegen die Arbeitnehmer angeht, nicht laxer, sondern eher strenger geworden." Fast alle Jahresberichte über die Tätigkeit der Gewerbegerichte wiederholten dann gleichfalls das Lob der eifrigen, unparteiischen und gewandten Haltung der Arbeitnehmerbeisitzer[3], und wo man im einzelnen den allgemein gehaltenen Anschuldigungen nachging und den wirklichen Tatbestand zu erfassen suchte, da ergab sich bald, dafs die Anklage auf tönernen Füfsen ruhte. So geschah es in Posen[4]; so auch kurz hinterher in Hamburg. Auf dem „deutschen Innungs- und allgemeinen Handwerkertage" war die Behauptung laut geworden, die Mitglieder des Hamburger Gewerbegerichts würden, soweit es Arbeiter wären, von den dortigen gewerkschaftlichen Organisationen zum Nachteil einer unparteiischen Rechtsprechung beeinflufst. Der Geschäftsführer des Ausschusses des Verbandes deutscher Gewerbegerichte wandte sich an das Hamburger Gewerbegericht mit der Frage, ob dort über eine derartige Beeinflussung etwas bekannt geworden sei und ob die Tätigkeit der Beisitzer etwa der Annahme

---

[1] Jahrb. f. Ges. 1893, S. 173.

[2] Blätter f. soz. Praxis. 1893, S. 44.

[3] Soz. Praxis. 1894/5, Spalte 825 ff., 921 ff., 975 und 979; ferner Blätter f. soz. Praxis. 5. Halbjahr.

[4] Blätter f. soz. Praxis. 1894, 3. Halbjahr, S. 58/9.

Raum gewähre, dafs auf sie in dieser Art eingewirkt worden sei und hatte die Genugtuung umgehend die bestätigende Auskunft zu erhalten: auch in Hamburg wisse man nichts von solchen Einwirkungen, die in der Tat geeignet wären, die Organisation der Gewerbegerichte bedenklich zu erschüttern[1]. Damit soll natürlich nicht gesagt sein, dafs Beeinflussungen überhaupt nicht vorgekommen wären; dafs nicht doch hier und da — bewufst oder unbewufst — das Gefühl der Klassengemeinschaft das Urteil getrübt hätte. Es hätte ja mit dem Wunder zugehen müssen, wenn unter den vielen Tausenden von Urteilen, die die deutschen Gewerbegerichte alljährlich fällen — 1897[2] bezifferte Jastrow ihre Zahl auf 60—70,000; jetzt mögen es wohl 80—90,000 sein — sich nicht auch Fehlsprüche befunden hätten; nicht auch Erkenntnisse, in die Klasseninstinkte und Machtinteressen hineinspielten. Es hat auch nicht an gelegentlichen Versuchen gefehlt, die Arbeitnehmerbeisitzer einer Kontrolle durch die Partei oder die Gewerkschaft zu unterwerfen. Zwar die von der Petition der Berliner Arbeitgeberbeisitzer als „offenes Geheimnis" behandelte Zentralstelle, von der aus „die sozialdemokratischen Mitglieder mit Rücksicht auf ihre Abstimmung beeinflufst und zur Verantwortung gezogen würden," hatte eine wesentlich harmlosere und — nützlichere Bestimmung. Die sollte lediglich — wie Cuno[4] nachgewiesen hat — die Beisitzer und solche, die es werden wollten, mit den einschlägigen Fragen an der Hand von Fällen aus dem praktischen Leben vertraut machen. Es waren gewissermafsen „Unterrichtskurse"; die Zentralstelle sammelte (und sammelt noch) kurze Berichte der Beisitzer über alle verhandelten Sachen, um durch deren Besprechung einen tüchtigen Beisitzernachwuchs heranzuziehen. Derlei Unterrichtskurse, wenn auch etwas anderer Art, sind gelegentlich auch von den Vorsitzenden der Gewerbegerichte veranstaltet worden. So z. B. in Berlin, wo in den Wintern 1893/4 und 1894/5 von zwei als Vorsitzenden des Gewerbegerichts tätigen Magistratsassessoren für Arbeitgeber und Arbeitnehmer öffentlich unentgeltliche Vorträge über die Rechtsverhältnisse der beiden beim Abschluss des Arbeitsvertrages in Betracht kommenden Parteien gehalten wurden[5]. Immerhin sind Versuche einer Beeinflussung der Beisitzer nicht ganz ausgeblieben: in Versammlungen sind Beisitzer wiederholt wegen ihrer Abstimmung angegriffen worden und auf einer Delegierten-Konferenz der Arbeiterbeisitzer, die, von 42 Gewerbe-

[1] Blätter f. soz. Praxis. 1894, 3. Halbjahr, S. 167.
[2] In den „Jahrb. f. N. u. Stat.". S. 367.
[3] Jastrow, Sozialpolit. und Verwaltungswissenschaft. S. 461.
[4] Blätter f. soz. Praxis. 5. Halbjahr, Spalte 209.
[5] Blätter f. soz. Praxis. 4. Halbjahr, S. 168.

gerichten beschickt, am 15. und 16. November 1896 in Halle tagte, wurde sogar ganz unverblümt beantragt: „Die Aufsicht über die Arbeitnehmerbeisitzer empfiehlt die Konferenz den örtlichen Gewerkschaften“ [1]. In der Debatte aber ward mit Entschiedenheit betont, dafs der Beisitzer richterliche Aufgaben habe, dafs seine rechtsprechende Tätigkeit ausschliefslich der Gerechtigkeit dienen müsse, und wenn demgegenüber auch lebhaft eingewandt wurde, die Wähler könnten die Aufsicht über den Eifer, mit dem die Beisitzer die Pflicht der Berichterstattung sowie der Aufklärung in gewerbegerichtlichen Fragen erfüllten, nicht preisgeben; sie müfsten auch bei Gutachten und Anträgen nachprüfen können, ob die Anschauungen des Vertreters und der Vertretenen übereinstimmten, so ward dem Antrage doch seine Spitze genommen, indem man ihm bei der Annahme den Zusatz beifügte: „Aufser ihrer gerichtlichen Tätigkeit“ [2]. Man sieht also ganz deutlich, wie in der Tat Beeinflussungstendenzen vorhanden sind; wie man sich aber offensichtlich scheut, sie vor aller Welt zu bekennen und darum bemüht ist, ihnen schamhaft ein Mäntelchen umzuhängen. Hier und da kommt es auch wirklich zu Urteilen, in denen die Ansicht des Vorsitzenden über das, was Rechtens ist, nicht durchdringt; wo er sich deshalb gezwungen sieht, in den Urteilsgründen die Rechtslage nach seiner Rechtsauffassung darzulegen und dann mit einem „trotzdem“ die entgegengesetzte Entscheidung des Gewerbegerichts einzuleiten. Einmal — im Jahre 1894 [3] — veranlafst der Zeitungslärm auch den preufsischen Handelsminister eine Umfrage zu veranstalten; aber ihr Ergebnis ist geringfügig: nur vier Urteile werden dem Minister vorgelegt; bis zum März 1895 werden dann noch fünf weitere Urteile gesammelt, die zudem meist Fälle betreffen, in denen es sich um die schwierige und strittige Frage der Zuständigkeit handelt. Gar so vereinzelt scheinen derartige Urteile — in Literatur und Praxis hat sich später für sie die Bezeichnung „Zwarerkenntnisse“ [4] eingebürgert — hinterher freilich nicht mehr geblieben zu sein. Jastrow berichtet von einer gröfseren Anzahl [5] derartiger Zwarerkenntnisse, die ihm bekannt geworden seien; aber er rückt die Vorgänge auch zugleich in die richtige Beleuchtung, indem er zum Vergleich die Iudikatur unserer Strafgerichte heranzieht [6]. Auch dort spielen Klassengegensätze und Machtinteressen ihre Rolle; auch dort setzen sich die Urteilenden über das, was Rechtens ist, nicht selten hinweg, um das durchzudrücken, was nach ihren Überzeugungen,

[1] Jastrow, Sozialpol. u. Verw. S. 472 und Jahrb. S. 366.
[2] Das Gewerbegericht. Jahrg. 2, Nr. 3, Spalte 25/6.
[3] Blätter f. soz. Praxis. 5. Halbjahr, 1895, Spalte 206 ff.
[4] Jastrow, Sozialpolitik. S. 473 und Jahrb. S. 368.
[5] Ebenda S. 474.
[6] Ebenda S. 475 ff. und Jahrb. S. 368 ff.

Wünschen oder Sympathien Rechtens sein sollte [1]. Aber im Gewerbegericht werden derlei Irrtümer bis zu einem gewissen Grade auf der Stelle paralysiert. Der Vorsitzende, der zunächst nackt und trocken ausspricht, auf wessen Seite nach seiner Ansicht das Recht ist und sein Erkenntnis dann mit den Worten schliefst: „trotzdem hat die Mehrheit des Gewerbegerichts so oder so erkannt,“ gibt damit zu verstehen, dafs er an dem Urteil kein Teil haben wolle; dafs es ein Machtspruch ist, kein Rechtsspruch und dafs die Beisitzer in sich gehen sollen und das nächste Mal gerechter urteilen. „Weit entfernt davon,“ sagt Jastrow zutreffend „ein neues Moment der Parteilichkeit in unsere Gerichtsverfassung getragen zu haben, stellen vielmehr die Gewerbegerichte das erste organische Mittel dar, um dieser Parteilichkeit innerhalb des einzelnen Gerichts Herr zu werden. Der Versuch, die beiden Gegensätze in das Gericht selbst hineinzuverlegen und ihnen in einem unparteiischen Vorsitzenden einen Indifferenzpunkt zu geben, ist geglückt.“ [2]. Hier und da mag also schon die Tendenz ihren Einflufs auf die Gewerbegerichtsjudikatur geübt haben — das wird am letzten Ende wohl bei aller menschlichen Rechtspflege der Fall sein — aber konsequente Versuche der Gesetzesumdeutung werden nicht nachzuweisen sein. Die Klagen über die parteiische, den Interessen der Arbeiter dienstbare Rechtssprechung der Gewerbegerichte sind denn auch nach und nach verstummt. Mifsstimmung und Abneigung haben stetig abgenommen und auch die Arbeitgeber haben sich in steigendem Mafse daran gewöhnt, das Gewerbegericht als Kläger in Anspruch zu nehmen. Versteht sich: soweit sie seiner überhaupt bedurften; denn in der Regel werden die Unternehmer eben durch Lohneinbehaltung, Ausbedingen von

[1] Cuno in einem Aufsatz über die Angriffe auf das Berliner Gewerbegericht (Blätter f. soz. Praxis. 5. Halbjahr, 1895, Spalte 205 ff.) will auch das nicht einmal gelten lassen. Er schreibt: „Wer will überhaupt angesichts der mangelhaften juristisch-technischen Durchbildung der auf den gewerblichen Arbeitsvertrag bezüglichen gesetzlichen Bestimmungen und der stiefmütterlichen Behandlung dieses Rechtsgebiets in der Wissenschaft sich erkühnen, autoritativ zu entscheiden, ob eine Entscheidung eine Rechtsverletzung darstelle? Die Arbeitgeber dürften doch nicht die geeignete Instanz für diese Entscheidung sein. Die streng juristische Auslegung mancher Bestimmungen der G.-O. führt zu Resultaten, die bald die Arbeitgeber bald die Arbeitnehmer nicht befriedigen können, weil sie dem praktischen Bedürfnis nicht anzupassen sind; wenn daher auffallende Entscheidungen des Gewerbegerichts besprochen werden, so ist noch immer die Frage, ob formaljuristische Auslegung des Gesetzes oder Einseitigkeit der Beisitzer das unpraktische Ergebnis verschuldet hat. Und andererseits, ist es vom Standpunkt eines Fachgerichts aus Rechtsverletzung, wenn in solchen Fällen die Laienbeisitzer, die auf Grund ihres durch Fachkenntnisse geläuterten Menschenverstandes urteilen sollen, das Gesetz anders auslegen als der streng nach juristischer Konsequenz und Logik urteilende Jurist?“ . . .

[2] Jastrow, Sozialpol. und Verwaltungswissenschaft. S. 479.

Kautionen und Straffestsetzung sich aufsergerichtliche Hülfe schaffen können[1]. Jedenfalls hatte sich die Behauptung, mit der man einst der Einführung der Gewerbegerichte entgegenzuwirken versucht hatte: diese Tribunale würden „nur“ für die Arbeiter da sein, als gänzlich unberechtigt herausgestellt[2]. Auch sonst waren die Prophezeiungen aus jenen 90er Verhandlungen zumeist nicht eingetroffen. Es war im grofsen Ganzen doch so gekommen, wie Miquel damals vorausgesagt hatte: die Streitpunkte waren vielfach von den Theoretikern in Für und Wider übertrieben worden. In der Tat haben die Fragen, die im Reichstage am eifrigsten umstritten wurden, hinterher der Praxis am wenigsten zu schaffen gemacht und schon 1893 konnte Lautenschlager schreiben: „ich habe überhaupt den Eindruck, als ob der hitzige Kampf, der über manche Bestimmungen sich im Reichstage entsponnen hat, ziemlich überflüssig gewesen wäre“[3].

Das gilt ganz besonders auch von dem Streit über das Bestätigungsrecht des Vorsitzenden. 1878 war daran das ganze Reformwerk gescheitert und noch 1890 zählte Eberty unter den Gründen, die seine Partei bewogen, gegen das Gesetz zu stimmen, gewichtig das von der Regierung in Anspruch genommene Bestätigungsrecht auf. Und was geschah in Wirklichkeit? Versagte Bestätigungen kamen überhaupt nicht vor und nirgends versuchte die Regierung, den ihr verbliebenen, nicht unbedeutenden Rest des Bestätigungsrechts zu mifsbrauchen. An dieser zurückhaltenden Objektivität der Regierung änderte auch der Wechsel des sozialpolitischen Kurses nichts. Die Mehrzahl der Gewerbegerichte wurde ja erst begründet, als der junge sozialreformerische Lenz verblüht war und die Ära Stumm heraufzuziehen begann. Trotzdem ist Jastrow bei aufmerksamster Verfolgung aller auf die Gewerbegerichte bezüglichen Vorgänge auch nicht ein einziger Fall bekannt geworden, in dem die Regierung versucht hätte, auch nur indirekt auf die Auswahl des Vorsitzenden einen Druck auszuüben. An Personen aber, die „ihre sozialpolitische Stellung zu akzentuieren pflegten, hat es unter den Vorsitzenden nicht gefehlt nnd unter den Unternehmern nicht an Männern und Organisationen, die darüber Klage führten“[4]. Aber auch die Besorgnisse, die sich aus dem blofs fakultativen Charakter der Gewerbegerichte herschrieben, hatten sich auf die Dauer nicht bewahrheitet. Man hatte befürchtet, die in den Kommunen mafsgebende Bourgeoisie würde die Errichtung von Gewerbegerichten nach Kräften zu

[1] Blätter f. soz. Praxis. 5. Halbjahr, 1895, Spalte 205.

[2] Jastrow, Sozialpol. und Verw. S. 481.

[3] Ernst Lautenschlager im Jahrb. f. Gesetzgebung. 1893, S. 775.

[4] Jastrow, Sozialpol. und Verw. S. 425 und Jahrb. S. 335.

hintertreiben suchen, und anfangs hatte es in der Tat den Anschein, als ob die Dinge diesen Gang nehmen sollten. Aber dann kam, wie wir gesehen haben,[1] zwischen 1892 und 1894 der Umschwung und als der Verband deutscher Gewerbegerichte im August 1895 in allen deutschen Staaten eine amtliche Aufnahme[2] der vorhandenen Gewerbegerichte veranstaltete, ergab sich doch, dafs bereits 284 Gewerbegerichte bestanden; dafs die Grofsstädte sämtlich, die Mittelstädte bis zu 50,000 Einwohnern mit sechs Ausnahmen — Rixdorf, Spandau, Münster, Würzburg, Zwickau, Darmstadt — mit Gewerbegerichten versehen waren und dafs selbst die kleineren Mittelstädte bis herab zu 25,000 Einwohnern sich im grofsen Ganzen eifrig geregt hatten, ohne dafs es eines Eingriffs der Regierung gegen störrische Gemeindeverwaltungen bedurft hätte[3]. Nur die Städte von 20—25,000 Einwohnern verhielten sich überwiegend ablehnend.

Inzwischen hatten sich die Gewerbegerichte auch zu einer eigenartigen, über ganz Deutschland reichenden Organisation zusammengeschlossen. Im Sommer 1893 war von den Vorsitzenden der beiden benachbarten Gewerbegerichte Mainz und Frankfurt, dem damaligen Bürgermeister-Beigeordneten (jetzigen Oberbürgermeister) Gafsner und dem mehrfach erwähnten Stadtrat Flesch, die bereits seit Erlafs des Gewerbegerichtsgesetzes in einem Meinungsaustausch über die Erfahrungen ihrer Praxis standen[4], eine Verbindung aller in Deutschland bestehenden Gewerbegerichte angeregt worden. In dem Einladungsschreiben an die Gewerbegerichtsvorsitzenden einer Anzahl Städte wurde zunächst darauf hingewiesen, dafs das praktische, summarische Verfahren der Gewerbegerichte sowie die Teilnahme der unbemittelten Bevölkerung an der Rechtsprechung immer mehr anerkannt werde; ebenso sei auch ihr fortschreitender Einflufs auf das Verhältnis zwischen Unternehmer und Arbeiter und auf das wirtschaftliche Leben überhaupt unverkennbar. Um nun einen gegenseitigen Austausch der bisher gewonnenen Erfahrungen, von wichtigen Urteilen, Gutachten, Schiedssprüchen in Einigungssachen, Jahresberichten, Statistiken usw. zu ermöglichen, wäre eine Verbindung der Gewerbegerichte von Wert. Zudem wäre eine solche Verbindung nicht allein wertvoll für die Rechtsprechung der Gewerbegerichte; sie machte auch der Gesamtheit der Arbeitnehmer und Arbeitgeber die Bedeutung dieser Gerichte ersichtlicher, wodurch zweifellos zur allgemeinen Förderung der gewerbegerichtlichen Ziele beigetragen würde[5].

---

1 S. o. S. 63.
2 Festschrift des Verbandes deutsch. Gewerbegerichte. S. 16.
3 Jastrow, Sozialpol. und Verw. S. 419 ff.
4 Ebenda S. 545.
5 Blätter f. soziale Praxis. 1, Nr. 21, S. 179.

Im ursprünglichen Plan lag es schrittweise vorzugehen; zunächst wollte man eine Anzahl benachbarter Städte für den Verbindungsgedanken interessieren; dann erst auf der so erreichten Basis weiterbauen. Dementsprechend hatten sich auf der für Sonntag den 11. Juni 1893 im Sitzungssaal des Mainzer Gewerbegerichts anberaumten Konferenz auch nur Vertreter folgender Städte eingefunden: Mainz, Frankfurt am Main, Karlsruhe, Mannheim, Wetzlar, Hanau, Wiesbaden, Kannstatt, Stuttgart, Kastel, Biebrich, Mosbach, Offenbach und Kreuznach. Heidelberg, Ludwigshafen, Bonn und Koblenz hatten schriftlich ihr Ausbleiben entschuldigt und ihre Zustimmung erklärt. Die Verhandlung erwies, dafs alle Anwesenden die angeregte Verbindung als notwendig anerkannten und die Anschauungen nur in unwesentlichen Dingen auseinandergingen. So sprach man sich denn einstimmig für die geplante Vereinigung der Gewerbegerichte Deutschlands aus und bestimmte zur Leitung der Geschäfte einen Ausschufs von vier Personen, in den man vorläufig Stadtrat Flesch für Preufsen, Dr. Gafsner für Hessen, Bürgermeister Boekh — Karlsruhe für Baden und Gewerberichter Lautenschlager für Württemberg entsandte. Der bayrische Vertreter sollte erst später gewählt werden[1]. Aber noch ehe der in Mainz gewählte Ausschufs die Satzungen dieses „Verbandes südwestdeutscher Gewerbegerichte" ausgearbeitet hatte, waren so viel Beitrittserklärungen und Sympathiekundgebungen aus allen Teilen des Reiches eingelaufen, dafs der Name nicht mehr aufrecht erhalten werden konnte[2]: schon am 6. August, wo der Ausschufs zusammenkam, um Geschäftsordnung und Satzungen festzustellen, wurde die ursprüngliche Bezeichnung gegen die umfassendere „Vereinigung deutscher Gewerbegerichte" ausgetauscht[3]. Auf einer neuen Ausschufssitzung[4] — am 7. Oktober zu Frankfurt am Main — erfuhr man dann, dafs schon 37 Gewerbegerichte (darunter auch solche in Mitteldeutschland, Westpreufsen und Oberschlesien) dem Verbande beigetreten waren; dafs andere — Bromberg, Freiburg i. Schl., Hörde und Nürnberg — ihre Geneigtheit zum Anschlufs bekundet hatten; wieder andere, die Gewerbegerichte von Berlin, Breslau und Erlangen, wenigstens Materialien für die Verbandsmitteilungen zu übersenden versprachen. Ein Jahr darauf, als man abermals in Frankfurt a. M. eine Ausschufssitzung hielt, gehörten dem Verband bereits 78[5] Gewerbe-

---

[1] Sozialpol. Zentralbl. 1892/3, S. 468. Blätter f. soz. Praxis. 1, Nr. 24, S. 203; auch Blätter f. soz. Praxis. 2. Halbjahr, Nr. 27, S. 8 und Festschrift des Verbandes. S. 7.

[2] Jastrow, Sozialpol. S. 545.

[3] Blätter f. soz. Praxis. 1893, 2. Halbjahr, S. 60.

[4] Ebenda 1893, 2. Halbjahr, S. 143.

[5] Jastrow, Sozialpol. S. 546 und Festschrift des Verbandes, S. 7, zählen hier nur 73 Gewerbegerichte, was irrtümlich sein dürfte.

gerichte an; von gröfseren Städten fehlten nur noch Hamburg und die „königlichen“ Gewerbegerichte der Rheinprovinz[1]. Nach den auf der Tagung vom 7. Oktober 1893 beschlossenen Satzungen[2] hatte die Verbindung den Zweck, die Erfahrungen der Gerichte untereinander auszutauschen, d. h. wichtige Urteile, Gutachten, Anträge, Statuten, Geschäftsberichte und Ähnliches mehr sich gegenseitig bekannt zu geben. Zu dem Ende sollte eine Druckschrift unter dem Titel „Mitteilungen des Verbandes deutscher Gewerbegerichte“[3] vom Ausschufs herausgegeben werden; es sollten ferner alle auf die Tätigkeit der Gewerbegerichte bezüglichen Drucksachen (Statuten, Gutachten, Gerichte usw.) gesammelt und nach einheitlichem Formular regelmäfsige Erhebungen über den Geschäftsgang der Gewerbegerichte veranstaltet werden. Schliefslich aber wollte man von Zeit zu Zeit zusammenkommen, um wichtige Fragen, die sich auf das Gesetz vom 29. Juli 1890, die Gewerbeordnung oder sonst einschlägige Gesetze bezogen, zu besprechen. Als Organe des Verbandes waren gedacht: erstens der Ausschufs des Verbandes deutscher Gewerbegerichte und zweitens die Versammlung der Verbandsmitglieder, die als ordentliche mindestens alle drei Jahre, als aufserordentliche je nach Bedarf abgehalten werden sollte. Der Ausschufs sollte aus mindestens fünf von der Versammlung des Verbandes deutscher Gewerbegerichte gewählten Mitgliedern bestehen, die Vorsitzende eines dem Verbande angehörigen Gewerbegerichts sein müssen. Zu diesen konnten durch einstimmigen Beschlufs des Ausschusses dann noch weitere Mitglieder kooptiert werden. Zu den Kosten der Vereinigung sollten Gewerbegerichte, die ihr beitreten, einen Beitrag von mindestens 20 Mark, Privatpersonen von mindestens 10 Mark leisten.

Dieser Verband von Gerichten war ein Novum im deutschen öffentlichen Leben. Verbandsartige Behördenvereinigungen und Kongresse von Behörden waren ja nichts Ungewöhnliches; dafs aber Gerichte, die ausschliefslich nach der persönlichen Überzeugung ihrer Mitglieder und völlig unbeeinflufst von den Überzeugungen anderer entscheiden sollen, sich zu einem Verband zusammenschlossen, war noch nicht dagewesen. Und doch lag, was hier zum Zusammenschlufs drängte, in den Dingen selbst. Für die Gewerbegerichte gab es ja keine einheitliche höhere Instanz[4], keine „Judikatur“, nach der man

[1] Blätter f. soz. Praxis. Jahrg. 2, 3, 3. Halbjahr-Bd., S. 136.

[2] Ebenda Jahrg. 1893, 2. Halbj., S. 159.

[3] Die „Mitteilungen“ erschienen zuerst als abgesonderter Teil der in Frankfurt am Main erscheinenden „Blätter f. soz. Praxis“, dann (seit 1. April 1895) in der „Sozialen Praxis“; schliefslich (seit April 1896) in der Monatsschrift „Das Gewerbegericht“, die bis Herbst 1899 als Beiblatt der „Sozialen Praxis“ erschien, seither (seit 1. Oktober 1899) selbständig bei Georg Reimer, Berlin. Vgl. Festschrift, S. 8 und 9.

[4] Jastrow, Sozialpolitik und Verwaltungswissenschaft. S. 545.

sich in strittigen Fällen hätte richten können. Dazu kam, daſs kein Gebiet des Privatrechts so wenig angebaut war, wie das Recht des vielgestaltigen gewerblichen Arbeitsvertrages; daſs die Gewerberichter oft vergeblich in den Gesetzbüchern und der Literatur nach dem positiven Recht suchten, nach dem sie ihre Entscheidung fällen sollten; daſs erst durch Beobachtung der örtlichen Verschiedenheiten und der Gewerbe- und Arbeitsverhältnisse der einzelnen Gegenden das Recht, das im konkreten Fall zu finden war, mühsam zusammengetragen, ja vielfach sogar geradezu erst „geschaffen“ [1] werden muſste. Daſs auf die Art dieselbe Rechtsfrage bald so und bald so entschieden wurde, lag auf der Hand. Solcher Mannigfaltigkeit entgegenzuwirken und eine einheitliche Entwicklung der Rechtsprechung zu ermöglichen gab es kein anderes Mittel, als die Errichtung einer Zentralstelle, an der das gesamte Material der Gewerbegerichte zusammenfloſs. Der Verband zählt heute 207 Gewerbegerichte [2] zu seinen Mitgliedern; er verfügt seit 1900 über eine eigene Archivverwaltung, von der neben den gewerbegerichtlichen Erkenntnissen auch Urteile der Amts-, Land- und Oberlandesgerichte, soweit sie das Recht des gewerblichen Arbeitsvertrages betreffen, gesammelt werden. Auf sein — des Verbandes — Betreiben ist im August 1895 in allen deutschen Staaten eine amtliche Aufnahme der vorhandenen Gewerbegerichte veranstaltet worden, der in den Jahren 1896 und 1900 dann eingehende Erhebungen über die Tätigkeit jedes einzelnen Gerichts folgten.

So war das Experiment, das man nach Ansicht vieler mit dem Gewerbegerichtsgesetz unternommen hatte, eigentlich über alles Erwarten gelungen. Von den 284 Gewerbegerichten, die die Erhebungen von 1896 aufwiesen [3], bestanden 23 auf Grund älterer Landesgesetze [4]: zehn „königliche“ Gewerbe-

---

[1] Unger, Entscheidungen des Gewerbegerichts zu Berlin (im Vorwort).

[2] Festschrift, S. 7. Jastrow, Sozialpol. u. Verw., S. 545, zählt erst 193 Gerichte, die dem Verbande angehören.

[3] S. o. S. 71.

[4] Jastrow zählt in seinem Aufsatz in den Jahrb. f. N., S. 328, noch 16 „königliche“ Gewerbegerichte; in seinem Buch, S. 419, nennt er nur zehn, die letzte Zahl dürfte die richtige sein. Nach dem Reichsgesetz von 1890 hatten sie, falls sie fortbestehen sollten, ihre Zusammensetzung (gleiche Anzahl von Unternehmer- und Arbeiterbeisitzern in unmittelbarer und geheimer Wahl gewählt) zu ändern; in Preuſsen wurden dann noch durch Landesgesetz vom 11. Juli 1891 auch ihre Zuständigkeit und Tätigkeit nach den Grundsätzen des Reichsgesetzes geregelt, so daſs der einzige Unterschied von den reichsgesetzlichen Gewerbegerichten schlieſslich nur noch darin bestand, daſs sie staatlichen Charakter tragen und der Vorsitzende vom Regierungspräsidenten ernannt wird. Auch die anderen landesgesetzlichen Gewerbegerichte wurden durch Spezialgesetze (in Hamburg und Bremen 1892, in Lübeck 1891) mit dem Reichsgesetz in Einklang gebracht. In Elsaſs-Lothringen geschah das nicht, weshalb diesen Gewerbegerichten auch die einigungsamtliche Funktion fehlt. Ebenso in Lübeck, dessen jedesmaliger

gerichte in der Rheinprovinz (nämlich Düsseldorf, Barmen, Elberfeld, Krefeld, Lennep, München-Gladbach, Remscheid, Solingen, Köln, Mühlheim am Rh.), fünf kaiserliche Gewerbegerichte in Elsaſs-Lothringen (Straſsburg, Thann, Markirchen, Mülhausen, Metz), drei Gewerbegerichte in den Hansastädten und fünf sächsische Bergschiedsgerichte. Dazu kamen dann noch als Schöpfung der Landeszentralbehörden sechs Berggewerbegerichte (fünf in Preuſsen: Waldenburg, Beuthen, Dortmund, Saarbrücken, Aachen; eins in Braunschweig: Helmstedt). Alle übrigen waren aus der Initiative der Gemeinden hervorgegangen; entweder neu errichtet oder aus den kommunalen „gewerblichen Schiedsgerichten“ von früher umgewandelt. Nur in Sachsen-Altenburg und den beiden Mecklenburg schien man etwas gegen die Gewerbegerichte zu haben; hier waren sogar groſse gewerbfleiſsige Städte wie Rostock, Schwerin, Altenburg ohne Gewerbegericht und auch in Elsaſs-Lothringen waren bis 1896 noch keine Gewerbegerichte auf Grund des Reichsgesetzes errichtet; jene fünf bestanden von früher und waren französischen Ursprungs[1]. Aber im groſsen ganzen durfte man mit der Ausbreitung der Gewerbegerichte zufrieden sein; sie hatten sich durchgesetzt und Wurzel gefaſst; war doch in der 1893er Tagung des Reichstags (am 19. Januar 1893) — ein Verlangen, das seither freilich von den Agrarparteien (und auch die Polen sind schlieſslich eine) auf das schärfste abgewiesen worden ist — von den Polen folgender Antrag eingebracht worden: „die verbündeten Regierungen zu ersuchen, dem Reichstage baldtunlichst den Entwurf eines Gesetzes betreffend die Einführung besonderer Gerichte vorzulegen, welche nach Analogie der Gewerbegerichte berufen wären, Streitigkeiten zwischen den ländlichen Arbeitern und deren Arbeitgebern in einer schnellen, billigen und einfachen Weise zu entscheiden[2].“ Auch die anderen Streitfragen, die bei den 1890er Verhandlungen lebhafte Erörterungen erregt hatten, berührten, wie wir gesehen haben[3], die Praxis garnicht; nicht die Bestätigung der Vorsitzenden; nicht die damals vielumstrittene Frage, ob die erste Verhandlung vor dem Richter allein stattfinden sollte oder ob gleich das Plenum bemüht werden müſste[4].

Die Schwierigkeiten, die der neuen Institution erstanden, lagen auf einem ganz anderen Gebiete. Zunächst brachte der Modus der Mehrheitswahl allerlei handgreifliche Unzuträglichkeiten. Es war doch ein Unding, daſs, wenn z. B. in einer

---

Gewerbegerichtsvorsitzender dem von den Vertrauensmännern der Parteien besetzten Einigungsamt vorsitzt.

[1] Jastrow in den Jahrb. f. N. und St. S. 324.
[2] Sozialpol. Zentralblatt. 2, 1892/3, S. 207.
[3] S. o. S. 70 ff.
[4] Lautenschlager, a. a. O., S. 791.

rheinischen Stadt 30 Arbeiterbeisitzer zu wählen waren, und 1600 sozialdemokratische und 1400 christlich-soziale Stimmen abgegeben wurden, jene dann sämtliche 30 Stellen der Richterbank besetzten und diese nicht eine einzige. Dafs das Mehr von 200 Stimmen genügte, um die 1400 Christlich-sozialen vollständig von der Vertretung im Gewerbegericht auszuschliefsen; dafs, wo an einem Ort nur zwei Gruppen vorhanden waren, das Ergebnis immer dahin ging, dafs eine Gruppe siegte und die andere ausfiel. Verschob sich dann bei der nächsten Wahl das Verhältnis ein wenig, so kehrten sich die Dinge einfach um und nun fielen die ehemaligen Sieger aus. Dadurch kam in das Richterpersonal ein Element der Unstetigkeit, das um so unangenehmer wirken mufste, als es an einer Iudikatur ja noch ganz fehlte und die Grundsätze der Rechtsprechung eben vielfach erst durch die Beobachtung der Praxis gefunden werden sollten. Zudem wurde durch die Mehrheitswahlen der Zweck des Gesetzes, dafs die Richter Vertrauenspersonen der Gerichteten sein sollten, vereitelt, und wenn diese Mängel in der Praxis nicht immer scharf hervortraten, so lag das nur daran, dafs nicht nach allen Ortsstatuten die gesamte Arbeiterschaft gleichzeitig wählte, z. B. nicht dort, wo nach Berufsgruppen gewählt wurde[1]. Um solche Übelstände zu vermeiden, wurden schon früh die Proportionalwahlen in Vorschlag gebracht[2]. Aber ein Versuch, den man damit 1890 in Frankfurt a. M. machte, scheiterte an dem Widerspruch des Bezirksausschusses und des Provinzialrats, die eine Wahl auf vorher eingereichte Listen als einen Verstofs wider die vorgeschriebene[3] Unmittelbarkeit und Geheimheit bezeichneten und erst die Novelle von 1901 schuf in der Beziehung Wandel.

Wesentlich bedeutsamer aber und zum Teil geradezu verhängnisvoll waren die Schwierigkeiten, die sich aus der Begrenzung der Zuständigkeit ergaben. Man war an ihr, die die politisierende Streitsucht wenig entfachte, bei den Reichstagsverhandlungen von 1890 vorübergeglitten. Nun lehrte die Praxis erkennen, wie falsch man damals die Dinge eingeschätzt hatte. Schon eine gewisse Ängstlichkeit in der Interpretation des die Kompetenzfrage regelnden § 4 bereitete allerlei Hindernisse. Man hielt sich daran, dafs die Gewerbegerichte zwar bei Streitigkeiten über die Leistungen aus dem Arbeitsverhältnisse sowie über Antritt, Fortsetzung, Auflösung des Arbeitsverhältnisses und über Aushändigung oder Inhalt des Arbeitsbuches oder Arbeitszeugnisses „ohne Rücksicht auf den Wert des Streitgegenstandes" zuständig sein sollten; aber man bezweifelte die eigene Kompetenz, wo es sich um Rückgabe von Kleidern,

---

[1] Jastrow in den Jahrb. S. 337.
[2] Flesch in der „Soz. Praxis". 1894/5, Nr. 33, Sp. 307 ff.
[3] Jastrow, Sozialpol. und Verw. S. 442.

Arbeitsgeräten, Kautionen usw. handelte, die bei Abschlufs des Arbeitsverhältnisses übergeben worden waren. Manche Gewerbegerichte hatten sich über die formalistischen Bedenken hinweggesetzt und den Sinn des Gesetzes besser zu treffen geglaubt, wenn sie nicht allzu ängstlich an seinem Wortlaut klebten; andere wieder (wir werden noch ausführlicher darauf zu sprechen kommen) blieben dabei, dafs nach Fassung und Entstehungsgeschichte der Ziffern 1 und 2 des § 4 die gewerbegerichtliche Zuständigkeit für derlei Ansprüche — es kommen auch noch die auf Schadenersatz für verweigerte oder verzögerte Herausgabe von Papieren und Gerätschaften u. a. m. hinzu — zu verneinen sei[1]. Eine andere Gruppe von Kompetenzzweifeln — es waren die schwerer abstellbaren — wurde durch den Mangel fester und deutlicher Definitionen für die Begriffe „gewerblicher Arbeiter“ und „Gewerbe“ hervorgerufen. Die Gewerbegerichte, so hiefs es im § 1, sollten zuständig sein bei gewerblichen Streitigkeiten zwischen Arbeitern und ihren Arbeitgebern sowie zwischen Arbeitern desselben Arbeitgebers; „als Arbeiter im Sinne dieses Gesetzes aber“ ging es dann im § 2 des alten Gesetzes weiter: „gelten diejenigen Gesellen, Gehilfen, Fabrikarbeiter und Lehrlinge, auf welche der siebente Titel der Gewerbeordnung Anwendung findet. Im gleichen gelten als Arbeiter im Sinne dieses Gesetzes Betriebsbeamte, Werkmeister und mit höheren technischen Dienstleistungen betraute Angestellte, deren Jahresarbeitsverdienst an Lohn oder Gehalt 2000 Mark nicht übersteigt.“ Im Titel 7 der Gewerbeordnung aber werden als „gewerbliche Arbeiter“ wohl einzelne Kategorien aufgezählt — Gesellen, Gehilfen, Lehrlinge, Betriebsbeamte, Werkmeister, Techniker, Fabrikarbeiter — aber eine Definition, die in zweifelhaften Fällen zur Richtschnur dienen könnte, wird auch da nicht gegeben. Jastrow hat in diesem Mangel fester, mafsgebender Erklärungen eine Hauptursache der Kompetenzanzweiflungen gesehen und seine Auffassung durch ein reiches Material von Beispielen erhärtet[2]. Die Gärtnergehilfen, die einem wechselnden Gerichtsstand unterliegen, je nachdem sie in Landschafts- oder Kunst-, Zier- und Handelsgärtnereien angestellt sind; das Personal der kleinen Theater, Spezialitätenbühnen und Zirkusse, die bald als „Ausübende einer künstlerischen Tätigkeit“, als mit „höheren technischen Dienstleistungen betraute Angestellte“ und dann wieder als Gewerbegehilfen betrachtet werden; die „kalte Mamsell“ der Berliner Budiker, bei der in jedem einzelnen Falle untersucht werden mufs, ob sie mehr Dienstbote oder mehr Gewerbegehilfin ist; die Arbeiter der Eisenbahnen und Pferdebahnen (also die

[1] v. Schulz, Kommentar, S. 39 und im Archiv, Bd. 14, S. 146 ff.
[2] Jastrow in den Jahrb., S. 344 und Sozialpol. u. Verw. S. 436 ff.

Arbeiter, die in den Werkstätten der Eisenbahnen, bei den laufenden Reparaturen an den Geleisen, zum Wagenputzen usw. beschäftigt werden; die Eisenbahnunternehmungen an sich fallen nicht unter den Geltungsbereich des Gewerbegerichts) — sie alle bieten Proben einer widerspruchsvollen, unerquicklichen Praxis. Vollends verwickelt und schier unentwirrbar wurden dann die Dinge, wo in einem Bezirk zu dem kommunalen Gewerbegericht noch ein Innungsschiedsgericht trat. Hier hatte man die Schwierigkeiten freilich schon bei den Verhandlungen von 1890 vorausgesehen; nur dafs die trüben Erwartungen von der tatsächlichen Gestaltung der Verhältnisse vielfach noch übertroffen wurden. Die Innungsschiedsgerichte befanden sich in ziemlicher Verwahrlosung; Gesellenwahlen wurden, da die Gesellen in den grofsen Städten zumeist Gegner der Innungseinrichtungen waren, häufig überhaupt nicht vorgenommen und mitunter kam es (z. B. in Berlin) sogar vor, dafs sich die Parteien erst beim Gewerbegericht Auskunft holen mufsten, ob für eine bestimmte Innung ein Innungschiedsgericht bestand. In der Petition, die der Ausschufs des Berliner Gewerbegerichts aus Anlafs der Handwerkernovelle dem Reichstage unterbreitete, findet sich folgende anmutige Zustandsschilderung[1]:

„Wenn nun mehrfach berichtet wird, dafs Innungsschiedsgerichte nicht in der ordnungsmäfsigen Besetzung entschieden haben, indem die Zuziehung von Arbeitnehmern „vergessen“ wurde, dafs bei einer Berliner Innung (der Gelbgiefserinnung) der als Vertreter der Arbeitnehmer zugezogene „Altgeselle“ (Plumeyer) als solcher sein 25jähriges Jubiläum unter Teilnahme der Innungsmeister feierte, dafs in wiederholten Fällen die Zulassung mifsliebiger Arbeiter als Beistände ihrer Kollegen verweigert und, um denselben die Teilnahme an der Verhandlung selbst als Zuhörer unmöglich zu machen, die Öffentlichkeit ohne Angabe von Gründen ausgeschlossen wurde, dafs endlich in den Schreibstuben der Schiedsgerichte vielfache Belästigungen der Arbeitnehmer, welche die Aushändigung der Urteile verlangten, um die Berufungsfrist zu wahren, stattgefunden haben, so wird man mit Fug behaupten können, dafs die Institution der Innungsschiedsgerichte sich nicht derart bewährt hat, um denselben das Vertrauen einer zuverlässigen, objektiven und unparteiischen Rechtspflege entgegenbringen zu können.“

Man sollte meinen, angesichts solcher Verwahrlosung und so offener Rechtsbrüche hätten Regierung und Reichstag vor einem weiteren Herabgleiten auf der abschüssigen Bahn zurückscheuen müssen. Hatte es schon bei dem bisherigen Zustand Kompetenzschwierigkeiten aller Art gegeben, so mufste das

[1] Stenogr. Ber. des Reichstags. 1895/7, Bd. 8, S. 6177 ff.

nach dem Inkrafttreten der Novelle von 1897, die überall da, wo die Majorität der Handwerker es beschlofs, die Innung obligatorisch machte, erst recht der Fall sein und ganz folgerichtig hatte deshalb der Verband deutscher Gewerbegerichte schon beim ersten Auftauchen des Vorentwurfs auf seiner Strafsburger Tagung vom 23. September 1896 seine Bedenken zusammengefafst[1]; ein Gleiches geschah auf einer Konferenz der Arbeiterbeisitzer[2], die am 15. und 16. November desselben Jahres in Halle tagte, und diese Bedenken wurden dann noch nach Erscheinen der Vorlage sowohl von Verbands wegen, wie von den Gewerbegerichten Stuttgart, Frankfurt a. M. und Berlin wiederholt. Zumal die Erklärung, die der Ausschufs des Verbandes deutscher Gewerbegerichte im Mai 1897 erliefs, nachdem auf die Resolution des Strafsburger Verbandstages gegründete Vorstellungen beim Reichstag wie beim Reichsjustizamt anscheinend ohne Erfolg geblieben waren, führte eine ungemein nachdrückliche und überzeugende Sprache. Es hiefs da u. a.: „Die von den Gewerbegerichten erstrebte Anbahnung einer einheitlichen Rechtsprechung auf dem von der Rechtswissenschaft so arg vernachlässigten Gebiete des gewerblichen Arbeitsvertrags wird durch die Zersplitterung in Gewerbegerichte und viele kleine Innungsschiedsgerichte in Frage gestellt. Da die Arbeiterbewegung sich an die Scheidung zwischen Handwerk und Grofsindustrie nicht kehrt, die Gewerbegerichte aber für das Handwerk nicht mehr in Frage kämen, würde ihre Autorität zum Eintreten als Einigungsamt aufs äufserste geschwächt, ihre schon jetzt unvollkommen normierte Befugnis zur Stellung von Anträgen und Erteilung von Gutachten gegenüber dem Recht der Handwerkerausschüsse, mit ihrer Ansicht gehört zu werden, vollständig verblassen[3].“ Aber im Reichstage ging es wie es schon sieben Jahre zuvor gegangen war: die unter der Marke „Kräftigung des Handwerks oder der Innungen“ zusammengefafsten parteitaktischen Erwägungen schlugen alle Einwände von Vernunft und Billigkeit tot[4]. Es verlohnt sich schon auf diese Dinge, die bei

[1] Der Strafsburger Verbandstag beschlofs einstimmig folgende Resolution dem Ausschufs zur Vertretung gegenüber den Amtsstellen zuzuweisen: „Der Entwurf betreffend die Abänderung der Gewerbeordnung enthält in seinen Vorschriften über die Errichtung von Innungsschiedsgerichten Bestimmungen, welche die Rechtsprechung in den aus dem gewerblichen Arbeitsvertrag entspringenden Streitigkeiten und die Ausbildung des Arbeitsvertragrechts sowie die Entwicklung der Einigungsämter in erheblicher Weise gefährden. Diese Bestimmungen sind daher zu streichen. — Die endgültige Entscheidung in Lehrlingsstreitigkeiten im Fall der Klage gegen den Vorentscheid der Innungsbehörden sollte nicht durch die Amtsgerichte bezw. Landgerichte, sondern durch die Gewerbegerichte gefällt werden.“ Das Gewerbegericht, 1896, Nr. 1 Sp. 2.

[2] Gewerbegericht, 1896, Nr. 3 Sp. 25/6.

[3] Ebenda, 1896, Nr. 8 Sp.70/1.

[4] Ebenda, 1896, Nr. 9 Sp. 98/9.

der zweiten Lesung der Handwerkernovelle am 20. Mai 1897, noch mehr aber bei der dritten Lesung am 22. und 23. Juni in erheblicher Ausführlichkeit erörtert wurden, mit ein paar Worten einzugehen. Die Regierung selbst stand der Frage nicht mehr so zurückhaltend wie 1890 gegenüber. Die zünftlerische Agitation hatte mittlerweile, zumal seit dem 1890 erfolgten Zusammenschlufs des „Allgemeinen deutschen Handwerkerbundes“ und des „Zentralausschusses vereinigter Innungsverbände Deutschlands[1]“ mancherlei Fortschritte gemacht und dem hatte sich auch die Regierung nicht zu entziehen vermocht. War es an sich schon ein bedeutsamer Unterschied, ob auf der Grundlage der Freiwilligkeit errichtete Innungen ein paar Schiedsgerichte ins Leben riefen, oder ob zahlreiche Zwangsinnungen den Segen der oben gekennzeichneten Innungstribunale nun über ganz Deutschland ausstreuten, so verböserte die Vorlage noch durch einen durchaus positiven Schritt den Stand der Dinge, indem sie im § 81 b Ziffer 4 verordnete, dafs nicht nur wie bisher die Streitigkeiten der Innungsmeister und Gesellen, sondern auch aller ungelernten Arbeiter vor diese Schiedsgerichte gebracht werden sollten; jene „unorganische Gesetzgebung“ so verstärkend, gegen die schon vor sieben Jahren Miquel mit scharfsichtigen und gerechten Gründen zu Felde gezogen war. Damit entschied einfach der blinde Zufall über den Gerichtsstand des einzelnen. Der ungelernte Arbeiter, der vielleicht heute bei einem Schuhmacher, morgen bei einem Schneider, ein drittes Mal in einer Tischlerwerkstatt arbeitete, kam unter Umständen in die Lage von Tag zu Tage sein Schiedsgericht zu wechseln; und wenn er eines schönen Tages wieder in einer Fabrik Arbeit nahm, unterstand er plötzlich dem Gewerbegericht[2]. Beide Arten von Tribunalen arbeiteten aber auf durchweg verschiedener Grundlage. Wie das ein sozialdemokratischer Abgeordneter zutreffend präzisierte: „Gewerbegerichte entscheiden statt anderer, Innungsschiedsgerichte vor anderen Gerichten[3].“ Die Innungsschiedsgerichte, die weder Zeugeneide abnehmen, noch den Parteieneid auferlegen konnten, entschieden ja nicht endgültig. Genau wie beim alten gewerblichen Schiedsgericht nach § 108 bezw. 120 der G. O. mufste, wer sich bei ihrem Urteil nicht begnügen mochte, mit seiner Klage nunmehr an das ordentliche Gericht d. h. an das Amtsgericht und in der Berufung gegen das amtsgerichtliche Urteil an das Landgericht gehen. Damit kam in die Behandlung gewerblicher Streitigkeiten ein Element der Unsicherheit, ja schlechthin, wie der nationalliberale Abg.

---

[1] v. Philippovich, Grundrifs der Pol. Ökon. II, 1. S. 100.

[2] Stenogr. Ber. 1895/7. 8. Bd., S. 6185.

[3] Ebenda 1895/7. 8. Bd., S. 6180. Der Abgeordnete Stadthagen in der Sitzung vom 22. Juni 1897.

Bassermann das ausdrückte, der Rechtsungleichheit[1]. Je nachdem ein Mann zufällig bei einem Innungsmeister oder in einer Fabrik in Arbeit stand, hatte er bei demselben Fall eine Instanz oder ihrer drei oder — bei Objekten über 100 Mark — zwei und drei Instanzen. Was man 1890 angestrebt hatte — eine Verbilligung und Beschleunigung des Rechtswegs — das wurde hier wieder für eine wachsende Anzahl von Arbeitern zu nichte gemacht, die nichts anderes verschuldet hatten, als dafs sie, die sich die Arbeitsstelle nicht lange wählen konnten, zu einem Innungsmeister in Arbeit gingen. Aber alle diese Gründe verfingen nicht. Der Handelsminister Brefeld schien gar keine Ahnung von dem Problem zu haben, das hier zu bewältigen war. Mit bemerkenswerter Oberflächlichkeit erklärte er: aufser der Schnelligkeit käme doch auch noch die Richtigkeit in Betracht, da man „bekanntermafsen“ auf Richtigkeit mehr Gewicht zu legen pflege als auf „Fixigkeit“ und für richtige Entscheidungen schienen ihm nach ihrer Zusammensetzung die Innungsschiedsgerichte eine bessere Garantie zu gewähren. Nun war bereits vom Abgeordneten Richter an Berliner Beispielen auseinander gesetzt worden[2], wie es mit dieser angeblichen besseren Sachverständigkeit der Innungstribunale stand. In Berlin hatten 46 Innungen Schiedsgerichte; aber nur bei zwei Innungen bestanden besondere Schiedsgerichte; die übrigen 44 Innungen hatten ein gemeinsames, an den Innungsausschufs angeschlossenes Schiedsgericht: ein geradezu bündiger Beweis, wie wenig die Sachverständigen des einzelnen Handwerks in den Schiedsgerichten tätig sein konnten. Trotz solcher Argumente, die für jeden Nicht-Voreingenommenen schlechthin schlagend sein mufsten, versicherte selbst ein sonst so einsichtiger und sozialpolitisch vorgeschrittener Mann wie der Zentrumsabgeordnete Professor Hitze[3]: es sei nicht der geringste Beweis erbracht, dafs die Schiedsgerichte nicht gut funktionierten, und man mufste angesichts der fest zum Niederstimmen entschlossenen Kohorten schliefslich noch froh sein, als der Handelsminister — eine Art Präsent, das er aus Billigkeitsrücksichten den Unterliegenden gewährte — zugestand: wenn in einem einzelnen Falle sich gegen Errichtung eines Innungsschiedsgerichts Bedenken erhöben, so würde ihnen wohl Rechnung getragen werden können. Dann würde nach § 98c der G. O. von den Verwaltungsbehörden der Errichtung eines Innungsschiedsgerichts die Genehmigung versagt werden. Ein weiteres Zugeständnis erfolgte dann aus dem Hause selbst: ein sozialdemokratischer Antrag, der dem Kläger das Recht gab, bei Verschleppung einer Angelegenheit durch die Innungs-

[1] Stenogr. Ber. 1895/7. 8. Bd., S. 6175.
[2] Ebenda, 1895/7. 8. Bd., S. 5974.
[3] Ebenda, 1895/7. 8. Bd., S. 6181.

schiedsgerichte statt dieser die Gewerbegerichte und, wo solche nicht bestehen, die ordentlichen Gerichte anzurufen, fand nach Begründung durch den Abg. Stadthagen und Befürwortung durch den freikonservativen Abg. Gamp Annahme. Alle anderen Verbesserungsvorschläge — so der freisinnige, der wenigstens beim Nebeneinbeanderstehen beider Tribunale den Gewerbegerichten den Vorrang sichern sollte [1] und ein weiterer Antrag Richter, der um eine gewisse Einheitlichkeit in die Rechtsprechung zu bringen, die allgemeinen Gewerbegerichte zur Berufungsinstanz machen wollte [2], — wurden einfach abgelehnt [3].

In den Verhandlungen war auch noch mehrfach darauf hingewiesen worden, dafs durch eine solche Ausdehnung und Bevorzugung der Innungsschiedsgerichte die Einrichtung der Einigungsämter für das ganze mittlere und kleine Gewerbe illusorisch gemacht würde und eine Eingabe des Berliner Gewerbegerichtsausschusses hatte im einzelnen ausgeführt, wie beträchtliche Arbeitergruppen dabei in Betracht kämen und wie bedeutsame Arbeitseinstellungen unter Umständen auf die Art schon beigelegt worden seien [4]. Auch die bereits erwähnte Protestresolution vom Strafsburger Verbandstag deutscher Gewerbegerichte ward herangezogen, die die schiedsrichterlichen Befugnisse der Innungen für eine Gefährdung der Einigungsämter erklärt [5] hatte. Es war vergeblich: wo eine so eminent „staatserhaltende“ Aufgabe wie die „Kräftigung der Innungen“ in Frage stand, hatte das der Mehrzahl der Abgeordneten kaum bekannte, vielen noch dazu höchst verdächtige Institut des Einigungsamts natürlich nachzustehen.

---

[1] Der § 81b 4 sollte dahin geändert werden, dafs man nur dann Schiedsgerichte etabliere, wenn ein grofses Gewerbegericht nicht vorhanden ist, und dafs man die Innungsschiedsgerichte fallen lasse, wenn später ein Gewerbegericht eingerichtet wird. S. 6175.

[2] Stenogr. Ber. 1895/7. 8. Bd., S. 6185.

[3] Vgl. hierzu auch Jastrow, Sozialpol. u. Verw. S. 436 ff. und Jahrb. S. 344 ff.

[4] Stenogr. Ber. 1895/7. 8. Bd., S. 6174. In Berlin war ein Streik der Vergolder nach siebenwöchiger Dauer durch das Einigungsamt beigelegt worden. Desgl. geschah es durch Vermittlung des Einigungsamts, dafs bei einem Streik der Hutmacher 2500 ausgesperrte Arbeiter nach 24 Stunden die Arbeit wieder aufnehmen konnten. Beim Schuhmacherstreik war durch das Eingreifen des Einigungsamts die drohende Aussperrung mehrerer Tausend Arbeiter verhindert worden usw.

[5] Stenogr. Bericht. 1895/7. 8. Bd., S. 5974.

Fünftes Kapitel.

Einigungsämter, Ausschüsse und Gutachten. 1890—1901.

Nur langsam und nicht ohne Mühe hatten sich die Einigungsämter bislang im deutschen Leben Bahn zu brechen vermocht. Das Reichsgesetz von 1890 hatte ihnen eine gewisse Mittelstellung[1] zwischen privatem und öffentlichem Einigungsamt, zwischen dem ständigen und dem nur für Einzelfälle berechneten angewiesen. Es bedurfte Zeit, ehe man sich überhaupt auf das Vorhandensein des Instituts besann und die Möglichkeit, es für sich nutzbar zu machen; noch mehr Zeit, bis es ins Bewufstsein der Nation überging. Zum erstenmal war das Gewerbegericht im September 1892 in Kiel als Einigungsamt angerufen worden[2]. Es handelte sich um Differenzen zwischen Brauereibesitzern und Gehilfen, die von dem Einigungsamt, das unter dem Vorsitz des Kieler Oberbürgermeisters tagte, friedlich geschlichtet werden konnten. Den gleichzeitigen Zwist zwischen den Brauereibesitzern und den Hilfsarbeitern auszugleichen gelang indessen nicht. Ein zweites Mal — die Fälle, in denen die Gewerbegerichte als Einigungsamt fungieren, sind in diesen ersten Jahren so selten, dafs das „Sozialpolitische Zentralblatt“ und die „Blätter für soziale Praxis“ über jeden einzelnen Versuch Buch führen können — handelte es sich um einen Schiedsspruch im Danziger Hauszimmererstreik (1. Februar 1893[3]); genau ein Jahr später — im Februar 1894 — erfolgt dann durch einen Spruch des Einigungsamts die Beilegung des Formerausstandes in Nürnberg. Die „Blätter für soziale Praxis“ nennen es den „ersten Fall der praktischen Anwendung der bezüglichen Bestimmungen des Gewerbegerichtsgesetzes“[4]: so wenig war die Kenntnis dieser ersten einigungsamtlichen Bemühungen selbst in Kreisen verbreitet, bei denen man sie noch am ehesten er-

[1] Jastrow, Sozialpol. u. Verw. S. 502 ff.
[2] Sozialpol. Zentralbl. Jahrg. 2, S. 22.
[3] Blätter für soziale Praxis. Jahrg. 1, Nr. 9, S. 80.
[4] Ebenda. Jahrg. 2, 3. Halbjahrsbd., S. 76.

warten durfte. Der Nürnberger Fall ist damals viel besprochen worden. Den Anlafs zur Streikbewegung der Former hatte die von den Fabrikanten beabsichtigte Einführung der Akkordarbeit geboten. Die Anrufung erfolgte schliefslich von seiten der Arbeiter, obwohl sie vorher abgelehnt hatten, diesen Schritt zu tun; die Verhandlungen wurden geheim gepflogen, da sich „nach Ansicht der Kommentatoren des Reichsgesetzes vom 29. Juli 1890 der ausgesprochene Grundsatz der Öffentlichkeit nur auf das Verfahren vor dem erkennenden Gericht bezieht." Wenige Monate darauf konnte von Einigungsversuchen in Berlin berichtet werden [1]. Es war um die Zeit des grofsen Bierboykotts. Der erste Vorsitzende des Berliner Gewerbegerichts, der damalige Magistratsassessor v. Schulz, hatte zwei Brauereidirektoren und zwei Arbeitnehmer, mit ihnen noch den sozialdemokratischen Abgeordneten Singer zu einer Besprechung über die Frage geladen, „unter welchen Voraussetzungen an [2] eine Beendigung des Boykotts zu denken sein möchte." Der vorsichtigen Fassung der Einladung entsprach auch die vorsichtige Form der Verhandlungen. Da das Gewerbegerichtsgesetz (§ 61) die Befugnis des Gewerbegerichts als Einigungsamt aufzutreten, auf Streitigkeiten „über die Bedingungen der Fortsetzung oder Wiederaufnahme des Arbeitsverhältnisses" beschränkt, hier aber der ganze Kampf sich um die Feier des 1. Mai drehte, konnte die Vermittlung nur in privater Weise stattfinden [3]. Vor Beginn wurde ausdrücklich konstatiert, dafs die Initiative von keiner der beteiligten Parteien, sondern von den Vorsitzenden des Gewerbegerichts ausgegangen sei. Beide Teile behielten ihren Auftraggebern die endgültige Beschlufsfassung vor und erklärten, nur ihre persönliche Ansicht auszusprechen, die keineswegs für die von ihnen vertretene Gruppe als verbindlich angesehen werden dürfte. Die Zusammenkunft sollte eben — auch das wurde sorglich festgestellt — nur den Charakter einer Vorbesprechung haben, die eigentlichen Verhandlungen wurden dem Einigungsamt vorbehalten. Dazu ist es dann aber in diesem Falle überhaupt nicht gekommen.

---

[1] Jastrow schreibt in seinem Buch S. 493: „In Berlin dauerte es von der Eröffnung des Gewerbegerichts (10. April 1893) fast zwei und ein halb Jahre, bis es zum ersten Male als Einigungsamt angerufen wurde." Das ist nicht ganz richtig. Wie ich oben ausführe, hat der Vorsitzende des Berliner Gewerbegerichts, v. Schulz, bereits im Sommer 1894 Einigungsverhandlungen eingeleitet, die freilich erfolglos blieben und über das Stadium der Vorbesprechungen nicht hinaus gediehen.

[2] Sozialpol. Zentralbl. 3. Jahrg., 1893/4, S. 492, nach einem Bericht des „Vorwärts" vom 6. Juli 1894.

[3] Blätter f. soziale Praxis. 5. Halbj., Nr. 105, Sp. 3; hier werden diese Verhandlungen auf den September verlegt. Ich habe nicht feststellen können, ob es sich hier um zwei verschiedene Verhandlungsaktionen handelt oder ob ein Irrtum der „Blätter f. soz. Praxis" vorliegt. Für unsere Betrachtung ist das ja auch bedeutungslos.

Eine mehrstündige Besprechung ergab, daſs es vorab an jeder Grundlage einer Verständigung fehlte. Weitere Verhandlungen vor dem Einigungsamt — das war die übereinstimmende Ansicht beider Parteien — würden, wie die Dinge lagen, doch keinen Zweck haben. So vertagte der Vorsitzende die Verhandlungen auf unbestimmte Zeit mit dem frommen Wunsch, daſs es bald zu einer Einigung kommen möge[1].

Aus dem Sommer 1895 werden dann zwei weitere Fälle einigungsamtlichen Miſslingens gemeldet: in Solingen setzte es die Organisation der Unternehmer in der Stahlwarenbranche durch, daſs die Arbeiter auf das Gewerbegericht als Einigungsamt verzichteten und für künftige Fälle eine von den Fabrikanten organisierte, übrigens schon von früher her existierende Vergleichskammer anerkannten. Im zweiten Fall — bei einem Textilarbeiterstreik in Meerane (Sachsen), der durch Vermittlung eines vom Bürgermeister einberufenen Schiedsgerichts zugunsten der Arbeiter beigelegt worden war — gab eine der beteiligten Firmen, kurz nachdem der Spruch des Einigungsamts ergangen war, ihrem Personal durch Anschlag bekannt, daſs sie keine Lohnerhöhung eintreten lassen könne, „bevor nicht der Beweis erbracht sei, daſs in anderen Fabriken des Platzes höhere Löhne als von ihr gezahlt würden.“ Beide Male also scheiterte der Versuch einigungsamtlicher Vermittlung an dem bösen Willen der Unternehmer und miſsmutig zog damals die „Soziale Praxis“ das Fazit ihrer Beobachtungen: „Nach alledem ist die Forderung kaum mehr abzulehnen, daſs entweder eine Bestimmung getroffen werde, durch welche die Streitteile gezwungen werden, sich einem obligatorischen Einigungsamt zu unterwerfen oder das Versammlungsrecht der Arbeiter so zu erweitern, daſs der Zwang durch den Druck der Organisation wie in England ausgeübt werde“[2]. Indes wuſste das Einigungsamt trotz aller Widerstände sich doch allmählich durchzusetzen. In Berlin folgten von Mitte September 1895 bis Ende Oktober drei Anrufungen hintereinander; der Verwaltungsbericht über das Rechnungsjahr 1895/6 wies schon elf zweiseitige[3] und sieben einseitige Anrufungen auf neben 16 Vermittlungsversuchen, bei denen die Initiative vom Gewerbegericht ausgegangen war; auſserdem war in je einem Falle in Bremen[4], in Krefeld,

---

[1] Pabst, Statist. Jahrb. der deutschen Städte. 6. Bd., S. 232 ff.. führt für das Jahr 1894 noch zwei Fälle — Augsburg und Kiel — an. In Kiel kam eine Vereinbarung zustande; in Augsburg wurde ein Schiedsspruch abgegeben.

[2] Soziale Praxis. Jahrg. 1894/5, Sp. 629 ff.

[3] Von diesen elf Fällen führten sechs zu Vereinbarungen, fünf zu Schiedssprüchen.

[4] Im Juli 1895 war ein Stuhlrohrarbeiterstreik durch das Bremer Gewerbegericht beigelegt.

Barmen, Königsberg i. Pr. und in Leipzig die Vermittlung des Einigungsamtes angerufen worden; überall mit dem Erfolg, dafs Vereinbarungen erzielt wurden [1]. Besonders lehrreich war der Leipziger Fall: der erste durchschlagende Erfolg einigungsamtlicher Tätigkeit seit dem Bestehen des Gewerbegerichts. Hier lud der Vorsitzende des Gewerbegerichts nach etwa zehntägiger Dauer des Streiks und nachdem die Zahl der ausständigen Maurer auf mehr als 1000 gestiegen war, auf Anrufen „sowohl aus Arbeitgeber- als aus Arbeiterkreisen" (am 11. Juni war nämlich ein Arbeiter und bald darauf auch ein Arbeitgeber auf dem Gewerbegericht erschienen, um ein Eingreifen des Gewerbegerichts zu befürworten) beide Teile zur Ernennung von Vertretern ein. Bei den Verhandlungen kam eine Einigung aber nicht zustande und nun fällte das Einigungsamt einen Schiedsspruch, der auch von beiden Parteien angenommen wurde [2]. Im Februar 1896 konnte eine Aussperrung in der Berliner Hutindustrie [3] schon an demselben Tage beendet werden, an dem sie verfügt worden war, und so schnell und sicher wächst das Berliner Gericht in diese Dinge hinein, dafs sich zu Ausgang des Jahres bereits ein ganz bestimmter Geschäftsgang ausgebildet hat, den der Magistratsassessor Cuno in der „Sozialen Praxis" vom 27. Februar 1896 ausführlich beschreibt. Einiges daraus — der amtliche Verwaltungsbericht des Berliner Gerichts hat ihn ausdrücklich als zutreffend bezeichnet und zum Teil wörtlich aufgenommen — sei auch hier wiedergegeben: es ist aufserordentlich charakteristisch für die dem Leben nachgehende und sich schmiegsam ihm anfügende Arbeitsmethode des Berliner Gewerbegerichts und die Art, wie es sich sein Terrain eroberte.

Das Berliner Ortsstatut verpflichtet, wie wir gesehen haben, die Gewerbegerichtsvorsitzenden bei entstehenden Arbeitsstreitigkeiten von sich aus eine Vermittlung anzubahnen. Dementsprechend werden an der Hand des „Vorwärts" — andere Blätter pflegen über diese Dinge nur vereinzelt und gelegentlich zu berichten — die Vorgänge auf dem Arbeitsmarkt aufmerksam verfolgt und für jedes Gewerbe, bei dem eine Zuspitzung der Bewegung erkennbar wird, besondere Aktenstücke angelegt. Sodann bemüht man sich, möglichst noch vor Ausbruch des Streiks mit den Interessenten

---

[1] Vgl. Pabst, Statist. Jahrb. der deutschen Städte. 6. Bd.

[2] Soziale Praxis. Jahrg. 1894/5, Sp. 685 ff. und Sp. 717 ff.

[3] Jastrow, Sozialpol. u. Verw., S. 493 ff. und Jahrb., S. 378.

[4] Die nämliche Bestimmung enthalten die Statuten von Breslau, Köln, Magdeburg, Hannover, Königsberg, Düsseldorf, Elberfeld, Danzig, Barmen, Stettin, Krefeld, Aachen, Halle, Dortmund, Mannheim, Essen, Erfurt, Kiel, Görlitz, Duisburg und Frankfurt a. O. Vgl. Statist. Jahrb. deutscher Städte. 4 (1894), S. 163 ff.

Fühlung zu gewinnen. Bei den Arbeitern bietet das keine Schwierigkeiten: immer ist dort in Form von Agitations-, Lohn- oder Streikkommissionen eine anerkannte Vertretung der Arbeiter, an die man sich wenden kann, vorhanden, und ganz augenfällig werden so die Kampforganisationen der Arbeiter zu einem wesentlichen Hilfsmittel für die Aufrechterhaltung des sozialen Friedens[1]. Anders bei den Arbeitgebern. Hier wird es, sobald es sich um gröfsere, ein ganzes Gewerbe berührende Differenzen handelt, überaus schwer, festzustellen, wer die „Beteiligten“ seien; zudem begegnen dem Gewerbegericht auf dieser Seite häufig Misstrauen und Unkenntnis über die Aufgaben des Einigungsamts. Beisitzer aus den Kreisen der Arbeitgeber helfen über diese Schwierigkeiten übrigens durch aufopfernde Aufklärungsarbeit unter ihren Standes- und Berufsgenossen nicht selten hinweg. Bei diesen vorbereitenden Schritten — wie mit den Arbeitgebern hat das Gericht inzwischen auch mit den Kommissionen der Arbeiter und dem Vorstand der Gewerkschaftskommission (vielfach durch die dem Gewerbegericht als Beisitzer angehörenden Mitglieder) Fühlung zu nehmen versucht — stöfst man dann allemal auf die Besorgnis: die Anrufung des Einigungsamts könnte von der Gegenseite als Eingeständnis der eigenen Schwäche ausgelegt werden. Hüben wie drüben hört man versichern: wir haben die Anrufung nicht nötig; wir können es aushalten. „Hier war,“ schreibt Cuno, „Belehrung über die Aufgabe des Einigungsamts am Platze (und besonders wirkungsvoll, wenn sie durch einen Beisitzer erfolgte), durch gründliche Verhandlung und Klarstellung des Sachverhalts das Ergebnis schnell herbeizuführen, das andernfalls erst durch lange Kämpfe unter grofsen Opfern beider Teile erreicht wird. Meist wurde erst, wenn die vorbereitenden Verhandlungen die Geneigtheit beider Teile zur Anrufung ergeben hatte, die förmliche Erklärung aufgenommen, mitunter um die letzten Bedenken der Beteiligten niederzuschlagen: „Auf Anregung des Gewerbegerichts gemäfs § 71 Abs. 7 des Ortsstatuts rufen wir an“. — So umfangreicher Vorarbeiten bedarf es natürlich nur bei gröfseren Streiks; bei Differenzen in einem einzelnen Betriebe genügt es mitunter schon, wenn der Vorsitzende oder der erste Gerichtsschreiber bei dem Arbeitgeber telephonisch wegen der Sachlage anfragt und Unternehmer und Arbeiter zur Rücksprache bestellt werden. Wenn dann die Streitpunkte zu Protokoll festgestellt sind, erweist sich freilich in verschiedenen Fällen alsbald die Nutzlosigkeit jedes weiteren Eingreifens.

Nach solchen Vorbereitungen, berichtet Cuno weiter, bot

---

[1] Cuno, a. a. O.

die Konstituierung des Einigungsamtes selbst keine Schwierigkeiten. Man hatte durch diese vorbereitenden Verhandlungen das erste von den beiden Stadien, in die das Gewerbegerichtsgesetz das Verfahren vor dem Einigungsamt zerlegt, erschöpft: die Streitpunkte waren festgestellt und es konnte nun in allen Fällen sofort zur gemeinsamen kontradiktorischen Hauptverhandlung geschritten werden. Man verhandelte im Gegensatz zum dem einst in Nürnberg eingeschlagenen Verfahren öffentlich und das erwies sich als sehr vorteilhaft:

„Namentlich die Arbeiter hören in ihren Versammlungen meist einseitige Darstellungen vom Standpunkte ihrer Interessen aus und, wie es die Agitation einmal mit sich bringt, vielfach vielleicht übertrieben. Demgegenüber ist es von grofser Wichtigkeit, im Sinne einer Erziehung der Arbeiter zur objektiven Erwägung der Interessengegensätze wie auch des unmittelbaren Ergebnisses halber (z. B. wenn es sich um die Frage der Unterwerfung unter einen Schiedsspruch handelt), dafs die Arbeiter in möglichst grofser Zahl der sachlichen kontradiktorischen Verhandlung folgen. Auch zur Aufklärung der Arbeitgeber über ihre Pflichten gegen ihre Arbeiter ist dies Anhören der öffentlichen Verhandlung heilsam. Um eine sofortige Verständigung der Vertreter mit ihren Auftraggebern bezüglich etwaiger Einigungsvorschläge zu ermöglichen, ist die Anwesenheit recht vieler Interessenten erwünscht. Mitunter ist es recht wichtig, einzelne herauszuholen und auszufragen; dafs Arbeitgeber und Arbeitnehmer sich gegenüberstehen, ermöglicht die sofortige Kontrolle der Aussagen, beispielsweise über Durchschnittslöhne. Alle Anwesenden können dann als Auskunftspersonen dienen, was ihnen vielleicht recht peinlich ist, weil so die Wahrheit herauskommt. Es hat sich als zweckmäfsig erwiesen, zunächst den Vertretern möglichste Freiheit im Vortrag aller ihrer Beschwerden zu geben. Beide Teile müssen sich einmal gegenseitig sagen, was sie auf dem Herzen haben. Die Öffentlichkeit, die äufsere Förmlichkeit des Verfahrens hindern schon Ausschreitungen, so dafs ein mäfsigendes Einschreiten des Vorsitzenden kaum erforderlich war."

Es folgt nun der Einigungsversuch, bei dem in der Regel das Gewerbegericht selbst die Vorschläge formuliert. Über die Vorschläge beraten dann die einzelnen Parteien allein; mitunter unter Beihilfe und Eingreifen der Beisitzer. Gelingt die Einigung nicht, so wird das förmliche Verfahren fortgesetzt und die Schlufsanträge der Parteien werden entgegengenommen: „es bildet sich hier eine neue Form prozessualischen Verfahrens, die nicht den strikten Regeln des Zivilprozesses unterliegt, sondern auf einen gewissen Wahrscheinlichkeitsbeweis in grossen Zügen abzielt."

Das Berliner Gewerbegericht hatte natürlich mehr Gelegenheit als die anderen, sich in der einigungsamtlichen Praxis zu üben. Für 1896 zählt Jastrow elf Anrufungen [1], von denen sechs mit einem Erfolg abschliefsen. Aber auch anderwärts besinnt man sich mehr und mehr auf die Existenz des Einigungsamts. Dasselbe Jahr 1896 — es ist das Jahr, in dem zum erstenmal eine umfassende statistische Aufnahme über die gesamte Tätigkeit der deutschen Gewerbegerichte (Zahl und Dauer der Prozesse, Art der Erledigung, Höhe der Streitobjekte, Berufungen; Einigungsämter; Gutachten und Anträge) erfolgt — verzeichnet insgesamt 42 Anrufungen: neben den bereits erwähnten elf Berlinern drei in Karlsruhe und in Königsberg, Görlitz, Mannheim und Bremen je zwei. Dazu kommen dann noch Brandenburg, Rathenow, Stolp i. P., Magdeburg, Elmshorn, Wandsbek-Stadt, Peine, Iserlohn, Kassel, Dresden-Stadt, Plauen i. V., Ravensburg, Stuttgart, Heilbronn, Mainz, Offenbach-Land, Eisenach, Gotha, Lübeck und Hamburg mit je einer Anrufung und 23 Fälle, in denen der Gewerbegerichtsvorsitzende in aufseramtlicher Eigenschaft vermittelt. Von den 42 Anrufungen führen 18 zu Vereinbarungen; acht Mal bleiben die Einigungsversuche erfolglos. Schiedssprüche werden im ganzen in vierzehn Fällen abgegeben; in zweien folgt dem Schiedsspruch die Unterwerfung; in vier Fällen lehnen die Arbeitgeber, in sechsen die Arbeiter, in einem beide Parteien die Unterwerfung ab [2]. Das alles ist gewifs nicht viel, wenn man die Gesamtzahl der deutschen Streiks daneben hält, die für das Jahr 1896 stark an das dritte Hundert heranreicht. Und doch ist es ein unleugbarer Fortschritt gegen früher; doch argumentiert Jastrow unzweifelhaft richtig:

> „Wenn wirklich die Gewerbegerichte nichts weiter sollten leisten können, als dafs sie im Jahre 25 Streiks, die sonst weiter gewütet hätten, beilegen, so ist gar nicht einzusehen, weswegen nicht schon um deswillen die Einrichtung lohnen würde. Es handelt sich ja hier nicht um eine mit grofsem Apparat und Kostenaufwand herzustellende Behörde, die nachträglich müfsig dasitzt, sondern um Kommissionen, die ad hoc zusammentreten. Auch der kleinste Erfolg ist in dieser Beziehung dankenswert. . . . [3]“

---

[1] Jastrow, Jahrb. f. N. S. 373 ff. Pabst, Statist. Jahrb. deutscher Städte. Bd. 7 zählt 1896 25 Fälle, von denen 15 zu Vereinbarungen, fünf zu Schiedssprüchen führen. Hier erscheint Köln mit einem Schiedsspruch; Leipzig und Würzburg mit je einer Vereinbarung. Alle drei Fälle kommen bei Jastrow nicht vor. Doch wird Pabsts Statistik, die nur verzeichnet, was ihr zugetragen wird, wohl nicht als unbedingt zuverlässig gelten dürfen. Beansprucht es übrigens auch nicht.

[2] Amtl. Statist. der deutsch. Gewerbeger., zuerst abgedruckt im Gewerbegericht Nr. 12, Sp. 129 ff.

[3] Jastrow, a. a. O.

Leider fallen in das nämliche Jahr auch die ersten wirklich ernsten Erfahrungen des Einigungsamts. Ihr völliges Versagen in zwei Fällen, die die Aufmerksamkeit der ganzen deutschen Welt auf sich gelenkt hatten. Man kann wohl sagen, dafs Millionen in Deutschland mit Bangen und fröhlichen Hoffnungen, mit Segenswünschen und ein Teil auch mit der Furcht des schlechten Gewissens die Arbeit des Berliner Gewerbegerichts geleiteten, als es ermuntert durch die Vorgänge im Reichstage, da sich Regierung und Parteien in der Verurteilung unheilvoller Zustände zusammengefunden hatten, getragen von der Sympathie von Presse und Publikum, am 28. Februar 1896 den Berliner Konfektionsstreik zum ersten Mal vor sein Forum zog [1]. Der Tagung, die im grofsen Bürgersaal des Rathauses stattfand, wohnten 4—500 Personen bei; sie endete mit der vorläufigen Feststellung eines Mindesttarifs; dem Einigungsamt ward aufgegeben, Erhebungen zu veranstalten, auf Grund deren später der endgültige Tarif ausgearbeitet werden sollte. Dazu ist es dann nicht gekommen. Die Konfektionäre wurden störrisch; ein Teil von ihnen, die Inhaber der Schleudergeschäfte vornehmlich, hielt sich an den provisorischen Tarif nicht gebunden; die Mehrzahl weigerte sich auch nur vor dem Einigungsamt zu erscheinen. Als dieses dann endlich nach sechs Monaten — am 14. August —, die von der Enquete über die gezahlten Löhne angefüllt waren, seinen Schiedsspruch abgab, lehnten die Konfektionäre ihn ab; die Arbeiter taten hernach das Gleiche; dem Gewerbegericht aber blieb nur übrig am 23. September 1896 durch die Tageszeitungen dies negative Ergebnis festzustellen [2]. So hatte die breite niedere Arbeiterschicht überhaupt nichts gewonnen; nur die qualifizierten Arbeiter der besseren Firmen hatten eine Lohnzulage errungen, die ihnen angesichts der Konjunktur wohl überhaupt nicht vorenthalten wäre [3]. Und das alles, obwohl — wie gesagt — die öffentliche Meinung in Presse und Parlament, in Versammlungen und öffentlichen Veranstaltungen sich ganz überwiegend für die Streikenden erklärt hatte und ein sozial (wenigstens in einem erheblichen Teil seiner Repräsentanten) ohnehin nicht sehr angesehener Unternehmerstand eigentlich alle Ursache gehabt hätte, auf die allgemeinen Strömungen und Anschauungen gewisse Rücksichten zu nehmen. Noch sinnfälliger und entmutigender war der Fehlschlag der Einigungsstrebungen ein paar Monate später in Hamburg. Hier bot den Streikenden kein Parlament mehr Rückhalt wie noch im Februar den Konfektionsarbeitern und kein Kaiser wie 1889

---

[1] Jastrow, a. a. O., S. 378 ff. und derselbe in „Sozialpolitik und Verwaltungswissenschaft“, 494.

[2] Das Gewerbegericht. 1, Sp. 77 ff.

[3] Oldenberg im „Handw. d. Staatsw.“ 1. Bd., S. 756.

beim Ausstand der Bergleute; den schlechtgelohnten[1], unregelmäfsig beschäftigten und mit Gelegenheitsarbeitern vielfach durchsetzten Hafenarbeitern aber stand eine seit Jahren fest zusammengeschlossene Unternehmerschaft von hoher gesellschaftlicher Schätzung gegenüber, die sich in diesem Kampfe als „die Vorhut der ganzen deutschen, ja der europäischen Unternehmerschaft“ fühlte. Die beteiligten Unternehmerverbände, die Reeder, Stauer usw., waren dem Hamburger Arbeitgeberverband beigetreten: der fafste statt ihrer alle wichtigen Entscheidungen. Dieser mächtige Kampfverband aber liefs sich, wie Jastrow[2] wahrscheinlich gemacht hat, von der vom Standpunkt eines rücksichtslosen Klassenkampfs garnicht einmal so unrichtigen Taktik leiten, die Kassen der Gewerkschaften nach Möglichkeit zu leeren, damit es den zum Frühjahr in der Metallindustrie geplanten Streiks an der nötigen Munition fehle. Wie wäre das barsche und starre Verhalten der Unternehmer gegenüber den verschiedenen an sie herantretenden Einigungsversuchen sonst auch zu erklären gewesen! „Im Interesse des öffentlichen Friedens und zur Fernhaltung schweren Unglücks“ wandten sich am 29. November der Vorsitzende der Bürgerschaft, der Chef der Senatspolizei und der Vorsitzende des Gewerbegerichts an beide Parteien mit dem Vorschlage eines Schiedsgerichts; die Arbeiter nahmen einstimmig an; der Arbeitgeberverband aber lehnte ab unter schroffer Hervorkehrung seines grundsätzlichen Herrenstandpunkts: die Marktlage sei ihm günstig; zudem hätte er authentisch erfahren, die Streikführer wünschten einen Frieden, weil sie den Zeitpunkt zum Streiken für ungünstig hielten. Er hat auf die Urheber des Schiedsgerichtsvorschlags dann hinterher noch die schwersten Vorwürfe gehäuft[3]. Nicht besser erging es Anfang Dezember einem Einigungsvorschlag des „Hamburger Korrespondenten[4]“; erst ein paar Wochen später, als auch ein Teil der Rheder und die Börse zum Frieden zu drängen begannen, wohl auch die Gewerkschaftskassen ihm genügend geschröpft zu sein

---

[1] Staatssekretär v. Bötticher erklärte zwar am 3. Dezember 1896 im Reichstage: „nach den Lebensbedingungen der Hamburger Hafenarbeiter würden sich vielleicht Millionen deutscher Arbeiter sehnen.“ In Wirklichkeit lagen die Dinge doch anders. Das einzelne Tagewerk wurde allerdings zum Teil sehr hoch bezahlt; aber bei dem grofsen Angebot von Arbeitskräften kamen nicht allzuviele Tagewerke auf den Mann. Oldenberg nimmt mit Tönnies, Hafenarbeiter und Seeleute in Hamburg vor dem Streik, Arch. f. soz. Gesetzgebung, Bd. 10 etwa 1200—1300 Mark als Jahresdurchschnittsverdienst an. Eine gemischte Kommission des Senats und der Bürgerschaft von Hamburg hatte aber 1894 1500 Mark als das zur Gründung eines Hausstandes erforderliche Mindestmafs bezeichnet! Oldenberg a. a. O. S. 757. Vgl. auch v. Elm in „Soziale Praxis“, 1896/7, Sp. 271 ff.

[2] Jastrow, Sozialpolitik u. Verwaltungswissenschaft, S. 496 und in den Jahrb. f. Nat.-Okon., S. 382 ff.

[3] Oldenberg, a. a. O., S. 759.

[4] Soz. Praxis. 1896/7, Sp. 274.

schienen, liefs der Arbeitgeberverband sich zu neuen Verhandlungen herbei. Aber bis zuletzt pochte er auf seinem Herrentum. Dem Senat, der zur Vermittlung angerufen war und im Entgegenkommen gegen die intransigente Richtung im Arbeitgeberverband ohnehin die Wiederaufnahme der Arbeit als „einseitige Vorausleistung der Arbeiter“ zur Bedingung gemacht hatte, wurde eine Zurechtweisung zu Teil, weil „seine Ausdrucksweise nicht schroff genug gewesen“ uud erst als die Ausständigen sich auch dieser demütigenden Bedingung unterwarfen — das Streikkomitee hatte von vornherein dazu geraten — erst nach Wiederaufnahme der Arbeit begannen die Verhandlungen, die dann hinterher zu einem notdürftigen Frieden führten. Der Arbeitgeberverband durfte triumphieren. Die Sozialpolitik des „Herrentums im eigenen Hause“ hatte auf der ganzen Linie gesiegt; die reichsgesetzlich eingeführte Institution des Einigungsamts war vor aller Welt verhöhnt worden und die Regierung selbst hatte dazu ihren Segen gegeben: mit kühlem Achselzucken hatte der damalige Staatssekretär im Reichsamt des Innern am 3. Dezember bei der Debatte über diese Vorgänge im Reichstage — freilich auf Grund unzureichender und einseitiger Information — erklärt: „dafs die Unternehmer nicht auf das von dritter Seite vorgeschlagene Schiedsgericht eingegangen wären, könne ihnen nicht verargt werden[1]“. Und doch bewies auch in diesem Unterliegen der Einigungsgedanke die ihm innewohnende sieghafte Kraft. Wohl schien die öffentliche Meinung, soweit sie durch die Tagespresse[2] repräsentiert ward, den Ausständigen überwiegend abgünstig gesinnt — kein Wunder, sie wurde durch ein Nachrichtenbureau[3] des Arbeitgeberverbandes, das

[1] Soziale Praxis. 1896/7, Sp. 252.

[2] Jastrow, Jahrb., S. 383 und Sozialpol. und Verwaltungswissenschaft, S. 498, meint: nur vier angesehene bürgerliche Blätter — die „Frankf. Ztg.“, die Berliner „Volks-Ztg.“, die Naumannsche „Zeit“, die damals als Tagesblatt erschien und die „Neue Hamb. Ztg.“ — hätten den Streikenden in ihrem Kampf um das Schiedsgerichtsprinzip ihre Sympathien ausgesprochen. Das ist in dieser Form nicht ganz richtig. Beispielsweise geschah das Gleiche auch in dem in Südwestdeutschland weitverbreiteten „Frankf. Generalanz.“, dessen politische Haltung damals von mir stark beeinflufst wurde.

[3] Die Stellung dieser Nachrichtenbureaux und des in ihnen konzentrierten Prefsdienstes bei den Ausständen und Aussperrungen ist meines Wissens bisher noch fast gar nicht beleuchtet worden. Sie spielen — hier sei das Urteil des Zeitungspraktikers verstattet — bei den wirtschaftlichen Kämpfen unserer Tage eine geradezu verhängnisvolle Rolle. Man sagt vielleicht nicht zu viel, wenn man erklärt: diejenige Partei in Streik oder Aussperrung, die über einen gut organisierten Prefsdienst verfügt, hat die öffentliche Meinung in der Tasche. Man braucht dabei noch an keinerlei Korruption oder bösen Willen zu denken. Die wirkliche Sachlage nachzuprüfen ist dem einzelnen Redakteur nur selten möglich; vielfach fehlen ihm auch die dazu erforderlichen nationalökonomischen Kenntnisse. Er ist froh, wenn ihm die Schilderungen vom Streikschauplatz bereits druckfertig zugehen und er das Neuigkeitsbedürfnis seines Publikums befriedigen kann, ohne sich den Stoff erst mühsam

seine Mitteilungen tagaus tagein überall hinversandte, zum grofsen Teil von diesem selbst gemacht — aber Sympathien gewann der Arbeitgeberverband mit all' dem nicht. Überall, wo man derlei Dinge wirklich zu beurteilen verstand, brach sich vielmehr die Überzeugung Bahn, dafs wenn irgendwo, in solchen Kämpfen, wo die Marktlage sich dem wirtschaftlich Stärkeren verbünde, Schiedsgerichte und Einigungsämter am Platz seien und am 13. Dezember 1896 nahm eine Versammlung im Berliner Konzerthaus, der hervorragende Vertreter der Industrie — die Vorsitzenden der Speicherei- und Kellereiberufsgenossenschaft (zu der die Hafenarbeit gehört), der Norddeutschen Holz-Berufsgenossenschaft, des Zentralausschusses kaufmännischer und industrieller Vereine — beiwohnten, einstimmig folgende Resolution an:

„Die am 13. Dezember im Konzerthaus versammelten Männer und Frauen aller Stände Berlins erblicken in den Arbeitsstreitigkeiten an dem ersten Hafen Deutschlands eine Angelegenheit von mehr als lokaler Bedeutung. Sie halten den Standpunkt, dafs solche Streitigkeiten durch Niederwerfung des einen oder anderen Teils beendigt werden müfsten, für veraltet und sprechen die Uberzeugung aus, dafs der Versuch des Schiedsgerichts oder Einigungsamts wiederholt werden mufs. Die Versammlung beauftragte ihr Bureau, diesen Beschlufs zur Kenntnifs der beiden streitenden Teile zu bringen [1]."

Das war die Stimmung, die schliefslich doch bei den Urteilsfähigen überwog. „Gerade der Hamburger Hafenarbeiterstreik" sagt Jastrow [2] „hat am meisten dazu beigetragen, die Notwendigkeit von Einigungsämtern und Schiedsgerichten weiteren Kreisen klar zu machen. Eine Verkehrssperre über den ersten Hafen Deutschlands für eine private Angelegenheit der Hamburger Unternehmer auszugeben, in die niemand dreinreden dürfe, war eine zu groteske Leistung, als dafs nicht gerade an diesem Beispiel das Gegenteil besonders hätte klar werden müssen: dafs es zu den Aufgaben der öffentlichen Gewalt gehört, bei grofsen verkehrshindernden Arbeitsstreitigkeiten Organe zu schaffen, welche in irgend einer Form wenigstens Verhandlung und gegenseitiges Anhören ermöglichen." Dafs gleichzeitig ein in seinen Motiven viel ernsthafterer Streik in Bremen binnen acht Tagen beigelegt worden war, weil es dort nicht wie in Hamburg an dem

---

zusammensuchen und ihn sichten und sieben zu müssen. So hilft die Bequemlichkeit der Zeitungsredakteure allerdings vielfach der kapitalkräftigeren und redaktionstechnisch gewandteren Partei Licht und Schatten ungleich zu verteilen und die Meinung des Publikums zu beeinflussen.

[1] Soz. Praxis. 1896/7. Sp. 477/78.

[2] Jastrow, Jahrb., S. 384 und Sozialpol. u. Verw., S. 498; vgl. auch „Soz. Praxis", 1896/7, Sp. 473 ff.

guten Willen gebrach, half diese Stimmung noch erheblich verstärken[1].

Und dann waren doch auch die Lehren nicht zu verachten, die man gerade aus den mifslungenen Einigungsbemühungen ziehen konnte. Man hatte einmal an einem drastischen Exempel gesehen, wie wenig in dieser Welt der harten Tatsachen im Grunde der „moralische Zwang der öffentlichen Meinung“ vermag, dem 1890 die Gesetzgeber die Exekutive in einigungsamtlichen Verhandlungen anzuvertrauen gedachten; man hatte auch erkannt, wie sehr man damals in die Irre gegangen war, als man allen Ernstes glaubte, gütliches Zureden des Vorsitzenden sei die Hauptsache für ein gutes Einigungsamt[2]. Die ganze Hilflosigkeit des bisherigen Zustandes war nackt und unverhüllt zutage getreten und wenn das nicht zur Entmutigung führte, so wird ein wesentliches Verdienst daran wohl den Gewerbegerichtsvorsitzenden zuzuschreiben sein. Wieder zeigt sich hier, wie unangebracht bei allen wirtschaftspolitischen Dingen die aprioristische Konstruktion ist. Man erinnert sich, mit welcher Lebhaftigkeit Brentano[3] 1890 die „bureaukratische“ Gestaltung unserer eben geschaffenen Einigungsämter bekämpft hatte. Nun erwies sich das bureaukratische Element gerade als der festeste und zuverlässigste Hort des von der Ungunst der Zeitläufte hart bedrängten Instituts. Zunächst war der Rückschlag unverkennbar. Für 1897 führt Pabst[4] nur 16 Fälle an, in denen die Vermittlung des Einigungsamtes angerufen wurde — ihnen stehen sieben Vereinbarungen gegenüber —; auch 1898 verzeichnet derselbe Autor, hier ohne die Ergebnisse im einzelnen anzumerken, blofs 16 Fälle[5] und diese Zahlen scheinen annähernd zu stimmen: auch Oldenberg[6] berichtet auf Grund der amtlichen Streikstatistik des preufsischen Handelsministeriums nur von insgesamt 18 Einigungsversuchen (elf erfolgreiche gegen sieben vergebliche), die sich auf 285 Streiks mit 25 398 Teilnehmern verteilen. Unbedingt zuverlässig ist freilich auch diese Statistik nicht. Immerhin: es ist ein Niedergang und aus dem arbeitet sich das Einigungsamt vornehmlich durch das Geschick und den Eifer der Gewerbegerichtsvorsitzenden heraus, die spürsam dem Leben nachgehen und — ganz unbureaukratisch — keineswegs davor zurückscheuen, neue Bahnen zu betreten; die aller Engherzigkeit abhold die

---

[1] Soziale Praxis. 1896/7, Sp. 278 ff. Aufsatz von Blendermann.

[2] Jastrow, Sozialpol. u. Verw. S. 495.

[3] Lujo Brentano über „Arbeitseinstellungen und Fortbildung des Arbeitsvertrags“ in Schriften des V. f. S. 1890.

[4] Statist. Jahrb. der deutschen Städte. 7. Bd., S. 130 ff.

[5] Ebenda. 9. Bd., S. 150 ff.

[6] Oldenberg, Handw. 1. 760 ff.

gesetzlichen Bestimmungen dem Sinne nach interpretieren, nicht bloſs ängstlich nach dem Wortlaut, und in festem Glauben an die Gerechtigkeit ihrer Aufgabe jede Handhabe benutzen, Wirkungsbereich und Tätigkeitsgebiet der Einigungsämter zu erweitern. Der erste Versuch dieser Art reicht noch in das Unglücksjahr 1896 zurück. Das Reichsgesetz von 1890 hatte die örtliche Zuständigkeit des Einigungsamtes nicht ohne eine gewisse Einseitigkeit auf den Bezirk des jeweiligen Gewerbegerichts beschränkt. Nun gab es ja Gewerbegerichte, die durch einen weiteren Kommunalverband oder mehrere Gemeinden zusammen errichtet waren; aber ein Einigungsamt — der Abgeordnete Bachem hatte diesen Mangel schon bei der ersten Lesung des 1890 er Gesetzes beklagt —, das bei Ausständen oder Aussperrungen, die ein ganzes Gewerbe erfaſsten, in Aktion hätte treten können, gab es nicht. Und doch hatte auch hier die gewerbegerichtliche Praxis einen Ausweg zu finden gewuſst. Als es sich beim groſsen Buchdruckerstreik von 1896[1] darum handelte, den einheitlich im deutschen Buchdruckerverein organisierten Prinzipalen für die Tarifvorbereitungen und Einigungsverhandlungen Vertreter der Gehilfenschaft zur Seite zu stellen und diese bei dem Mangel einer einheitlichen Organisation auf Seiten der Arbeitnehmer nur durch Urwahlen zusammengebracht werden konnten, unterzog sich das Gewerbegericht Leipzig bereitwillig der abseits seiner eigentlichen Funktionen liegenden Aufgabe mit der vielleicht ein wenig künstlichen Motivierung: die Verhütung von Streiks im Gemeindebezirk Leipzig gehöre zu seinen gesetzlichen Aufgaben; nun lieſse sich aber der Streik ohne die Wahlen nicht verhüten; also halte es sich für kompetent, die Wahlen auszuschreiben[2]. Die durch Vermittlung des Gewerbegerichts Leipzig gewählte Kommission hat dann am 15. April 1896 einen Waffenstillstand auf drei Jahre und einen Tarif vereinbart. Ganz ähnlich wurde im Februar 1900 der Streik der deutschen Formstecher durch das Gewerbegericht Köln allein mit tatsächlicher Wirkung für ganz Deutschland beigelegt[3]. Systematisch aber in der Ausbildung des einigungsamtlichen Friedensinstituts ist vor allem das Gewerbegericht Berlin vorgegangen. Es hat bei ausgebrochenen oder drohenden Streiks ständig im Sinne des § 62a Abs. 1 u. 2 die Initiative ergriffen und dabei den Erfolg gehabt, daſs die „Gewerbetreibenden immer mehr und mehr einsehen lernten, daſs das Gewerbegericht der geeignete Ort ist, um möglichst schon vor Ausbruch eines Streiks dort

---

[1] Das Gewerbegericht. 1, Sp. 17 u. 18.

[2] Jastrow, Sozialpol. u. Verw., S. 509 und Jahrb. f. Nat.-Ökon. S. 385.

[3] Soz. Praxis. 9, Nr. 32. S. 829.

über die Differenzen zu verhandeln"[1]. Es hat dann aber auch durch seine „Schlichtungskommissionen" für die Verhütung künftiger Streiks gewirkt und friedliche Zustände in den Gewerben befestigt. „Diese Schlichtungskommissionen," sagt v. Schulz[2], den man wohl als ihren Vater bezeichnen dürfen wird, „werden auf Anraten des Vorsitzenden des Einigungsamts von den vor dem Einigungsamt erschienenen Parteien bei dem Abschlufs eines Vergleichs eingesetzt. Sie bestehen aus einer gleichen Anzahl von Arbeitgebern und Arbeitnehmern unter dem Vorsitz von Gewerberichtern und dienen dazu, Differenzen nach der Einigung zur Vermeidung von künftigen Streiks und Aussperrungen zu beseitigen und das Einigungsamt zu entlasten. Den Schlichtungskommissionen wird zumeist auch die Vorbereitung von Tarifverträgen übertragen . . . Für den Fall, dafs die Entscheidung der Schlichtungskommission einer oder beiden Parteien nicht pafst, ist der Regel nach in dem Vergleich die Vorkehrung getroffen, dafs in kürzester Frist von der Partei, welche sich beschwert fühlt, das Einigungsamt anzurufen ist." Bei dieser Definition hat die Bescheidenheit die Feder geführt. Indem Schulz das Erreichte wie etwas Selbstverständliches behandelt, das man nicht weiter zu erörtern brauche, vergifst er anzumerken, dafs die Einsetzung von Schlichtungskommissionen gleichzeitig die Anerkennung der beiderseitigen Organisationen bedeutete und dafs damit für ganze Erwerbszweige das Gewerbegericht als dauernde einigungsamtliche Behörde installiert wurde. Das Einigungsamt ward so gewissermafsen zur zweiten Instanz, deren Entscheidung sich zu fügen man damit stillschweigend übernommen hatte. Einer besonderen Erklärung über Annahme oder Ablehnung, wie sie das Gesetz sonst vorschreibt, bedurfte es nicht mehr; ebenso wenig aber sollten vor dem Spruch des Einigungsamts Streik oder Aussperrung erfolgen dürfen. Die Gewerbetreibenden, die sich so verpflichteten, zur künftigen Vermeidung von Streiks und Aussperrungen die Hilfe des Einigungsamts zu verlangen, legten sich eben damit auch „den moralischen Zwang auf, unter allen Umständen vor dem Einigungsamt zur Aussprache sich einzufinden"[3]. Das war ein kühner Schritt; aber das Berliner Gewerbegericht hatte Erfolg mit ihm. Den Vergleich vom 24. Juli 1899, durch den das Berliner Gewerbegericht Streik und Aussperrung im Berliner Baugewerbe beendete und als ständiges Tarifamt eine achtzehngliederige Kommission einsetzte (neun Arbeitgeber und neun Arbeitnehmer) hat Jastrow[4]

[1] Soz. Praxis. 9. Jahrg., Nr. 10, Sp. 237.

[2] Kommentar z. Gewerbegerichtsgesetz, S. 167 und Brauns Archiv, Bd. 16, 682 ff.

[3] v. Schulz, Soziale Praxis. 9, Nr. 29, Sp. 738.

[4] Jastrow, Sozialpol. u. Verw. S. 503.

mit Recht einen „Wendepunkt von einschneidender Bedeutung“ genannt. Und dieser Wendepunkt war in überaus kritischer Zeit erreicht worden. Fast genau einen Monat vorher — vom 19.—22. Juni 1899 — war im Reichstage der „Gesetzentwurf zum Schutze der Arbeitswilligen“ beraten worden, der geradezu einer Bedrohung der Gewerbegerichte gleichkam; der an ein paar Stellen ganz direkt mit dem Gewerbegerichtsgesetz zusammenstiefs und, wenn er Gesetz geworden wäre, dem pflichtmäfsig um die Einigung und Beilegung von Arbeitsstreitigkeiten bemühten Gewerberichter den Staatsanwalt zum ständigen Begleiter gegeben hätte[1]. Aber das Schreckbild zog vorüber; noch ehe dieser Gesetzentwurf endgültig abgelehnt worden war — im Oktober desselben Jahres — folgten dem Baugewerbe die Berliner Weifsgerber. Die Glacé- und Weifslederindustriellen und die Lohnkommission der Lederarbeiter Berlins, also Arbeitgeber und Arbeiter, fafsten am 21. Oktober in einer gemeinschaftlichen Sitzung den einstimmigen Beschlufs, über die Forderungen, mit denen die Arbeiter vier Tage zuvor an sie herangetreten waren, vor dem Einigungsamt zu verhandeln: es war das erste Mal seit Bestehen des Berliner Gewerbegerichts, dafs Arbeitgeber und Arbeiter sich einmütig dahin verständigt hatten, das Einigungsamt vor Ausbruch des Streiks anzurufen und bis zu seiner Entscheidung die Arbeit fortzusetzen[2]. Die Verhandlungen endeten mit einem Vergleich, der einen neuen Tarif auf die Dauer von zwei Jahren festsetzte und den Parteien die Verpflichtung auferlegte, bei allen zukünftigen Streitigkeiten das Einigungsamt zur Schlichtung anzurufen. So ging das weiter in Berlin und anderwärts. Auch im kleinen württembergischen Tuttlingen z. B. akzeptierten die Fabrikanten der dortigen Schuhwarenindustrie bei Verhandlungen vor dem Gewerbegericht als Einigungsamt die in der nämlichen Richtung liegende Forderung ihrer Arbeiter: „Einsetzung eines ständigen Schiedsgerichts, bestehend aus drei Arbeitgebern und drei Arbeitern; kommt bei ausbrechenden Differenzen bei dieser Instanz keine Einigung zustande, so ist das städtische Einigungsamt als Entscheidung anzurufen, ehe eine Arbeitseinstellung oder Aussperrung eintreten kann“[3]. Stiedas[4] Behauptung im Handwörterbuch: „die Auffassung, die das Trügerische der Verbindung zweier so grundverschiedener Institutionen wie Gewerbegericht und Einigungsamt schon am Gesetzentwurf charakterisierte, hätte einstweilen recht behalten; nur selten würden deutsche Gewerbegerichte von den Parteien angerufen, auch bei der Feststellung von Einzelheiten

---

[1] Jahrb. f. N. u. Stat. 3. F., Bd. 18, S. 72 ff.
[2] Soziale Praxis. 9. Jahrg., Nr. 5, Sp. 128 ff.
[3] Ebenda. Sp. 51, 102 und 237.
[4] Handw. 3. Bd., S. 343.

des Arbeitsvertrages mitzuwirken", traf also schon damals nicht zu; seither ist das natürlich noch viel weniger der Fall. Es war doch, wie v. Schulz in einem Rückblick auf die Tätigkeit des Berliner Einigungsamts im ersten Quartal 1901 berichtet, dahin gekommen, dafs eine Abneigung der Arbeitgeber gegen das Gewerbegericht als Einigungsamt im allgemeinen nicht mehr vorhanden war; dafs die Arbeitgeber zumeist, die Arbeitnehmer fast ausnahmslos der Einladung des Gewerbegerichtsvorsitzenden zur Unterredung nachgekommen waren und unter den Gewerbetreibenden die Erkenntnis an Boden gewann, dafs die Verhandlungen vor dem Einigungsamt weniger langwierig waren und mehr Erfolg verhiefsen als private Verhandlungen[1]. Aber auch 1899, als Stieda sein abfälliges Urteil niederschrieb, hatte das an das Gewerbegericht angefügte Einigungsamt seine Lebenskraft und Entwicklungsfähigkeit bereits erwiesen. „Gestreikt wird," sagt Jastrow einmal[2], „in Deutschland seit einem halben Jahrtausend." Aber erst neun Jahre waren verstrichen, seit man den Streik als einen natürlichen Vorgang in den Beziehungen der bei der Gütererzeugung zusammenwirkenden menschlichen Produktivkräfte zu begreifen und zu behandeln lernte; seit man — wenn auch vorerst nur in unsicher angedeuteten Umrissen — zu erkennen begann, was einst der englische Minister Sir John Gorst[3] erklärt hatte: dafs bei Streiks neben dem Arbeitgeber noch ein weiterer Faktor in Betracht käme, nämlich das Publikum als sogenannter Dritter und dafs dieses dabei ein gröfseres Interesse habe, als selbst die beteiligten Industriellen und Arbeiter. Es hätte mit dem Wunder zugehen müssen, wenn nun aller Widerspruch verstummt wäre; wenn die Mächte der Trägheit und Böswilligkeit ihm nicht so und so oft noch entgegengewirkt hätten. Gewifs, Schritt für Schritt erst hat das Einigungsamt sich sein Terrain erobern müssen und zum Teil ringt es auch heute noch um seine Existenz. Aber dafs es, so wie es war, lebensfähig war, dafs der vorsichtige Versuch, den die Gesetzgeber mit der Anknüpfung an das Gewerbegericht gemacht hatten, im grofsen Ganzen geglückt und für unsere deutschen Verhältnisse wohl der richtige Weg war, ans Ziel zu gelangen, das hatten diese neun Jahre mit ihrer aufwärtsweisenden Entwicklung doch wohl dargetan. Die preufsisch-deutsche Bureaukratie mag im allgemeinen von ihrem alten Ruhmestitel, hoch über allen Klasseninteressen Führer zum Fortschritt zu sein, wohl etwas eingebüfst haben. Die Gewerbegerichtsvorsitzenden, die das ihnen anvertraute Institut mit einer nimmermüden, geradezu liebevollen Sorgfalt weiterbildeten, bewiesen, welcher Schatz

---

[1] Soz. Praxis. 10. Jahrg., Nr. 29, Sp. 738.
[2] Jahrb. f. Nat. S. 385.
[3] Soziale Praxis. 9. Jahrg., S. 237.

an tüchtigen, sittlichen Kräften nach wie vor in der deutschen Beamtenschaft umschlossen war.

An einer anderen Stelle hat freilich auch die gewerbegerichtliche Bureaukratie versagt. Man erinnert sich, wie 1890 auf Betreiben Miquels in das Gesetz ein neuer Abschnitt eingefügt worden war, der das Gewerbegericht zur Abgabe von Gutachten über gewerbliche Fragen berief. Den damaligen Frankfurter Oberbürgermeister hatten dabei Erinnerungen an die Praxis seines Amtssitzes geleitet, wo zwei Jahre zuvor von ihm und dem dortigen Vorsitzenden, dem bereits mehrfach erwähnten Stadtrat Flesch[1], durchgesetzt worden war, dafs dem kommunalen gewerblichen Schiedsgericht auch die Berechtigung zu Gutachten und Anträgen in gewerblichen Fragen erteilt wurde. Indes die Befugnis, von der, die sie ins Gesetz brachten, sich eine Entwicklung nach der Richtung der Arbeitskammer versprochen haben mochten, ward wenig genützt. Selten forderten die Behörden[2] Gutachten; noch seltener schwangen sich die Gewerbegerichte zu Anträgen auf. Eine genaue Statistik liegt zwar nur aus den beiden Jahren der allgemeinen Erhebung — 1896 und 1900 — vor; aber auch die von Pabst[3] mitgeteilten Daten, die im Einzelnen gewifs nicht ganz zuverlässig sind, geben doch schon annähernd ein Bild von der mangelhaften Entwicklung dieses Zweiges gewerbegerichtlicher Tätigkeit. Nach Pabst werden 1892 16 Gutachten über gewerbliche Fragen abgegeben; 1893 — 40, 1894 — 20, im Jahre 1895—15; 1896 erfolgte die allgemeine Umfrage; sie weist im ganzen Reich 28 Fälle auf[4], von denen sechs auf Hamburg entfallen, fünf auf Frankfurt a. M., drei auf Stuttgart, je zwei auf Höchst und Gotha, je einer auf Elbing, Hirschberg i. Schl., Hannover, Dortmund-Stadt, Koblenz-Land, Leipzig, Reutlingen, Tuttlingen, Mainz, Worms. Pabst verzeichnet für dasselbe Jahr nur 18 Gutachten: ein neues Zeugnis der geringen Zuverlässigkeit des von ihm zusammengetragenen Zahlenmaterials. 1897 zählte er 23 abgegebene Gutachten; 1898—13, 1899—10. 1900 ergeht dann die neue Umfrage über Stand und Umfang gewerbegerichtlicher Arbeiten. Sie zeigt ein starkes Anschwellen der Zahl eingeforderter Gutachten

---

[1] Jastrow, Sozialpol. u. Verwaltungswissenschaft. S. 140 ff. u. 532.

[2] In einem Erlafs vom 17. Mai 1894 wendete sich — es war das erste Mal, dafs ein Minister die Befugnis des Abs. 1 des § 170 des Gesetzes vom 29. Juli 1890 ausübte — der preufsische Handelsminister mit der Aufforderung an die Regierungen, wegen der zulässigen Ausnahmen vom Verbot der Sonntagsarbeit die beteiligten Kreise, d. h. Arbeitgeber und Arbeitnehmer, künftighin in ausgiebigerer Weise zu hören, als es bisher geschah. Blätter f. soz. Praxis. Nr. 25, S. 211. Vgl. auch „Das Gewerbegericht". 6. Bd., S. 173.

[3] Statist. Jahrb. der deutschen Städte. Bd. 5, 6, 7, 8, 9.

[4] Jastrow, Sozialpol. u. Verwaltungswiss. S. 533.

— 50 im Ganzen —, aber in der überwiegenden Mehrheit der Fälle handelt es sich um die vereinzelte Inanspruchnahme eines Gewerbegerichts; zudem gehen allein 45 Gutachten auf Preufsen: „aufserhalb Preufsens erscheint im Jahre 1900 die Gutachtentätigkeit auf rein zufällige Ausnahmen beschränkt[1].“ Über die Zahl der aus dem Schofs der Gewerbegerichte hervorgegangenen Anträge hat Pabst keine Angaben gesammelt; hier haben wir nur von 1896 und 1900 die Zahlen der allgemeinen Statistik: 1896 insgesamt 24 Anträge; 1900 gar nur 15[2]. So unvollständig dies Zahlenmaterial aber auch sein mag, so viel ergibt sich sicher aus ihm: die Hoffnungen, mit denen man einst das Institut der gutachtenden Gewerbegerichte in unser öffentliches Leben eingeführt hatte, waren nicht erfüllt worden: einzig das Jahr 1893, wo die damals schwebende Frage der Ausnahmebestimmungen für die industrielle Sonntagsruhe, sowie später die Berlepschschen Grundzüge einer Handwerkervorlage den Gewerbegerichten zur Begutachtung vorgelegt wurden, macht eine Ausnahme. Hier vermutet Jastrow sogar, weit über die Angaben von Pabst hinausgehend, dafs „mehrere Hundert“ Gutachten herbeigeführt worden seien. Möglich; ein zwingender Beweis wird schwer zu bringen sein. Im allgemeinen sind die Gewerbegerichte nach der Richtung jedenfalls wenig in Anspruch genommen worden, wenn auch mancherlei Reformen und Verbesserungen in den Arbeitsverhältnissen — so die Einführung der Freitagslöhnung, die Verpflichtung zu wöchentlicher Löhnung durch Ortsstatut, die Einführung schriftlicher Arbeitszettel, die Aufhellung der Mifsstände im Baugewerbe[3] und ähnliches mehr — auf Gutachten und Anträge der Gewerbegerichte zurückgehen.

Jastrow[4] hat den Grund für dies Versagen zunächst in der „mangelnden Organisation der interessierten Kreise“ gesehen und dann darin, dafs die Unternehmer für ihre Sonderinteressen ja bereits ungleich wirksamer und straffer in ihren Handelskammern, Innungen und Handwerkskammern organisiert seien. Das wird im wesentlichen zutreffen. Es scheint sich hier eben derselbe Vorgang zu wiederholen, der die alten preufsischen Gewerberäte zum Scheitern brachte. Die wurden durch Verordnung vom 9. Februar 1849 zur Überwachung des Innungswesens und als Beratungsorgan für alle Angelegenheiten des Handwerks und Fabrikbetriebes ins Leben gerufen und sollten zu gleichen Teilen aus Wahlen der Handwerker, Industriellen und Kaufleute hervorgehen; in ihren Handwerks- und Fabriksabteilungen die Vertreter aus Arbeitgebern und

[1] Gewerbegericht. 6, Sp. 237 ff. und Jastrow, Sozialpol. u. Verw. S. 533.

[2] Ebenda. S. 536.

[3] Blätter f. soz. Praxis. 5. Halbjahr, Sp. 167 ff.; 171 ff.; 210 u. a.

[4] Jastrow, Sozialpol. u. Verw. S. 534.

Arbeitnehmern gewählt werden. Aber es ergab sich bald, dafs nur ein Stand — damals die Handwerksmeister — ein direktes Interesse an der Errichtung von Gewerberäten hatte, und so scheiterten sie an der mangelnden Teilnahme von Grofsindustriellen und Kaufleuten[1]. In unserem Falle sind es allein die Arbeiter, für die ein Bedürfnis nach der Gutachtertätigkeit der Gewerbegerichte vorliegt. Nicht dafs „der Gedanke der Interessenvertretung in die Form einer rechtsprechenden Behörde gegossen wurde und sich da etwas sonderbar ausnimmt," ist der Grund des Mifslingens — auch die Verbindung zwischen Gewerbegericht und Einigungsamt ist schliefslich ja nur eine Vernunftehe, die dem Doktrinarismus anfänglich seltsam genug vorgekommen ist — aber dafs hier bei einem Institut, das nur Sinn hatte als Interessenvertretung der Arbeiter, Arbeitgeber und Arbeitnehmer zusammenkoppelt wurden, unterband von vornherein jede regere Entwicklung. Möglich, dafs einmal eine Zeit kommt, da Unternehmer und Arbeiter einsehen lernen, dafs ihre Interessen im letzten Grunde gemeinsame sind. Heute — und man wird leider hinzufügen müssen: für absehbare Zeit — sind wir noch nicht so weit; vorläufig wird der Gegensatz hüben wie drüben noch so stark empfunden, dafs eine Interessenvertretung nur in der Form von Sonderorganisationen denkbar ist. Jastrow sagt einmal: „die Gewerbegerichte erscheinen als sein sollende Arbeitskammern ohne es wirklich zu sein[2]." Das ist sehr richtig und ich halte es nicht eben für wahrscheinlich, dafs sie wirkliche Arbeitskammern geworden wären, auch wenn die Vorsitzenden sich's noch so eifrig hätten angelegen sein lassen, wo immer es anging, die Gewerbegerichte wenigstens zu Anträgen über gewerbliche Angelegenheiten zu veranlassen, oder wenn, wie Jastrow vorschlägt, der Verband deutscher Gewerbegerichte eine Zentralstelle errichtet hätte und von hier aus Gutachen und Anträge einheitlich durch angestellte Beamte bearbeitet worden wären[3]. Von ähnlichen Auffassungen scheint auch Freiherr von Berlepsch ausgegangen zu sein, als er, — damals noch preufsischer Handelsminister — am 7. Februar 1895 bei Gelegenheit einer grofsen und grundsätzlichen Aussprache über die sozialpolitische Haltung der Regierung, die um jene Zeit bereits eine bedenkliche Neigung zu Stillstand und Rückschritt aufzuweisen begann, im Reichstage erklärte: es sei ihm gar nicht zweifelhaft, dafs die Gewerbegerichte nicht den Anforderungen genügen könnten, die in dem Erlafs vom 4. Februar 1890 gefordert wären, nämlich „die Formen zu schaffen, in denen die Arbeiter durch Vertreter, welche ihr Vertrauen geniefsen, an der Regelung gemeinsamer An-

[1] Thilo Hampke, „Gewerbekammern" im Handw. 4. Bd., S. 500 ff.
[2] Jastrow in den Jahrb. f. Nat. u. Stat. S. 391.
[3] Ebenda. S. 388/89.

gelegenheiten beteiligt und zur Wahrnehmung ihrer Interessen bei Verhandlung mit den Arbeitgebern und Behörden befähigt werden[1]." Der Ton liegt unseres Erachtens hier auf dem „Können": diese Aufgaben vermochte die sonst so treffliche, biegsame und ausdehnungsfähige Organisation der Gewerbegerichte ganz einfach nicht zu umspannen.

Die Gewerbegerichte sind dann auch noch mit einer anderen Verwaltungsaufgabe betraut worden, die ganz aufserhalb ihrer eigentlichen Sphäre liegt. Man hat die gemischten Kommissionen, denen von den Städten die Aufsicht und Verwaltung ihrer unparteiischen Arbeitsnachweise übertragen wurde, aus den beiden Beisitzerkurien der Gewerbegerichte wählen lassen und dem unparteiischen Gewerberichter den Vorsitz gegeben. Und die Arbeitsnachweise der gemeinnützigen Vereine sind den Kommunen vielfach darin gefolgt und haben ihre Verwaltung wenigstens durch Erwählte der Gewerbegerichtsbeisitzer ergänzt. Auch hier handelt es sich um Anregungen, die auf Miquels so überaus fruchtbare Frankfurter Oberbürgermeisterzeit zurückgehen: Miquel im Verein mit Flesch hatten den Gedanken zuerst im Jahre 1890 (noch vor dem Reichsgesetz übrigens) vertreten. Zwei Jahre später hat ihn dann Lautenschlager in Stuttgart[2] von neuem aufgenommen und im Oktober 1894 empfahl ein Erlafs des preufsischen Handelsministers an die ihm nachgeordneten Behörden zur Abhilfe gegen die Arbeitslosigkeit der Errichtung von Arbeitsnachweisstellen Aufmerksamkeit zu schenken und den „Arbeitsnachweis in gröfserem Umfange und planmäfsiger als bisher auszubilden." „In den grofsen Städten" — so hiefs es in dem Erlafs weiter — „könnten die Leiter aus den Beisitzern zum Gewerbegericht gewählt werden[3]." Verwirklicht hat den Gedanken aber zuerst die kleine Stadt Efslingen (1894); den eigentlichen Pfadfindern — Frankfurt nämlich und Stuttgart — gelang es erst 1895 die Widerstände zu überwinden. Indes haben diese Dinge in unserem Zusammenhang doch kaum etwas zu suchen. Die Verbindung zwischen Gewerbegericht und Arbeitsnachweis ist vollends äufserlich. Sie beruht auf dem rein zufälligen Umstand, dafs, als das Problem der Errichtung paritätischer Arbeitsnachweise an die Gemeinden herantrat, in ihrer Verfassung keine andere Institution vorhanden war, in der Arbeitgeber und Arbeitnehmer sich gleichmäfsig vertreten sehen konnten. Eine Änderung des kommunalen Verfassungsrechts, die ja vorläufig nicht gerade wahrscheinlich ist, könnte auch hier einen Wandel bringen.

[1] Stenogr. Ber., 9. Legisl., 3. Sess. 1894/5. 1. Bd., S. 724.
[2] Blätter f. soz. Praxis. 1894, 3. Halbj., S. 87 ff.
[3] Ebenda. 4. Halbj., Nr. 93, S. 26.

Sechstes Kapitel.

Die Novelle von 1901.

Schon verhältnismäfsig früh hatte sich das Bestreben geregt, die Erfahrungen, die man so Schritt für Schritt in der Praxis machte, gesetzgeberisch auszunutzen. Wir gedachten bereits an einer andern Stelle des Antrages der Polenfraktion[1] aus dem Jahre 1893, auch die Streitigkeiten der Landarbeiter aus dem Arbeitsverhältnis durch fachliche Sondergerichte entscheiden zu lassen. Inzwischen hatte der Umformungsprozefs im Handelsgewerbe, der etwa um den Beginn der achtziger Jahre schärfer und wahrnehmbarer eingesetzt hatte, immer weitere Fortschritte gemacht. Der Handel folgte den Spuren der Industrie und ging immer mehr zur Arbeitsteilung über; der Handelsangestellte aber sank, wie Silbermann[2] das einmal ausdrückt, „von der sozialen Bedeutung des Kaufmanns zu derjenigen der kaufmännischen Hilfskraft herab.“ Die Zahl der lebenslänglichen Gehilfen stieg; die gesellschaftliche Kluft zwischen Prinzipalen und Gehilfenschaft verbreiterte sich zusehends und die Gesetzgebung begann den veränderten Umständen allmählich Rechnung zu tragen. Das Gesetz betreffend die Invaliditäts- und Altersversicherung vom 22. Juni 1889, das freilich erst am 1. Januar 1891 in Kraft trat, war ein erster Schritt gewesen; ihm folgten die Einführung der Sonntagsruhe[3] und mit dem Kranken-Versicherungsgesetz vom 10. April 1892 die Anfänge einer Kranken-Versicherungspflicht. Und als die 1892 eingesetzte Reichskommission für Arbeiterstatistik sich an ihre Arbeit machte, da bildete den ersten Gegenstand ihrer Tätigkeit neben der Untersuchung der Zustände in Bäckereien und Konditoreien eine Erhebung über Arbeitszeit, Kündigungsfrist und Lehrlingsverhältnisse im Handelsgewerbe. Mit all' dem, vornehmlich aber mit dieser Enquete der Kommission für Arbeiterstatistik wurde förmlich anerkannt, dafs die Verhältnisse der Handlungsgehilfen denen

[1] S. o. S. 75.
[2] In Brauns Archiv. 9. Bd., S. 350/1.
[3] Durch die Novelle vom 1. Juni 1891.

der gewerblichen Arbeiter sich nachgerade stark genähert hatten: ward doch das Arbeitsgebiet der Kommission bestimmungsgemäfs eben durch den Titel 7 der Gewerbeordnung begrenzt[1]! Das Hauptargument, mit dem man nach dem Vorgang der amtlichen Motive im Jahr zuvor[2] die Einbeziehung der Streitsachen aus dem kaufmännischen Arbeitsverhältnis in die Kompetenz der Gewerbegerichte abgelehnt hatte, war also durchlöchert, und es dauerte gar nicht lange, dafs eine rührige Agitation zugunsten gewerblicher Sondergerichte für die Kaufleute anhob. Im Jahre 1895 bat eine Eingabe des Berliner Arbeitervereins an den Reichstag: die Gewerbegerichte auch auf Handlungsgehilfen, landwirtschaftliche Arbeiter und Dienstboten auszudehnen. Soweit der Antrag sich auf landwirtschaftliche Arbeiter und Gesinde bezog, wurde er abgelehnt; die Bitte wegen der Handlungsgehilfen aber beschlofs man dem Reichskanzler zur Erwägung zu überweisen. Diesem Vorschlag seiner Petitionskommission trat der Reichstag ohne Debatte bei und nun setzte eine scharfe Bewegung in der kaufmännischen Welt ein. Der „Deutsche Verband kaufmännischer Vereine“ in Frankfurt a. M., der damals etwa 20 000 Prinzipale und 80 000 Angestellte umfafste[3], richtete am 1. November 1895 eine dringende Eingabe an das Reichsamt des Innern; ein ähnliches Gesuch des Generalrats „des Vereins deutscher Kaufleute“ ging zur selben Zeit beim Bundesrat ein und ein weiteres vom „Zentralausschufs aller Berliner kaufmännischen, gewerblichen und industriellen Vereine“ beim preufsischen Handelsminister[4]. Die Folge dieser starken und plötzlichen Bewegung war ein Schreiben des Reichskanzlers an die verbündeten Regierungen, die nun wieder die Handelskammern zu gutachtlicher Äufserung aufforderten — in Preufsen geschah das durch Zirkularerlafs vom 1. April 1896 — wobei sich herausstellte, dafs von den Handelskammern, die doch ausschliefslich eine Vertretung der kaufmännischen Prinzipalität darstellten, unterschiedliche von Bedeutung und Einflufs der Frage keineswegs unfreundlich gegenüberstanden.

Noch weiter steckte die Sozialdemokratie ihre Ziele. Die blieb bei ihrer radikalen Auffassung, jedwede Streitigkeit aus dem Arbeitsvertrag vor das Gewerbegericht zu ziehen und so steuerte sie zu den Resolutionen aus Anlafs des bürgerlichen Gesetzbuches folgenden Antrag Auer und Genossen bei[5]:

---

[1] Durch das Regulativ vom 1. April 1892 wird die Kommission zur Mitwirkung bei den statistischen Erhebungen berufen, welche bei der Vorbereitung und Ausführung der die Verhältnisse der gewerblichen Arbeiter (Titel 7 der Gewerbeordnung) betreffenden Gesetzgebung erforderlich werden.

[2] S. o. S. 26.

[3] v. Boenigk in den Jahrb. f. N., 3. F. 13. Bd., S. 428 ff.

[4] Riesenfeld, Kaufmännische Schiedsger. S. 7 ff.

[5] Stenogr. Ber. des Reichstags 1895/97. 5. Bd., S. 3846 ff.

„Den Herrn Reichskanzler zu ersuchen, baldtunlichst eine Novelle zum Gewerbegerichtsgesetz vorzulegen, durch welche die Zuständigkeit der Gewerbegerichte auf Streitigkeiten aller Arbeitnehmer ausgedehnt wird, die einen Teil ihrer geistigen oder körperlichen Arbeitskraft für die häusliche Gemeinschaft, ein gewerbliches oder wirtschaftliches Unternehmen verwenden."

Die Resolution wurde am 11. Dezember 1896 im Reichstage beraten. Singer begründete sie kurz mit dem einen Satz: „Die Resolution spräche für sich selbst". Demgegenüber wies der nationalliberale Abgeordnete v. Cuny sofort darauf hin, dafs die Verwirklichung dieses Antrages aus den Gewerbegerichten etwas ganz anderes machen würde: auch Hauslehrer, Hausgeistliche müfsten nun darunter fallen; ja fast alle Privatbeamten. Diesen Ausführungen schlofs sich namens der verbündeten Regierungen der Geheimrat v. Woedtke aus dem Reichsamt des Innern an, und nachdem dann noch ein Redner der freisinnigen Volkspartei (Fischbeck) dagegen gesprochen, wurde die sozialdemokratische Resolution abgelehnt. Aber die Agitation zugunsten der kaufmännischen Sondergerichte dauerte fort und unter ihrem Einflufs geschah es wohl, dafs die mit der Vorberatung des Entwurfs zum neuen Handelsgesetzbuch betraute Reichstagskommission folgende Resolution[1] beantragte:

„Der Reichstag wolle beschliefsen: die verbündeten Regierungen zu ersuchen, baldtunlichst die Vorlegung eines Gesetzentwurfs zu veranlassen, wonach zur Entscheidung von Streitigkeiten zwischen Prinzipalen einerseits und Handlungsgehilfen und -Lehrlingen andererseits kaufmännische Schiedsgerichte errichtet werden."

Die Resolution kam im Anschlufs an die dritte Beratung des Handelsgesetzbuchs am 7. April 1897 zur Verhandlung im Plenum. Der Zentrumsabgeordnete Bachem wies in seiner kurzen Begründung darauf hin, dafs die kaufmännischen Angestellten vielfach wohl nicht besser gestellt seien als die Arbeiter. Über die Einrichtungen der Gerichte im einzelnen sage die Resolution nichts: „die Resolution will nichts, als die verbündeten Regierungen auffordern, die Sache in die Hand zu nehmen"[2]. Dieser Resolution trat der Reichstag bei, und als man einen Monat später — am 26. Mai — über eine Petition des Verbandes katholischer kaufmännischer Vereine Deutschlands zu Essen zu befinden hatte, die gleichfalls den Ruf nach kaufmännischen Schiedsgerichten erhob, da ward sie in Konsequenz jenes Beschlusses dem Reichskanzler als

[1] Bericht der 18. Kommission vom 1. April 1897 Bd. 6 S. 3940 ff.
[2] Stenogr. Ber. 1895/97 7. Bd., S. 5586.

Material überwiesen[1]. Inzwischen hatte die Regierung auch angefangen, „die Sache in die Hand zu nehmen“: als sich am 31. Januar 1898 bei der Beratung des Justizetats der Abgeordnete Bassermann nach dem Stand der Dinge erkundigte und dem Wunsch nach baldiger Vorlegung eines Entwurfs über kaufmännische Schiedsgerichte Ausdruck gab, erklärte der Staatssekretär des Reichsjustizamts Nieberding: die Vorbereitungen wären bereits seit längerer Zeit im Gange; sie würden gemeinschaftlich vom Reichsamt des Innern und vom Reichsjustizamt betrieben; indes sei die Frage nicht so einfach: „sobald wir wieder etwas von den dringendsten Arbeiten aufatmen können“ — so schlofs der Staatssekretär — „wird diese Frage zu den ersten gehören, die unserer näheren Prüfung unterzogen werden soll“[2]. Eingaben des deutschnationalen Handlungsgehilfenverbandes und der Allgemeinen Vereinigung deutscher Buchhändlergehilfen, die mancherlei detaillierte Vorschläge über die Organisation der kaufmännischen Schiedsgerichte machten, wurden auf diesen Bescheid hin — von der Petitionskommission wie vom Plenum — dem Reichskanzler „zur Erwägung“ überwiesen[3].

Auf andere Lücken der Ausgestaltung der gewerblichen Sondergerichtsbarkeit — zugleich auch auf Mängel im einigungsamtlichen Verfahren — war schon beim Etat des Reichsamts des Innern hingewiesen worden. Von den Sozialdemokraten war zu Beginn der Session ein Antrag[4] eingebracht worden, der — an alte Forderungen von dieser Seite anklingend — obligatorische Gewerbegerichte, die Ausdehnung ihrer Zuständigkeit auf die aus dem Arbeitsverhältnis hervorgehenden Streitigkeiten aller in Gewerbe, Bergbau, Land-, Forstwirtschaft, Fischerei, im Handel und Verkehr beschäftigten Personen, aktives und passives Wahlrecht für Frauen und Herabsetzung der Wahlfähigkeit auf das vollendete 20. Lebensjahr verlangte. Der Antrag kam in der Session nicht mehr zur Verhandlung. Gleichzeitig aber war vom Ausschufs des Gesamtverbandes der evangelischen Arbeitervereine eine Petition[5] eingegangen, die allgemeine obligatorische Einführung von Einigungsämtern und Schiedsgerichten und ihre Ausstattung mit einer Art Verhandlungszwang forderte, und an diese knüpfte der Zentrumsabgeordnete Hitze an. Er hob hervor, dafs die Eintragung in die Wählerlisten noch viel zu schwierig sei und dafs — entsprechend jener Eingabe — das Gewerbegericht als Einigungsamt nicht erst bei Anrufung von beiden Seiten, sondern

---

[1] Stenogr. Ber. 1895/97 8. Bd., S. 6149 ff.
[2] Ebenda 1897/98 1. Bd., S. 755.
[3] Ebenda 1897/98 Anl. 3. Bd., S. 1783.
[4] Ebenda 1897/98 Anl. 1. Bd., Nr. 40 S. 369.
[5] Ebenda 1897/98 Anl. 3. Bd., Nr. 200 S. 1782 ff.

bereits in einem früheren Stadium eintreten müſste[1]. Vor allen aber redete dem Ausbau des Einigungsamts der offiziell konservative, in Wirklichkeit mehr christlich-sozial gefärbte Abgeordnete Hüpeden das Wort. Mit Nachdruck und Wärme begründete er die Forderungen: „vor allem ein weiterer Umbau oder Ausbau der Einigungsämter und Schiedsgerichte in der Richtung, daſs sie erstens obligatorisch eingerichtet werden, etwa in Anlehnung an territorial zu errichtende Arbeitsämter, daſs sie zweitens verpflichtet sind, unaufgefordert schon in den ersten Anfangsstadien des Streiks in Aktion zu treten und daſs drittens namentlich auch die streitenden Parteien gezwungen sind, vor dem Einigungsamt zu erscheinen und sich auszusprechen". Freiherr von Stumm schalt freilich die Ausführungen des christlich-sozialen Redners kurzerhand „Gemeinplätze". Der hätte sich zudem selbst widerlegt, da er aus der Statistik nachgewiesen, daſs in zahlreichen Fällen schiedsgerichtlicher Anrufung so gut wie gar nichts herausgekommen sei. Genau dieselben Erfahrungen hätte man auch in England gemacht: in „Kleinigkeiten, bei kleinen Meinungsverschiedenheiten, könnten die Einigungsämter ja hier und da eine nützliche Tätigkeit entfalten; bei groſsen, tiefgehenden Streiks hätte sich noch niemals irgend eine der Parteien um die Mitwirkung des Einigungsamts gekümmert"[2]. Daſs mit diesen Sätzen auch der Freiherr von Stumm „sich selbst widerlegt hatte", schien er nicht zu fühlen; selbst wenn es richtig wäre (was es tatsächlich nicht ist), daſs die Einigungsämter bei allgemeinen, interlokalen Differenzen immer versagt hätten, so blieben doch wohl auch die vom Freiherrn von Stumm zugestandenen Erfolge in „kleinen Meinungsverschiedenheiten" nicht so ganz zu verachten. Immerhin waren die vom Freiherrn von Stumm bekundeten Auffassungen wohl der Anlaſs, daſs die „Volkswirtschaftliche Correspondenz" sich am 12. April 1898 in einem damals viel beachteten feindseligen Artikel gegen die Einigungsämter wandte: es sei Zeit, die Gewerbegerichte rückschrittlich zu reformieren; sonst wüchse der Einfluſs der Sozialdemokratie ins Ungemessene. Diesen Wünschen wurde nun freilich keine Erfüllung; im Gegenteil: die Reform, die dem Gewerbegerichtsgesetz von 1890 dann über ein Kleines doch beschieden ward, knüpfte in mehr als einer Beziehung an die als „Gemeinplätze" gebrandmarkten Gedanken an.

Die oben angezogene Eingabe war dem Reichskanzler „zur Erwägung" überwiesen worden. Im Plenum (am 30. April 1898) war man ohne Debatte an ihr vorübergegangen[3]; in

---

[1] Stenogr. Ber. 1897/98 1. Bd., S. 456.
[2] Ebenda 1897/98 1. Bd., S. 467.
[3] Stenogr. Ber. 1897/98 3. Bd., S. 2070.

der Kommission aber hatte sie zu einer ausführlicheren Erörterung geführt, an der auch ein Regierungsvertreter teilnahm. Die Petition beklagte es als einen Mangel der bisherigen Einrichtungen, dafs sie „meist in einem zu späten Stadium in Funktion träten, und dafs die Beteiligten nicht gezwungen seien, sich auf Unterhandlungen einzulassen. Deshalb sei der Wunsch gerechtfertigt, dafs Einigungsämter errichtet werden und man diesen die staatliche Vollmacht gebe, beide Parteien zum Erscheinen und zur Aussprache zu zwingen. Die Erfahrung lehre, dafs der zweite Schritt zur Verständigung meistens der leichtere sei, nachdem man erst die beiden Teile zur Aussprache bewogen habe“. Ein wenig anders fafste eine Petition des Zentralvorstandes des Gewerkvereins christlicher Bergarbeiter die Aufgabe auf. Die meinte. dafs es „zur Herbeiführung der ersten Aussprache und demnächst zur Beilegung vorhandener Streitigkeiten genüge, wenn die Kompetenz der Gewerbegerichte dahin erweitert würde, dafs sie auch dann als Schiedsämter fungieren müfsten, wenn sie nur von einem Teil der Arbeitgeber oder Arbeitnehmer angerufen würden“. In der Kommission wies der Regierungskommissar darauf hin, dafs bei der Eingabe der evangelischen Arbeitervereine, die auch dem Bundesrat zugegangen sei, die Frage offen bleibe, wie die Durchführung des Zwanges in Fällen gedacht sei, in denen eine Arbeitseinstellung oder Arbeiterentlassung sich auf zahlreiche Personen erstrecke: „Dafs das Einigungsamt alle Beteiligten zwangsweise zur Verhandlung heranziehe, dürfte in solchen Fällen ausgeschlossen sein.“ Die Mitglieder der Kommission selbst waren sich leicht einig, dafs die Wünsche der Petenten sehr berechtigt seien; weniger leicht vermochten sie sich über das Prinzip des Verhandlungszwanges zu verständigen und darüber, ob es zweckmäfsiger sei, neue Schieds- und Einigungsämter zu errichten oder die Gewerbegerichte mit gröfseren Vollmachten auszustatten [1]. Richtiger: überhaupt nicht. So entschied man sich denn — wie gesagt — für den vorläufig bequemsten Ausweg: für eine Überweisung an den Reichskanzler „zur Erwägung“.

Über ein platonisches Anerkenntnis vorhandener Mängel kam man dann auch nicht hinaus, als bei der Beratung der Novelle zum Gerichtsverfassungsgesetz von sozialdemokratischer Seite der Versuch gemacht wurde, der Berufungsinstanz eine andere und — wie man wohl nicht zu Unrecht wähnte — der gewerbegerichtlichen ersten Instanz mehr adäquate Gestalt zu geben. In der ersten Sitzung der Kommission war der sozialdemokratische

---

1) Stenogr. Ber. 1897/98 Anl. 3. Bd., S. 1783.

2 Ein sozialdemokratischer Antrag zu § 71 des Gerichtsverfassungsgesetzes schlug vor:

„Als Berufungsgerichte in den vor den Gewerbegerichten oder Innungsschiedsgerichten verhandelten Streitigkeiten verhandeln und entscheiden

Antrag [2], als Berufungsgerichte in den vor den Gewerbegerichten oder Innungsschiedsgerichten verhandelten Streitigkeiten die Zivilkammern unter Zuziehung eines Arbeitgebers und eines Arbeiters entscheiden zu lassen, mit 9 gegen 6 Stimmen angenommen worden. In der zweiten Lesung jedoch wurde er abgelehnt, und dabei blieb es auch im Plenum; man war der Ansicht, wie der Abgeordnete Trimborn als Berichterstatter die Meinung der Kommission und wohl auch die des Hauses interpretierte, dafs „auch die Ordnung der zweiten Instanz am besten in das Gewerbegerichtsgesetz verlegt werde“ [1]. Das ist dann hinterher doch versäumt worden; im übrigen aber ging man, wie wir gleich sehen werden, beim Ausbau des Gewerbegerichtsgesetzes von Gedanken und Anregungen aus, die schon geraume Weile die Erörterung dieser Probleme in Presse und Parlament, aber auch in der wissenschaftlichen Literatur beherrscht hatten.

Der „neue Reichstag“ — die erste Session der zehnten Legislaturperiode — war kaum eröffnet, als die Sozialdemokraten (am 8. Dezember 1898) mit ihrem Antrag auf Erweiterung der gewerbegerichtlichen Zuständigkeit auf alle Streitigkeiten aus dem Arbeitsverhältnis wiederkamen [2]: er war eine getreue Abschrift des vorher [3] erwähnten Antrages aus dem Dezember 1897. Aber diesmal hatte er mehr Erfolg als im Vorjahre, wo er unerledigt geblieben war. Das Verlangen nach einer Reform trat nun auch in den anderen Parteien lebhafter zutage. Die Nationalliberalen stellten — vornehmlich wohl auf das Betreiben Bassermanns — den Antrag [4]: „die verbündeten Regierungen zu ersuchen, dem Reichstag einen Gesetzentwurf vorzulegen, wonach zur Entscheidung von Streitigkeiten zwischen Prinzipalen einerseits und Handlungsgehilfen und -Lehrlingen andererseits kaufmännische Schiedsgerichte errichtet werden“.

Das Zentrum aber meldete einen Antrag an, der sich mit dem nationalliberalen in der Forderung kaufmännischer Schiedsgerichte berührte; darüber hinaus aber noch unter Ablehnung des sozialdemokratischen Antrages eine weitere Ausdehnung der Gewerbegerichte — die Errichtung von Ge-

die Zivilkammern unter Zuziehung eines Arbeitgebers und eines Arbeiters. Ausgeschlossen sind diejenigen Arbeitgeber und Arbeiter, welche in demselben Rechtsstreit vor dem Gewerbegericht oder Innungsschiedsgerichten als Beisitzer tätig gewesen sind. Die Arbeitgeber und Arbeitnehmer sind da, wo Gewerbegerichte bestehen, aus dem Kreise der Gewerbegerichtsbeisitzer zu nehmen.“

[1] Stenogr. Ber. 1897/98 3. Bd., S. 2093. Ein ähnlicher Antrag war von sozialdemokratischer Seite auch schon 1890 eingebracht worden. S. oben S. 36.

[2] Stenogr. Ber. 1898/1900 1. Anlagen-Bd. S. 182.

[3] S. oben S. 105.

[4] Stenogr. Ber. 1898/1900 1. Anlagen-Bd. S. 276.

werbegerichten sollte als die vom Gesetz gewollte und ausdrücklich vorgeschriebene Regel hingestellt werden, von der gelegentlich zu dispensieren den Landesverwaltungen das Recht zustand —, eine Verbesserung des Wahlverfahrens und der Wählerlisten und für das Gewerbegericht als Einigungsamt das Recht der Initiative anstrebte[1]. Schon am 18. Januar 1899 wurden die drei Anträge zusammen vom Reichtage beraten. Bei der Besprechung spendete der Abgeordnete Zubeil, dem die Begründung des sozialdemokratischen Antrages zugefallen war, dem Gesetz, gegen das seine Partei vor neun Jahren gestimmt hatte, ein volles und rundes Lob. Das hätte bei aller Lückenhaftigkeit ungemein segensreich gewirkt und sich in kurzer Zeit die Sympathien der gesamten Arbeiterschaft erworben; zugleich aber auch die anfängliche Abneigung der Arbeitgeber zum gröfsten Teil überwunden[2]. Aber nun gelte es, wenn das Gesetz recht wirksam werden solle, es auszubauen. In einer ganzen Reihe gewerbfleifsiger Orte, wo grofse Fabrikanlagen sich erhöben und die arbeitende Bevölkerung vorherrsche, sei trotz wiederholter Petitionen mit Tausenden von Unterschriften die Errichtung eines Gewerbegerichts von der Ortsbehörde wie von der Regierung abgelehnt worden[3]. Dagegen gäbe es nur ein

---

[1] Der Zentrumsantrag hatte folgenden Wortlaut:

„Der Reichstag wolle — unter Ablehnung des Antrages Agster und Genossen — beschliefsen: die verbündeten Regierungen zu ersuchen:

1. dem Reichstage tunlichst bald einen Gesetzentwurf vorzulegen, wonach zur Entscheidung von Streitigkeiten zwischen Prinzipalen einerseits und Handlungsgehilfen und -Lehrlingen andererseits kaufmännische Schiedsgerichte errichtet werden.

2. dem Reichstage eine Novelle zu dem Gesetz betreffend die Gewerbegerichte vorzulegen zu dem Zwecke:

a) eine geordnete Aufstellung der Wählerlisten wirksamer zu sichern;

b) die Errichtung von Gewerbegerichten obligatorisch zu machen, soweit nicht die Landesregierung wegen mangelnden Bedürfnisses Ausnahmen gestattet;

c) die Kompetenz der Gewerbegerichte als Einigungsämter dahin zu erweitern, dafs dieselben auch ohne Anrufen der streitenden Parteien für die Beilegung der Streitigkeiten wirken können."

Stenogr. Ber. 1898/1900 1. Anlagen-Bd. S. 581.

[2] Ebenda 1898/1900 1. Bd., S. 265.

[3] Der Abgeordnete Zubeil nannte als solche Orte Rixdorf, Wilmersdorf, Rummelsburg b. Berlin, Luckenwalde, Potsdam; ferner Köthen, Pillnitz, Meiningen, Ilmenau, Rudolstadt, Tilsit, Guben, Bernburg, St. Johann, Ruhrort, Hildesheim, Oberhausen, Hamm, Oberrad. Nach einer Zusammenstellung der Zeitschrift „Das Gewerbegericht" (Jahrgang 1 Nr. 1, auch als Anlage des Kommissionsberichts S. 2014 abgedruckt) hatten Anfang 1896 alle Gemeinden mit 50000 Einwohnern und mehr Gewerbegerichte (ausgenommen Rixdorf, Münster und Darmstadt). Von den Gemeinden mit 25000 bis 50000 Einwohnern hatten 46 ein Gewerbegericht; dagegen folgende keines: Tilsit, Guben, Lichtenberg, Neu-Weifsensee, Stralsund, Stargard, Königshütte, Witten, Hamm, Altendorf, Oberhausen, Rheydt, Meidrich, Neufse in Preufsen; Regensburg, Bayreuth, Hof in Bayern; Freiberg im Königreich Sachsen; Rostock, Schwerin, Altenburg, Bernburg in den übrigen

Mittel: obligatorische Gewerbegerichte! Die Beratung der drei Anträge nahm zwei „Schwerinstage“ in Anspruch und drehte sich in der Hauptsache darum, ob die Gewerbegerichte ihre Aufgaben bisher zur Zufriedenheit erfüllt hätten und ob es zweckmäfsig sei, sie weiter auszubauen. Im allgemeinen war man sich einig — darin hatte der Abgeordnete Zubeil nur die communis opinio ausgesprochen — dafs die Gewerbegerichte segensreich gewirkt und die Billigung beider Parteien, der Arbeitgeber wie der Arbeitnehmer, gefunden hätten. Nur von rechtsher klangen ein paar schrille Töne in die Harmonie. Noch stand immerhin der Freiherr von Stumm auf der Höhe seiner Macht — es war die Zeit, da man in den Reichsämtern sich um die Ausarbeitung des Gesetzentwurfs „zum Schutz des gewerblichen Arbeitsverhältnisses“, der sogenannten „Zuchthausvorlage“ bemühte — und das Urteil des immer einseitiger und herrischer gewordenen Mannes konnte über eine Institution, die Unternehmer und Arbeiter mit gleichen Rechten zu gemeinsamem Wirken zusammenführte, natürlich nach wie vor nur abfällig lauten. Die Popularität des Gesetzes, so hub Herr v. Stumm an, sei nicht grofs, die Ansichten über den Segen der Gewerbegerichte sehr geteilt: „ich für meine Person nehme sogar keinen Anstand zu bekennen, dafs ich im grofsen ganzen mit einigen Ausnahmen diese Frage verneine“ [1]. Und nun folgte eine ganz sonderbare Begründung. Den einzigen Erfolg hätte überhaupt die Sozialdemokratie gehabt. Die Aufregung der Massen bei den Wahlen zum Gewerbegericht, die Verleihung obrigkeitlicher Befugnisse an Sozialdemokraten als Gewerberichter — das hätte in den meisten Städten, wenn auch nicht in allen, zu einer Stärkung der Sozialdemokratie und Förderung ihrer Bestrebungen geführt. Es sei auch ein Unding, dafs ein Arbeitgeber, der 5000 Arbeiter beschäftige, blofs eine Stimme hätte; genau so, wie der Handwerker, der kaum zehn Gesellen beschäftige. Kurz — nur unter einer Bedingung wäre er für die obligatorischen Gewerbegerichte zu haben: wenn man gleichzeitig die allgemeine, geheime Wahl beseitigte. Aber einem Gesetz, das lediglich „der Autorität und Machtvollkommenheit der Sozialdemokratie Vorschub leiste“, könnten er und seine Freunde nicht zustimmen. Ähnlich, wenn auch nicht ganz so schroff, klang es aus dem deutsch-konservativen Flügel herüber. Sein Sprecher, der

Bundesstaaten; Kolmar in Elsafs-Lothringen. Von den Gemeinden mit 20000 bis 25000 Einwohnern hatten 27 ein Gewerbegericht. Die folgenden keines: Greifswald, Gnesen, Oppeln, Glogau, Ratibor, Aschersleben, Eisleben, Quedlinburg, Naumburg, Stendal, Herford, Recklinghausen, Düren, Viersen, Neunkirchen, Wesel, Altenessen in Preufsen; Ingolstadt, Amberg in Bayern; Reichenbach und Crimmitschau im Königreich Sachsen; endlich Köthen.

[1] Stenogr. Ber. 1. Bd., S. 272 und 275.

Abgeordnete Jacobskötter, gab zwar zu, daſs die Gewerbegerichte unter Umständen segensreich wirken könnten; aber — fügte er mit Bedeutung hinzu — „wo sie hingehören“ [1]. Und die Herzensmeinung war doch wohl die, daſs sie in der Regel nicht hingehörten. Das ging schon aus dem überschwenglichen Lob der Innungsschiedsgerichte hervor, die die Berufung in allen Fällen zulieſsen und die Gewähr gäben, daſs niemand von ihnen (wie von den Gewerbegerichten) vergewaltigt würde [2]. Das bewies auch die oberflächliche, den Kern der Dinge nicht einmal streifende Art, mit der Herr Jacobskötter dem Freiherrn v. Stumm nachsprach, daſs die Gewerbegerichte „wesentlich im Interesse der Arbeiter seien“; was in diesem Zusammenhang soviel heiſsen sollte als: die Gewerbegerichte sind ein Machtmittel mehr in der Hand des klassenbewuſst nach Einfluſs drängenden Arbeiterstandes. Immerhin sagte der konservative Redner bei einer Reform des geltenden Gewerbegerichtsgesetzes, sofern sie sich im Rahmen der Anregungen des Zentrums halte, die Mitwirkung seiner Partei zu. Für die sozialdemokratischen Anträge ganz und ohne Einschränkung mochte sich natürlich auch keine Partei einlegen. An der Ausdehnung der Zuständigkeit auf die land- und forstwirtschaftlichen Arbeiter und das Gesinde; an dem passiven Wahlrecht der Frauen, der Heraufsetzung der Altersgrenze für das aktive Wahlrecht auf 20 Jahre und der Einführung obligatorischer Gewerbegerichte unterschiedslos für alle Orte nahm selbst die freisinnige Volkspartei — zum Teil mit recht beachtenswerten Gründen [3] — Anstoſs. Aber mit ein paar Überschwenglichkeiten links und ein paar starren Einseitigkeiten auf der Rechten stimmte das ganze Haus doch in dem Preise der Institution überein. „Sie haben günstig gewirkt,“ erklärte der Abgeordnete Bassermann von den Gewerbegerichten, „vorzugsweise durch die schnelle Rechtsprechung und das billige Verfahren; sie haben segensreich gewirkt, weil es in diesen Gewerbegerichten möglich ist, die Standesanschauungen in ganz anderer Weise zu berück-

[1] Stenogr. Ber. 1. Sess. 1898/1900 1. Bd., S. 433 und 434.

[2] Jacobskötter übersah, daſs die Innungsschiedsgerichte weder Zeugen noch Sachverständige eidlich vernehmen durften; daſs in ihnen auch parteiische Interessenten — eben die Handwerksmeister — den Vorsitz führen durften u. a. m.

[3] Der Abg. Fischbeck führte m. E. sehr zutreffend aus, daſs den land- und forstwirtschaftlichen Arbeitern durch Gewerbegerichte kaum ein nützliches Geschenk gemacht werden würde. Zumal im Osten würden trotz des geheimen Wahlrechts einfach diejenigen in die Gewerbegerichte gewählt werden, die die Gutsbesitzer haben wollen und die Arbeitervertreter würden in den Gewerbegerichtssitzungen so stimmen müssen, wie es die Herren haben wollen. Aus solchen Gewerbegerichten würde für die ländlichen Arbeiter eine viel weniger gute Rechtsprechung herauskommen als heute bei den ordentlichen Gerichten. Stenogr. Ber. 1. Sess. 1898/1900, 1. Bd., S. 435.

sichtigen als es in der Regel dem ordentlichen Richter gelingt, und sie haben durch die Beteiligung der Berufsgenossen, Arbeiter und Arbeitgeber, bei der Rechtsprechung das Vertrauen in die Rechtspflege erhöht" [1]. Sehr wirkam ward dies allgemeine Urteil von einem Arbeitgeber — dem Abgeordneten Richard Roesicke — durch Mitteilungen aus der gewerbegerichtlichen Praxis ergänzt. Wie die Gewerbegerichte vielfach erst die Unternehmer dazu erzogen hätten, sich aus der Gewerbe-, ja selbst aus der eigenen Arbeitsordnung über die Rechte der Arbeiter zu informieren und wie schon dadurch eine ganze Reihe von Streitigkeiten in Fortfall gekommen wäre; wie es ferner erst mit Hilfe sachverständiger Beisitzer gelungen sei, in die Praktiken jener Bauschwindler hineinzuleuchten, die grundsätzlich darauf ausgingen, aus den Löhnen, die sie den Arbeitern vorenthielten, Nutzen zu ziehen, und ähnliches mehr. Schliefslich wurden dann der nationalliberale Antrag und die Ziffer 1 des Zentrumsantrags, die — zunächst auch ganz unverbindlich und ohne das Detail zu regeln — sich für die Errichtung kaufmännischer Schiedsgerichte einlegten, mit grofser Mehrheit, wenn nicht einstimmig angenommen; obschon der Staatssekretär des Reichsjustizamts trotz eines gewissen Entgegenkommens in der Form tatsächlich doch erklärt hatte, dafs bei den verbündeten Regierungen die Frage noch nicht einmal grundsätzlich entschieden wurde, ob denn nun kaufmännische Schiedsgerichte überhaupt eingeführt werden sollten oder nicht. Die Ziffer 2 des Zentrumsantrags aber verwies man an eine Kommission von 14 Mitgliedern; der sozialdemokratische Antrag ward abgelehnt. Diese Kommission (die siebente Kommission) hat insgesamt fünf Sitzungen und zwei Lesungen abgehalten; als Vertreter der verbündeten Regierungen, die an den Debatten im Plenum keinen Anteil genommen hatten, wohnten ihnen der sächsische Ministerialdirektor Fischer, der württembergische Ministerialdirektor v. Schicker und der damalige Geheime Oberregierungsrat Wilhelmi aus dem Reichsamt des Innern bei. Gar zu intensiv wird man sich übrigens die Mitarbeit der Regierungskommissare nicht zu denken haben. Der Abgeordnete Trimborn hat selbst später einmal geklagt, es sei ja wohl zumeist ein Vertreter der verbündeten Regierungen anwesend gewesen; mitunter auch zwei; vom Geheimrat Wilhelmi seien auch allerlei dankenswerte Äufserungen erfolgt; aber in der Weise, wie man das sonst an ihnen gewohnt sei, hätten sie sich nicht an der Diskussion beteiligt [2]. Die ursprüngliche Resolution des Zentrums war mittlerweile von den Antrag-

---

[1] Stenogr. Ber. 1. Sess. 1898/1900 1. Bd., S. 437.
[2] Ebenda 1900/3 1. Bd., S. 627.

stellern durch einen vollständigen Gesetzentwurf[1] ersetzt worden. Der hatte wie jener Antrag drei Ziele: er sollte die Ausbreitung der Gewerbegerichte fördern; zur Aufstellung der Wahllisten die Gemeindebehörden verpflichten, ohne dafs es wie bisher dazu der Anträge der Beteiligten bedürfte und schliefslich den Vorsitzenden des Gewerbegerichts mit gröfseren Gerechtsamen zum Eingreifen in den Streit wirtschaftlicher Parteien ausstatten. Um diese drei Punkte, zu denen noch aus der Mitte der Kommission die Anregung kam, die sachliche Zuständigkeit der Gewerbegerichte zu erweitern, drehte sich vornehmlich die Unterhaltung. Auch in der siebenten Kommission — das betont der vom Abg. Trimborn sorgfältig und anschaulich erstattete Kommissionsbericht ausdrücklich — war die grosse Mehrheit in der allgemeinen Wertschätzung der Gewerbegerichte durchaus einig. Freilich — sobald es sich darum handelte, aus dieser allgemeinen Wert-

---

[1] Dieser „Entwurf eines Gesetzes, betreffend Abänderung des Gesetzes vom 29. Juli 1890 über die Gewerbegerichte" hatte folgenden Wortlaut:

Artikel 1.

Dem § 1 des Gesetzes vom 29. Juli 1890 wird als letzter Absatz die folgende Vorschrift hinzugefügt:

„In Stadtgemeinden mit mehr als 20000 Einwohnern mufs die Errichtung eines Gewerbegerichts von der Landeszentralbehörde auf Antrag beteiligter Arbeitgeber oder Arbeiter angeordnet werden."

Artikel 2.

In § 13 des Gesetzes wird als Absatz 5 folgende Bestimmung hinzugefügt:

„Die Gemeindebehörde hat auf Antrag des Gewerbegerichts eine Liste der Wahlberechtigten aufzustellen. Die im Bezirke des Gewerbegerichts bestehenden Krankenkassen sind verpflichtet, der Gemeindebehörde zum Zweck der Anfertigung der Wählerliste eine Abschrift ihrer Mitgliederverzeichnisse einzureichen und die erforderlichen Auskünfte zu geben. Die Liste ist spätestens vier Wochen vor dem zur Wahl bestimmten Tage zu jedermanns Einsicht auszulegen und ist dies zuvor öffentlich bekannt zu machen. Wer bis zur Wahl seine Wahlberechtigung nachweist, ist nachträglich in die Wählerliste einzutragen.

Artikel 3.

Nach § 62 des Gesetzes wird die folgende neue Bestimmung eingeschoben:

§ 62a.

„Erfolgt die Anrufung nur vonseiten einer Partei, so hat der Vorsitzende hiervon einer oder mehreren der ihm als Vertrauensmänner der anderen Partei bekannten Personen Kenntnis zu geben und zugleich nach Möglichkeit dahin zu wirken, dafs auch die andere Partei sich zur Anrufung des Einigungsamts bereit findet. —

Auch in anderen Fällen soll der Vorsitzende bei Streitigkeiten der in § 61 bezeichneten Art auf die Anrufung des Einigungsamts hinzuwirken suchen und dieselbe den Parteien bei geeigneter Veranlassung nahe legen. Der Vorsitzende ist befugt, an den Streitigkeiten beteiligte Personen vorzuladen und zu vernehmen. Er kann hierbei für den Fall des Nichterscheinens eine Geldstrafe bis zu einhundert Mark androhen. Gegen die Festsetzung der Strafe findet Beschwerde nach den Bestimmungen der C.P.O. statt." (Nr. 1 der Drucksachen der Kommission. Stenogr. Ber. 1898/1900 3. Anlagen-Bd., S. 1999 ff.)

schätzung praktische Konsequenzen zu ziehen, ergaben sich doch mancherlei Meinungsverschiedenheiten. Die Sozialdemokraten erneuerten ihren Antrag, die Gewerbegerichte allenthalben einzuführen: das ward mit allen gegen zwei Stimmen abgelehnt. Ein anderer schlug vor, beim Vorhandensein von 4000 gewerblichen Arbeitern an einem Ort die Errichtung vorzuschreiben; wieder andere, statt — wie der Zentrumsantrag es wollte — 20000 Einwohner 15000 Einwohner als die Mindestgrenze zu setzen, von der ab in Gemeinden — nicht nur in Stadtgemeinden[1] — Gewerbegerichte obligatorisch sein sollten. Auch diese Anregungen wurden später abgelehnt, und es blieb bei dem ursprünglichen Vorschlag, der dann auch in der zweiten Lesung gebilligt wurde. Allerdings war das in gewissem Sinne eine mechanische Lösung; aber man sagte sich eben, dafs es sich immerhin noch am meisten empfehle, die obligatorische Einführung von einer gewissen Höhe der Einwohnerzahl abhängig zu machen. Und die Zahl von 20000 Einwohnern schien im grofsen Ganzen doch richtig gegriffen; in solchen Gemeinden — so nahm man an — würde regelmäfsig so viel Gewerbe und Industrie vorhanden sein, dafs sich ein Gewerbegericht als lebensfähig erwiese[2]. Einen leisen Druck aber auf Gemeinden und Landeszentralbehörden auszuüben, hielt man allein schon um deswillen geboten, weil in vielen Gemeinden und Bezirken Elemente herrschten, denen die Gewerbegerichte unter anderem schon deshalb unsympathisch waren, weil sie auf dem Grundgedanken der sozialen Gleichberechtigung von Arbeitgeber und Arbeiter ruhten[3]. Auch über die Ausdehnung der Zuständigkeit kam man bald überein. Wieder meldete sich die Sozialdemokratie mit ihrem im Plenum unterlegenen Antrag, alle im Bergbau, in der Land-, Forstwirtschaft und Fischerei, im Handel und Verkehr oder als Gesinde beschäftigten Personen der Jurisdiktion der Gewerbegerichte zu unterwerfen. Aber auch diesmal hatte sie kein Glück. Was die Bergarbeiter betraf, so verwies man sie auf die im Gesetz von 1890 vorgesehenen besonderen Berggewerbegerichte. Das Ersuchen wegen der kaufmännischen Angestellten schien durch die Annahme der Resolution Bassermann[4] erledigt; in bezug auf die Verhältnisse von Land- und Forstwirtschaft aber wiederholte man die bereits im Plenum vorgebrachten Argumente. Man kann sich freilich kaum der

---

[1] In dem Vorschlage des Zentrums wurde das Wort „Stadtgemeinden“ in „Gemeinden“ umgewandelt, nachdem von verschiedenen Seiten darauf aufmerksam gemacht worden war, dafs Gewerbebetriebe und Industrie sich durchaus nicht immer in der Stadt konzentrierten. Z. B. die Vororte der grofsen Städte! 1898/1900 3. Anlagen-Bd., S. 2002.

[2] 3. Anlagen-Bd., S. 2002.

[3] Ebenda 1898/1900, S. 2001.

[4] S. oben S. 113.

Empfindung erwehren — zumal, wenn man späterer Plenarverhandlungen gedenkt —, daſs diese Dinge doch ein wenig zu leicht genommen wurden. Daſs die ländlichen Verhältnisse für die Sondergerichtsbarkeit noch nicht reif wurden, darf — wie wir oben gesehen haben — zugegeben werden, wennschon es vielleicht mehr ist als eine „Kuriosität“, was v. Schulz[1] aus den Akten des Berliner Gewerbegerichts anführt: daſs diesem wiederholt Zuschriften aus dem ganzen deutschen Vaterlande zugingen, in denen Landarbeiter um Beistand gegen Übergriffe und Vertragsverletzungen ihrer Arbeitgeber ersuchten. Aber daſs man die Beschwerden der Dienstboten mit einer einfachen Handbewegung von der Schwelle des Gewerbegerichts wies — weil es „für sie an der speziellen reichsrechtlichen Regelung des Dienstverhältnisses fehle, wie sie für die Industrie in der Gewerbeordnung vorläge“[2] — das dünkt uns doch einigermaſsen oberflächlich. Der Kommissionsbericht[3] selbst erzählt an der Hand der Jahresberichte von Köln, Solingen und Mainz, wie sich die Dienstboten fast regelmäſsig an sie um Schutz in Lohnstreitigkeiten wendeten, und wie zum Beispiel das Mainzer Gewerbegericht trotz seiner Unzuständigkeit die streitenden Teile vorzuladen und einen Ausgleich zu versuchen pflege. Ganz ohne Eindruck scheinen diese Vorstellungen auch nicht geblieben zu sein. Aber bei der Abstimmung wurde die beantragte Kompetenzerweiterung auf das Gesindeverhältnis doch mit allen gegen zwei Stimmen abgelehnt. Vielleicht geschah es auch schon darum, weil — wie der Bericht lakonisch meldet — „ein Vertreter der verbündeten Regierungen dem erörterten Antrage auf Ausdehnung der Zuständigkeit in allen Teilen widersprach“[4]. Auch ein Versuch, die Zuständigkeit der Innungsschiedsgerichte einzuschränken, die durch die Zwangsinnungen den Gewerbegerichten immer gefährlicher wurden und sie nachgerade zu bedeutungslosen Fabrikgerichten herabzudrücken drohten[5], miſsglückte; selbst ein bescheidener, die Gerechtsame der Innungsschiedsgerichte immerhin wahrender Antrag[6] wurde abgelehnt, und nur die sachliche Zuständigkeit gelang es ein wenig zu erweitern. Freilich vorerst nur ein wenig. Eine bei der zweiten Lesung von sozialdemokratischer

---

[1] In Brauns Archiv Bd. 14, S. 182.
[2] 3. Anlagen-Bd., S. 2003.
[3] Ebenda.
[4] Ebenda, S. 2004.
[5] v. Schulz a. a. O., S. 189.
[6] Der Antrag (Nr. 12 der Drucksachen) lautete: In § 13 des geltenden Gesetzes den Absatz 3 zu streichen und dafür zu setzen: „In Gemeinden, für welche ein Gewerbegericht besteht, dürfen Innungsschiedsgerichte in Gemäſsheit der §§ 97a, 100d der G.O. nicht errichtet werden. Besteht ein Innungsschiedsgericht, so ist dasselbe, wenn ein Gewerbegericht errichtet wird, aufzuheben.“

Seite ausgesprochene Anregung, die Gewerbegerichte künftig auch über die Ansprüche der Arbeiter auf Herausgabe aus Anlafs des Arbeitsverhältnisses übergebener Gerätschaften, Kleidungsstücke sowie über die Entschädigungsansprüche wegen verweigerter oder verzögerter Aushändigung dieser Sachen entscheiden zu lassen, stiefs auf Widerspruch. Desgleichen das Bemühen, die gewerbliche Kompetenz auf Entschädigungsklagen aus dem Wohnungs- und Mietsverhältnis auszudehnen, soweit es sich um Wohnungen handelte, die von den Arbeitgebern an ihre Arbeiter vermietet werden. Weiter zu gehen, als sie in der ersten Lesung schon gegangen war, konnte die Kommission sich nicht entschliefsen. In der aber hatte man sich dafür entschieden, die Zuständigkeit des Gewerbegerichts lediglich auf die Entschädigungsansprüche aus gesetzwidrigen Eintragungen in Arbeitsbücher, Zeugnisse, Krankenkassenbücher und Quittungskarten der Invaliditäts- und Altersversicherungsanstalten, sowie wegen widerrechtlicher Vorenthaltung dieser Papiere auszudehnen. Das war auch nicht viel mehr, als was auch bisher schon hier und da, wenn auch nicht Rechtens, so doch tatsächliche Übung war.

Aus dem Zwiespalt, dafs es nach dem Wortlaut des Gesetzes zwar zur Ausstellung eines richtigen Zeugnisses verurteilen, nicht aber über den Schaden entscheiden konnte, der aus der Ausstellung eines falschen Zeugnisses entstand, hatte das Berliner Gewerbegericht und mit ihm das Münchener [1] den Ausweg gesucht, dafs es nach der ratio legis in solchen Fällen fast stets seine Zuständigkeit annahm. Diese Praxis des Münchener und Berliner Gewerbegerichts ward also jetzt ausdrücklich durch das Gesetz bestätigt. Im übrigen aber ging man wohl auch in diesem Stück nicht allzu tief in die Materie hinein. Summarisch erzählt der Kommissionsbericht von den Auffassungen der Mehrheit über den sozialdemokratischen Antrag [2]:

> „Sie war der Ansicht, dafs viele der in dem Antrag speziell aufgeführten Streitfälle schon nach dem bestehenden Gesetze der Rechtsprechung des Gewerbegerichts unterliegen (vgl. § 3 Nr. 1 und 2). Soweit die bisherige Praxis ein Bedürfnis näherer Präzisierung ergeben habe, sei demselben durch den Beschlufs erster Lesung Rechnung getragen. Wollte man zu einem so weit gehenden Einbruch in die amtsgerichtliche Zuständigkeit übergehen, wie dies jetzt vorgeschlagen werde und sogar Mietsstreitigkeiten an die Gewerbegerichte verweisen, so verlören dieselben den

---

[1] Dafs die Aushändigung des Zeugnisses und des Arbeitsbuches nicht als eine „Leistung aus dem Arbeitsverhältnis“ zu erachten ist, hat v. Schulz a. a. O., S. 156 ff., nachgewiesen.

[2] 3. Anlagen-Bd. 1898/1900, S. 2005.

Charakter von Sondergerichten und stellten, da sie auf bestimmten Rechtsgebieten mit den ordentlichen Gerichten in Konkurrenz träten, geradezu die Einheitlichkeit der Rechtsprechung in Frage."

Wie die Dinge aber in Wahrheit lagen, ist bei v. Schulz in dem schon wiederholt angezogenen Aufsatz nachzulesen. Er berichtet aus der Praxis des Berliner Gerichts[1]:

„Wir verzeichnen in Berlin nach unseren Verwaltungsberichten jährlich 3—400 Prozesse, in denen es sich allein um Gerätschaften, Kleidungsstücke, Handwerkszeug und dergleichen handelt. Hierzu kommen dann noch eine grofse Anzahl von Prozessen, durch welche in der Hauptsache andere Ansprüche verfolgt, in Verbindung damit aber auch das Handwerkszeug, die Kleidungsstücke usw. verlangt werden. Wenn wir hier gegen unser Gefühl dem Gesetz gehorchend abweisen müssen, haben die Kläger uns oft verzweifelnd gefragt, was sie denn nun anfangen sollten, da sie ohne Handwerkszeug usw. nirgends Arbeit erhielten. Es sind uns ferner Bescheinigungen von Arbeitgebern vorgelegt worden, in denen den klagenden Arbeitern bestätigt wurde, dafs sie, wenn sie im Besitz von Arbeitszeug usw. gewesen wären, zur Arbeit eingestellt sein würden.... Ein Arbeiter ohne Handwerkszeug usw. ist hilflos und kann, wenn ihm nicht durch schnelle Justiz der Gewerbegerichte entgegengekommen wird, sehr leicht zu Grunde gehen. Will man, wie der Bericht der 7. Kommission bemerkt, die Einheitlichkeit der Rechtsprechung wahren, so sollte man gerade die von uns genannten Rechtsstreitigkeiten den Gewerbegerichten zur Entscheidung überweisen . . ."

Das tat, wie wir gesehen haben, die 7. Kommission nicht. Das bedeutsamste, was sie neben der obligatorischen Einführung der Gewerbegerichte für alle Städte mit mehr als 20000 Einwohnern beschlofs, war eine zeitgemäfse Neuregelung des Wahlverfahrens. Schon bei der ersten Lesung der Anträge im Plenum hatte der Abgeordnete Trimborn[2] zutreffend geschildert, wie lästig und weitläufig der bisherige Modus sei und wie namentlich der Umstand, dafs die Eintragung in die Wählerliste in der Regel erst auf Grund einer Legitimation bewirkt würde, die nach vielen Statuten (z. B. nach dem Berliner) der Arbeiter sich erst vom Unternehmer ausstellen lassen müsse, von der Arbeiterschaft peinlich und wie eine Zurücksetzung empfunden würde. Die sage sich eben: wenn die Vorbereitungen bei allen anderen Wahlen von Amtswegen veranstaltet werden könnten, warum nicht auch hier, wo es sich um Arbeiterangelegenheiten handele? Ganz freilich hatte

---

[1] a. a. O., S. 180.
[2] Stenogr. Ber. 1898/1900 1. Bd., S. 270.

Herr Trimborn damit die Schwierigkeiten des bisherigen Verfahrens noch nicht erschöpft. Anschaulich sind die von v. Schulz[1] in seinem schon wiederholt angezogenen Aufsatz beschrieben worden: wie beispielsweise der Berliner Arbeitgeberbeisitzerverband bei den Wahlen von 1898 ca. 60000 Briefe versandte, die zunächst nur die Aufforderung enthielten, die Anmeldung zur Wahlliste zu bewirken; wie darauf insgesamt vielleicht 12000 Anmeldungen eingingen, von denen dann noch eine ganze Anzahl ungültig war. Wie aber auch die Arbeitnehmer mühselig und kostspielig ihre Wählerschaft zusammenbringen mufsten. Eine und eine halbe Million Flugblätter seien von den Berliner Arbeitern bei der 98er Wahl verteilt worden. Das erste zur vorläufigen Orientierung mit einer allgemeinen Schilderung der Gewerbegerichtswahlen und der Notwendigkeit einer Beteiligung an ihnen. Nach einer Weile dann das zweite mit der Aufforderung zur Eintragung in die Wählerlisten; schliefslich nach einer abermaligen Pause ein drittes mit der Angabe von Zeit und Ort der Wahl. Überdies seien mehrfach die Kandidatenlisten und die Bezirke, in denen zu wählen war, im sozialdemokratischen „Vorwärts“ bekannt gegeben worden. Die Feststellung der Kandidaten obliege bei den Arbeitnehmern den Gewerkschaften; bei den Arbeitgebern erfolge sie in den vom Arbeitgeberverband einberufenen Versammlungen; die Einsammlung der Anmeldungen zur Wahlliste besorgten bei den Arbeitnehmern viele Hände, während den Arbeitgebern für diese Tätigkeit nur wenige Personen zur Verfügung ständen: also alles in allem gewifs eine unendlich mühselige Prozedur. Und doch lagen die Hauptbedenken gegen das bisherige Verfahren auf psychologischem Gebiet. Mit Recht hat man in der Kommission auf den Einwand, dafs die Einführung von Wählerlisten wohl nicht überall erforderlich sei und dafs sie, wo es unbedingt vonnöten wäre, schon durch Ortsstatut vorgeschrieben werden könnte, erwidert: der Schwerpunkt des Antrages liege weniger in der Einführung von Wählerlisten als darin, dafs der Wähler von Amts wegen in sie eingetragen würde, ohne eine besondere Bescheinigung über seine Wahlberechtigung beibringen zu müssen[2]: „Es würde in den Kreisen der Arbeiter als eine Zurücksetzung empfunden, dafs für die ihren Interessen dienenden Wahlen nicht die gleichen Vorarbeiten geleistet würden wie bei den sonstigen Wahlen, bei denen die Behörden von Gesetzes wegen verpflichtet seien, selber die Wahlberechtigten zu ermitteln und auf Grund dieser Ermittlung Wahllisten offen zu legen“. Und diese Erwägung schlug schliefslich durch, obschon einer der Regierungsvertreter in beiden Lesungen — freilich nur als seine persönliche An-

---

[1] v. Schulz a. a. O. S. 61.
[2] 3. Anlagen-Bd., S. 2009.

sicht — ausführte, es scheine sehr zweifelhaft, ob die Gemeinden überhaupt in der Lage sein würden, eine Liste der zu den Gewerbegerichten aktiv Wahlberechtigten auszustellen, ohne dafs diese durch schriftliche oder mündliche Anmeldung in irgend einer Weise mitwirkten[1]. Zumal die Listen der Krankenkassen würden kaum ausreichen, um eine Aufstellung der Wahlberechtigten zu erhalten, da in ihnen auch vielfach Personen geführt würden, denen die Berechtigung an den Gewerbegerichtswahlen teilzunehmen keineswegs zustünde. Aber man kehrte sich nicht an diese und andere Einwände und verfügte[2]: „Die Gemeindebehörde hat eine Liste der Wahlberechtigten aufzustellen. Polizeibehörden und Krankenkassen sind verpflichtet, der Gemeindebehörde auf Verlangen die für die Aufstellung der Wählerliste für Arbeitgeber und Arbeitnehmer erforderlichen Auskünfte zu geben, insbesondere Einsicht der Mitgliederverzeichnisse bezw. der Gewerbeanzeigen zu gewähren. Die Liste ist während vier Wochen vor dem zur Wahl bestimmten Tage zu jedermanns Einsicht auszulegen und ist dies zuvor öffentlich bekannt zu machen." Damit war einem erheblichen Fortschritt die Bahn geebnet, und nun kam man an den Punkt, der späterhin die Gemüter noch leidenschaftlich bewegen sollte: zu der Einführung des Verhandlungszwanges in das einigungsamtliche Verfahren. Ohne wesentlichen Widerstand hatte man durchgesetzt, dafs die Gewerbegerichte künftighin auch dann in Aktion treten müfsten, wenn sie nur von einem Teil angerufen würden, und dafs sie darüber hinaus auch ohne jede Anrufung aus eigener Initiative eingreifen sollten: das hatte man nur als eine authentische Interpretation[3] des geltenden Gesetzes angesehen, die sich zudem mit dem § 71 des vom preufsischen Handelsministerium herausgegebenen Normalstatuts für Gewerbegerichte vollständig decke. Um so heftigere Gegnerschaft entbrannte dem Verhandlungszwang, mit dem man schon im Vorjahr in der Petitionskommission[4] nichts Rechtes anzufangen gewufst hatte: „Es sei doch unzulässig, dafs sich der Staat in wirtschaftliche

---

[1] 3. Anlagen-Bd., S. 2010.

[2] Ebenda, S. 2018.

[3] 3. Anlagen-Bd., S. 2012. Vgl. auch den Kommentar von Wilhelmi und Fürst, S. 255 Anm. 2. Auch der Abg. Bassermann hatte bereits in der Reichstagssitzung vom 25. Januar 1899 ausgeführt, dafs die Auffassung, nach welcher das Einigungsamt nur dann eintreten kann, wenn es von beiden Teilen angerufen wird, unzutreffend sei. Fakultativ könne auch schon auf Veranlassung einer Partei oder aus der eigenen Initiative des Vorsitzenden die Vermittlung versucht werden. — Das Berliner Gewerbegericht hat, nachdem es eine Zeitlang eine abwartende Stellung eingenommen, stets aus eigenster Initiative heraus bei Streiks interveniert, cf. v. Schulz a. a. O., S. 171. In Berlin sollen übrigens Arbeitnehmer wie Arbeitgeber der Einladung des Gewerbegerichts zu vorläufigen Besprechungen der Streiks bereitwilligst Folge geleistet und die erforderliche Auskunft erteilt haben (ebenda).

[4] S. oben S. 108.

Streitigkeiten einmische, in die persönliche und wirtschaftliche Freiheit eingreife und unter Androhung von Geldstrafen die eine der beiden Parteien zum Erscheinen und zur Aussprache zwinge. Dieser Zwang würde nur noch mehr Verstimmung hervorrufen; überdies sei es noch sehr fraglich, ob gerade die Androhung der Geldstrafe die geladene Partei veranlassen werde, nun auch wirklich zu kommen.“ Diesen Verfechtern des engherzigsten Individualismus wurde erwidert: „Bei Streiks, bei denen oft Tausende von Arbeitern, zahlreiche Arbeitgeber beteiligt seien und vielfach weitere Kreise der Bevölkerung in Mitleidenschaft gezogen würden, ständen nicht nur Privatinteressen, sondern in hervorragendem Maſse auch das öffentliche Wohl in Frage. Man könne durchweg jeden Streik als eine öffentliche Kalamität bezeichnen. Von diesem Standpunkt aus erscheine es grundsätzlich gewiſs gerechtfertigt, die Aktionsfähigkeit und die Autorität des Einigungsamtes dadurch zu fördern, daſs es mit der Befugnis zur zwangsweisen Vorladung ausgestattet werde[1].“ Ganz präzis und zweifelsfrei ward allerdings auch diese Frage nicht geordnet; die Fassung des Gesetzentwurfes schien nur die Vorvernehmungen im Auge zu haben; der Bericht der Kommission aber dachte offenbar an die Hauptverhandlungen. Immerhin — dem Verhandlungszwang war damit eine Gasse gebrochen und ein Prinzip zur Anerkennung gebracht, das unsere Gewerbegerichte wohl ohne Ausnahme für richtig hielten[2].

Was sonst von der Kommission geordnet wurde, war nicht eben belangreich. Die Versuche, das Alter der aktiven und passiven Wahlfähigkeit herabzusetzen, scheiterten wie im Plenum, und ebenso ward dem jetzt lediglich auf die Forderung des aktiven Wahlrechts für die Frauen beschränkten Antrag der Sozialdemokraten von neuem ein volltönendes „principiis obsta“[3] entgegengesetzt. Auch das Bestreben, der unlauteren Praktik mancher Arbeitgeber, durch Schiedsvertrag in der Arbeitsordnung die gewerbegerichtliche Zuständigkeit auszuschlieſsen, einen Riegel vorzuschieben, fand in der Kommission keine rechte Würdigung. Man hat, wenn man in Trimborns Bericht[4] die Erwägungen liest, die in beiden Lesungen zur Ablehnung dieser Anregungen führten, unwillkürlich den Eindruck, als ob auch hier wieder formalistische Bedenken über die sozialpolitische Mission des Gesetzes den Sieg davon getragen hätten. Angemerkt zu werden verdient noch, daſs auch in der 7. Kommission schon die Frage der Einführung des Proportionalwahlsystems gestreift wurde[5].

---

[1] 3. Anlagen-Bd., S. 2012.
[2] v. Schulz a. a. O., S. 173.
[3] 3. Anlagen-Bd., S. 2008.
[4] Ebenda, S. 2006.
[5] Ebenda, S. 2011.

Man beklagte es als einen Übelstand, dafs die zufällige, oft geringe Mehrheit der Abstimmenden mit einem Schlage über alle Mandate verfüge. Vielleicht führe — so wurde angedeutet — das Proportionalwahlrecht eher zu dem erstrebenswerten Ziel, dafs das Gewerbegericht wirklich die Meinung aller wichtigen Gruppen der Arbeitgeber wie der Arbeitnehmer zum Ausdruck bringe. Freilich könnte unter Umständen so ausgleichend ja auch schon die im Gesetze zugelassene Wahl nach Berufsgruppen wirken; aber — wie gesagt — nur „unter Umständen"; zudem sei von ihr nur selten Gebrauch gemacht worden. — Über diese allgemeinen Erwägungen ist die Kommission übrigens bei der Frage des Proportionalwahlrechts nicht hinaus gediehen.

An den Beratungen der Kommission hatten sich, wie wir gesehen haben, die Regierungsvertreter gelegentlich mit Ratschlägen und Einwendungen beteiligt. Als man aber zum Schlufs der Verhandlungen an sie die Frage richtete, wie die verbündeten Regierungen sich zu dem Gesetzentwurf stellten, wie er aus der Kommission hervorgegangen, da erklärte einer der Herren: „er sei nicht in der Lage, hierüber eine Auskunft zu geben, da bezügliche Verhandlungen noch nicht stattgefunden hätten". Zu einer Beratung im Plenum ist es dann nicht mehr gekommen. Der Entwurf hatte ja auch allerlei emsige Gegnerschaft ausgelöst. Ein Teil der Presse lärmte in geräuschvoller Gehässigkeit; aber auch die Unternehmerverbände rührten sich, und durch die Handelskammern ging ein wahrer Sturm, der sich in zahlreichen Protesten gegen den geplanten Verhandlungszwang Luft machte[1]. Als typisch für die Art der Agitation in den antisozialen Unternehmerkreisen kann ein kleines Schriftchen von Dr. Martens gelten, dem damaligen Generalsekretär des Hamburger Arbeitgeberverbandes. Der erklärte ganz wie der Freiherr v. Stumm, die Gewerbegerichte hätten sich nicht genügend bewährt, und gegen den geplanten Zwang zur Errichtung von Gewerbegerichten müsse man sich schon deshalb wenden, „weil die sozialdemokratischen Beisitzer bei der Lehre, dafs Eigentum Diebstahl sei, kaum noch imstande seien, selbst bei vorhandenem guten Willen, objektiv und in Harmonie mit den

---

[1] Wie der konservative Abg. v. Richthofen in der Sitzung vom 10. Mai 1901 mitteilte, hatte sich allein die Handelskammer von Frankfurt a. M. gegenüber dieser Bewegung ablehnend verhalten. Es protestierten damals gegen den Verhandlungszwang die Handelskammern von Halberstadt und Barmen, Graudenz, Mühlhausen i. Thür., Dortmund, Arnsberg, Kottbus, Hanau, Darmstadt, Nürnberg, Offenbach, Lüneburg, Friedberg, Bonn, Chemnitz, Koblenz, Insterburg, Laubau, Lübeck, Reutlingen, Sonneberg, Wesel u. a.; cf. Stenogr. Ber. 10. Legisl. 2. Sess. 1900/3 3. Bd., S. 2684.

[2] Dr. Oskar Martens, Vom Einigungsamt und dem Entwurf eines Gesetzes betr. Abänderung des Gesetzes vom 29. Juli 1890 über die Gewerbegerichte.

in der bestehenden Gesellschaftsordnung herrschenden Rechtsauffassungen zu urteilen!!" Von dem Verhandlungszwang aber versicherte derselbe Autor, das wäre ein „beispielloser Eingriff in das Wirtschafts- und Privatleben"; um so mehr, als „fast durchgängig der ganze moralische Druck solcher Einigungsämter ausschliefslich zu gunsten der Arbeitnehmer eingesetzt" werde; als die Arbeitgeber meist die „unerquickliche Rolle von Angeklagten zu spielen" hätten; als die Beisitzer mit den einschlägigen Verhältnissen meist nicht vertraut seien und als in 99 % aller Fälle dem Arbeiter ein Gewinn zufiele und daher die Begehrlichkeit der Arbeiter genährt und ein allgemeines Streiken geradezu provoziert würde. Mit Recht charakterisierte eine Besprechung der Martensschen Schrift in der „Sozialen Praxis" diese Ausführungen als „leere, nur zu Agitationszwecken aufgestellte Behauptungen" [1]. Dafs sie zudem mit einer ganz ungewöhnlichen Leichtfertigkeit aufgestellt waren, dürfte die voraufgegangene Darstellung erwiesen haben. Trotzdem wurde diese dem Erscheinungszwang abgünstige Stimmung in weiten Unternehmerkreisen geteilt; auch in solchen, deren sozialpolitische Auffassungen sich keineswegs mit denen des Hamburger Arbeitgeberverbandes ganz deckten. In der Beziehung war es bezeichnend, dafs der deutsche Handelstag in seiner Plenarsitzung vom 7. April 1900 ohne jede Erörterung einen auf Anregung der Handelskammer Barmen eingebrachten Antrag seines Ausschusses annahm, in dem von der vorgesehenen Befugnis des Vorsitzenden, an den Streitigkeiten beteiligte Personen unter Strafandrohung vorzuladen und zu vernehmen, gesagt ward [2]: „Da durch solchen Zwang oder solche Strafe der gegen seinen Willen vorgeladene Teil leicht verstimmt und somit die Beilegung der Streitigkeiten eher erschwert als erleichtert werden könnte, spricht sich der deutsche Handelstag gegen die vorgeschlagenen Bestimmungen aus, indem er sich gleichzeitig mit dem von der Reichstagskommission gemachten Vorschlag einverstanden erklärt, nach dem der Vorsitzende des Gerichts auf die Anrufung des Gewerbegerichts hinwirken soll."

Der Groll der antisozialen Kreise gegen Gewerbegericht und Einigungsamt hatte sich inzwischen noch bei einer anderen Gelegenheit im Reichstage entladen. Fast gleichzeitig mit dem sozialdemokratischen Antrag auf Erweiterung der Kompetenz der Gewerbegerichte (am 6. Dezember 1898) war vom Zentrum ein Antrag eingebracht worden, der in Anknüpfung an alte Zentrumswünsche, über die schon — damals noch mit dem Freiherrn v. Berlepsch als preufsischem Handelsminister — am 6. und 7. Februar 1895 ausgiebig im Reichstage ver-

[1] Soziale Praxis 9 Nr. 32 Sp. 828.
[2] Ebenda 9 Nr. 28 Sp. 726.

handelt worden war[1], die Errichtung von Arbeitskammern verlangte, um so — der Antrag bediente sich des Wortlautes der kaiserlichen Februar-Erlasse vom 4. Februar 1890 — „den Arbeitern den freien und friedlichen Ausdruck ihrer Wünsche und Beschwerden zu ermöglichen und den Staatsbehörden Gelegenheit zu geben, sich über die Verhältnisse der Arbeiter fortlaufend zu unterrichten und mit den letzteren Fühlung zu behalten“[2]. Einige Monate später — am 23. Februar 1899 — meldete sich ein Teil der Nationalliberalen mit einem Zusatzantrag. Auch der stützte sich zunächst auf die Februarerlasse und zwar auf jenen Passus, der „für die Pflege des Friedens zwischen Arbeitgeber und Arbeitnehmer“ gesetzliche Bestimmungen in Aussicht genommen hatte „über die Formen, in denen Arbeiter durch Vertreter, welche ihr Vertrauen besitzen, an der Regelung gemeinsamer Angelegenheiten beteiligt und zur Wahrung ihrer Interessen bei Verhandlungen mit den Arbeitgebern und mit den Organen der Regierung befähigt werden sollen“. Während der Zentrumsantrag aber über die Einzelheiten der Ausführung sich jedes Vorschlages enthalten hatte, kamen die Nationalliberalen mit einem weit ins Detail gehenden Plan, der sich auf einen Ausbau der Gewerbegerichte gründete[3]: überall wo Gewerbegerichte vorhanden waren oder errichtet wurden, sah er besondere Abteilungen für Fabrikbetriebe vor, die — aus Fabrikleitern und Fabrikarbeitern bestehend — in der Abgabe von Gutachten, Formulierung von Wünschen und Anträgen, in Arbeitslosenunterstützung und Fürsorge für Arbeiterwohnungen die Funktionen lokaler

---

[1] Stenogr. Ber. 9. Legisl.-Per. 3. Sess. 1894/95 1. Bd., S. 689 ff.

[2] Ebenda 1898/1900 1. Anlagen-Bd., S. 186.

[3] Der nationalliberale Antrag lautete unter Ziffer b) und c) wie folgt:

b) Den Antrag Dr. Lieber-Hitze dahin zu erweitern, dafs die in dem Gesetze, betr. die Gewerbegerichte vom 29. Juli 1890 enthaltenen Bestimmungen in der Weise gesetzlich ausgebaut werden, dafs die Landeszentralbehörden verpflichtet sind, überall da, wo Gewerbegerichte bestehen oder solche noch errichtet werden, die Bestimmungen des § 9 dieses Gesetzes auf die Fabrikbetriebe zur Anwendung zu bringen. Den auf diese Weise gebildeten besonderen Abteilungen der Gewerbegerichte, welche die Unternehmer von Fabriken und die Fabrikarbeiter umfassen, liegt ob:
   a) zur Unterstützung der Arbeiter in Fällen der Arbeitslosigkeit tunlichst Kassen einzurichten;
   b) Gutachten zur Förderung der gewerblichen Interessen an Staats- und Gemeindebehörden abzugeben und Jahresberichte zu erstatten;
   c) Wünsche und Anträge, welche die gesundheitlichen Verhältnisse der Arbeiter und die Fürsorge für Arbeiterwohnungen betreffen, zu beraten und den Behörden vorzulegen;

c) die Funktionen dieser Abteilungen der Gewerbegerichte als Einigungsamt im Fall von Streitigkeiten zwischen Arbeitgebern und Arbeitern dahin zu erweitern, dafs ein gesetzlich gesicherter Verhandlungszwang eingeführt wird.

Stenogr. Ber. 1898/1900 2. Anlagen-Bd. Nr. 144.

Arbeitsämter übernehmen sollten. In der nämlichen Richtung lag ein gleichfalls schon im Dezember eingebrachter Antrag der freisinnigen Vereinigung auf Errichtung eines Arbeitsamtes, dem „die Untersuchung und Feststellung der Arbeiterverhältnisse im Deutschen Reich unter Hinzuziehung von Vertretern der Arbeitgeber und Arbeitnehmer obliegen" sollte [1]. Alle diese Anträge — dazu noch ein Zusatzantrag Roesicke-Pachnicke, der gleichfalls unter Berufung auf die Februarerlasse Verleihung der Rechtsfähigkeit an die Berufsvereine verlangte [2] — kamen am 26. April, am 3. und 4. Mai 1899 zur ersten Lesung, also zu einer Zeit, wo die Reform des geltenden Gewerbegerichtsgesetzes bereits die 7. Kommission beschäftigt hatte. Die Gegner der Gewerbegerichte liefsen die Gelegenheit nicht vorübergehen, ohne ihren Widerwillen gegen die ihnen so unsympathische Institution noch einmal recht nachdrücklich zu bekunden. „Bei einer ganzen Anzahl von Gewerbegerichten," so versicherte Herr v. Stumm, „würden die Industriellen durch eine sozialdemokratische Majorität malträtiert" [3]. Und vom Einigungszwang behauptete er: „dieser sei weiter nichts als eine Prämie auf Streiks, als eine Konstituierung des Streiks als einer legalen und dauernden Institution" [4]. Auch Professor Kropatschek, der Redner der konservativen Partei, hielt es für erwiesen, dafs die „Sozialdemokratie bei den Gewerbegerichten ihr Gift hineinspritze", und sogar aus der Mitte der nationalliberalen Partei, deren Mitglieder zum Teil doch selbst diese Erörterung angeregt hatten, kam die erkältende Erklärung: bei aller Anerkennung der guten Absichten der Antragsteller vermöge man den Inhalt der Anträge nicht als geeignete Grundlagen für gesetzgeberische Mafsnahmen anzusehen [5]. Der gleichfalls nationalliberale Bergwerksdirektor Hilbck lehnte den geplanten Verhandlungszwang gar rundweg ab: „In allen Fragen, wo es sich um Machtfragen handelt, hilft eine Vermittlung nichts, da mufs die Macht entscheiden". Immerhin waren diese abgünstigen Stimmen in der Minderheit; nach dem Gang der Verhandlungen konnte man in der Tat annehmen, dafs, wie Francke es damals in einem Aufsatz der „Sozialen Praxis" ausdrückte, alle „bürgerlichen Parteien (mit einziger Ausnahme des Freiherrn v. Stumm und seiner kleinen Gefolgschaft) sich laut und ausdrücklich zu dem Grundsatz der Gleichberechtigung der Arbeiter bekannt hätten" [6]. Auch darin war eine gewisse Einigkeit erzielt, dafs man im Anschluss an die

---

[1] Stenogr. Ber. 1898/1900 1. Anlagen-Bd. Nr. 61, S. 278.
[2] Ebenda 1898/1900 2. Anlagen-Bd. Nr. 197.
[3] Ebenda 1898/1900 3. Bd., S. 1947.
[4] Ebenda 1898/1900 3. Bd., S. 1949.
[5] Ebenda 1898/1900 3. Bd., S. 2027.
[6] Soziale Praxis, Jahrg. 8 Nr. 32.

vorhandenen Gewerbegerichte den geeigneten Weg sah, den lokalen Unterbau für die Arbeitskammern zu finden. Dem widerstrebte eigentlich nur die freisinnige Volkspartei[1]. Auch sie stimmte grundsätzlich dem Gedanken einer Schaffung von Arbeitervertretungen zu; nur hielt sie es nicht für zweckmäſsig, zu dem Ende „die Gewerbegerichte auszusuchen und aus ihnen Sektionen für die Arbeitervertretungen zu machen". Anderen wieder erschien gerade dieser Anschluſs eminent praktisch: man knüpfe so an Vorhandenes an und verhindere, daſs zu oft gewählt werde[2]. Es war unter solchen Umständen nicht wunderbar, daſs man auch in der Kommission schnell übereinkam. Es hatte recht lange gedauert, bis die 16. Reichstagskommission, der die Anträge überwiesen worden waren, an die Arbeit ging: volle zehn Monate. Um so leichter fand man sich dafür — in einer einzigen Sitzung am 14. März 1900 — zusammen. Von mehreren Mitgliedern der Kommission war folgende Resolution eingebracht worden:

„Die Kommission wolle beschlieſsen, die verbündeten Regierungen zu ersuchen:

a) für die Pflege des Friedens zwischen Arbeitgebern und Arbeitnehmern gesetzliche Bestimmungen über die Formen herbeizuführen, in denen die Arbeiter durch Vertreter, welche ihr Vertrauen besitzen, an der Regelung gemeinsamer Angelegenheiten beteiligt und zur Wahrnehmung ihrer Interessen bei Verhandlungen mit den Arbeitgebern und mit den Organen der Regierung befähigt werden;

b) insbesondere in Erwägung darüber einzutreten, in welcher Weise durch eine weitere gesetzliche Ausgestaltung der Gewerbegerichte unter besonderer Berücksichtigung der §§ 9 (Bildung von Abteilungen: Fabrik, Handwerk, Hausindustrie), 61—69 (Einigungsamt) und 70 (Gutachten und Anträge) des Gesetzes vom 29. Juli 1890, betreffend die Gewerbegerichte, ein Weg zu dem sub a) bezeichneten Ziele sich bietet"[3].

Das fand zunächst auch einigen Widerspruch. „Es scheine nicht zeitgemäſs," erklärten die einen, „jetzt die Resolution zu a) zu fassen. Die zu b) erörterte Frage aber sei in der 7. Kommission eingehend behandelt worden". Die Sozialdemokraten wieder nannten es einen schwächlichen Versuch, der sie nicht befriedigen könne. Zunächst sei die obligatorische Einrichtung der Gewerbegerichte anzustreben. Die Wohltaten der Einigungsämter dürften nicht auf 285 Gewerbegerichte beschränkt bleiben. Aber lebhaft wurde ihnen von anderer Seite bedeutet, man brauche die im Gewerbegerichtsgesetz bereits

[1] Stenogr. Ber. 1898/1900 3. Bd., S. 2027 ff.
[2] Ebenda 1898/1900 3. Bd., S. 2063.
[3] Ebenda 1898/1900 7. Anlagen-Bd., S. 5399.

enthaltenen Bestimmungen nur im Sinne der Resolution auszubilden, um wirksame Mittel für die Aufrechterhaltung des Friedens in der Arbeit oder für rasche Beilegung von Streitigkeiten vor Ausbruch eines Streiks zu gewinnen. Aufserdem lehre die Erfahrung der jüngsten Zeit, dafs Arbeitgeber wie Arbeiter immer mehr zu der Überzeugung gelangten, dafs da, wo Gegensätze vorhanden seien, der beste Ausweg bei dem Gewerbegericht oder dem Einigungssamt zu finden sei, in welchem Arbeitgeber und Arbeiter schon heute Sitz und Stimme hätten. Und da schliefslich noch die Konservativen in der Resolution die erwünschte Verwirklichung alter konservativer Gedanken zu sehen glaubten, wurde der Absatz a) mit allen Stimmen, der Absatz b) mit 15 gegen 5 Stimmen angenommen [1].

So waren die auf eine Fortbildung von Gewerbegericht und Einigungsamt gerichteten Pläne immerhin mehrfach erörtert [2] worden, als man in der Session von 1900 auf die in der 7. Kommission steckengebliebene Reform des Gesetzes von 1890 zurückgriff. Im November 1900 hatten Sozialdemokraten und Zentrum ihre Anträge wieder eingebracht, und im Januar [3] 1901 hatte sich das Plenum von neuem mit ihnen zu befassen. Der sozialdemokratische Antrag war eine Wiederholung der Anregungen aus dem Winter vor zwei Jahren; der Zentrumsantrag im wesentlichen eine wörtliche Wiederaufnahme des in der 7. Kommission beschlossenen Gesetzentwurfs. Infolgedessen bewegte sich auch die Erörterung in bekannten, oft befahrenen Geleisen. Herr Tutzauer, der abermals für die Sozialdemokratie das Wort führte, eröffnete die Erörterung. Er sprach von der Notwendigkeit, die Angestellten im Handelsgewerbe, die Dienstboten und ländlichen Arbeiter den Gewerbegerichten zu unterwerfen; er klagte über den Abbruch, der den Gewerbegerichten durch die Innungsschiedsgerichte geschähe; über die Lücke im Gesetz, die den Streit um die Herausgabe des Handwerkszeuges von der gewerbegerichtlichen Zuständigkeit ausschliefse, und endete, nachdem er im Eingang

---

[1] Stenogr. Ber. 1898/1900 7. Anlagen-Bd., S. 5399.

[2] Bei der zweiten Lesung des Etats hatte beim Reichsjustizamt der Abg. Bassermann sich nach den kaufmännischen Schiedsgerichten erkundigt. Es sei unbillig, wenn diese Rechtswohltat dem Stande der Handlungsgehilfen, die vielfach in ihren sozialen Verhältnissen den Gewerbegehilfen, die den gewerblichen Schiedsgerichten unterstehen, adäquat seien, vorenthalten würde. In seiner Antwort erklärte der Staatssekretär des Reichsjustizamtes, dafs über diese Frage bereits vor längerer Zeit ein Meinungsaustausch zwischen den beteiligten Reichsinstanzen und den preufsischen Ministerien stattgefunden hätte. Dabei hätten sich manche Gegensätze und abweichende Anschauungen kundgegeben. Bis jetzt sei es noch nicht gelungen, eine Einigung herbeizuführen. Die Leitung der Sache liege beim Handelsministerium. Stenogr. Ber. 1898/1900 4. Bd, S. 3565.

[3] Die erste Lesung begann am 11. Januar und wurde am 16. fortgesetzt.

die alte Forderung der obligatorischen Gewerbegerichte aufs neue angemeldet hatte, mit dem gleichfalls schon oft vernommenen Wunsch, den Frauen das aktive und passive Wahlrecht zu verleihen. Darauf gab der Abgeordnete Trimborn in der Begründung des Zentrumsantrages einen kurzen Abrifs aus dem Bericht der 7. Kommission, den er ja einst selbst verfafst hatte; und nun zeigte sich doch, dafs seit jenen Verhandlungen die Einsicht in die Bedürfnisse der auf die Gewerbegerichte angewiesenen Volksschichten gewachsen war. Zum mindesten, dafs man unbefangener zu urteilen gelernt hatte. Der Abgeordnete Trimborn selbst befürwortete jetzt das sozialdemokratische Begehren, in Zukunft die Gewerbegerichte auch über die Aushändigung des Handwerkszeuges entscheiden zu lassen. Und sogar der konservative Redner meinte herablassend: hier und da fände sich wohl auch in dem sozialdemokratischen Antrag ein Ansatz, der weiterer Erörterung wert wäre [1]. Gar zu tief freilich ging die sozialpolitische Erkenntnis der konservativen Kreise noch immer nicht. Das durchaus ernsthafte Problem der Ausdehnung gewerbegerichtlicher Kompetenz auf die Dienstboten glaubte der nämliche Redner mit dem bedenklichen Scherz abtun zu können: ein Gewerbegericht, das „aus einem unglücklichen Assessor, einer etwas resoluten Hausfrau und einer echten Berliner Pflanze als Vertreterin der Arbeitnehmer“ zusammengesetzt sei, könnte wohl schwerlich irgendwelchen Erfolg haben [2]. Und dem Abgeordneten v. Kardorff, der diesmal für die Reichspartei sprach — Freiherr v. Stumm lag bereits auf dem Siechbette, von dem er nicht wieder erstehen sollte — rangen „alle diese sozialpolitischen Gesetzentwürfe“, die er in Bausch und Bogen verurteilte, gar den Angstschrei ab: „wir führen bereits in rasender Fahrt dem sozialistischen Abgrund entgegen, und wenn noch weiter gehetzt werden sollte, gäbe es ein Unglück“ [3]. Mit der Beratung dieser beiden Gesetzesvorschläge hatte man dann die Besprechung der am 14. März 1900 von der 16. Reichstagskommission beschlossenen Resolution [4] verbunden. Jetzt erwies sich, wie oberflächlich im Grunde die Verständigung war, die man einst in der ersten Freude eine „neue Etappe im Vormarsch der Sozialreform“ [5] genannt hatte. Das Zentrum kam mit einem ganzen, geschlossenen Programm; es wollte in den Gewerbegerichten nach den grofsen Gruppen Fabrik, Handwerk und Hausindustrie Abteilungen bilden; es legte auf die gutachtliche Tätigkeit, für die vor elf Jahren der damalige Abgeordnete Miquel im Gesetz den

1 Stenogr. Ber. 1900/3 1. Bd., S. 731.
2 Ebenda 1900/2 1. Bd., S. 731.
3 Ebenda 1900/2 1. Bd., S. 733.
4 S. oben S. 126.
5 Soziale Praxis 9 Nr. 25 Sp. 627.

Rahmen geschaffen hatte, den gröfsten Wert und strebte zu dem Ende nach einer allgemeineren, über die eng umgrenzte Örtlichkeit hinausgehenden Organisation[1], die den Gutachten der Gewerbegerichte für die Staats- und Reichsbehörden erst die rechte Bedeutung leihen sollte. Das Zentrum — sein Wortführer Professor Hitze sprach es offen aus[2] — ging dabei von dem tatsächlichen Interessengegensatz zwischen Arbeitgebern und Arbeitnehmern aus; ihm kam es darauf an, das im deutschen Arbeiterstande schlummernde Kapital von Intelligenz und sittlichem Ernst flüssig zu machen; ihm die gesetzlichen Formen zur Verfügung zu stellen, in denen die Arbeiter durch Männer ihres Vertrauens ihre Interessen auch in direkten Verhandlungen mit den Organen der Regierung wahrnehmen konnten. Ähnliche Beweggründe leiteten die nationalliberalen Antragsteller. Auch sie meinten, dafs eine Scheidung in Sektionen nach den einzelnen Berufen den Gewerbegerichten ihre Aufgabe erleichtern würde[3]; dafs man, wie der Abgeordnete Münch-Ferber das ausdrückte, den Arbeitern eine Gelegenheit schaffen müfste, „sich zu jeder Zeit gründlich auszusprechen“[4]. Wesentlich kühler stand der Abgeordnete Oertel, der für einen Teil der Deutschkonservativen den Antrag unterzeichnet hatte, zu diesen Fragen. Der Interessengegensatz zwischen Arbeitern und Arbeitgebern, der — wie die Dinge nun einmal liegen — doch unser ganzes wirtschaftliches und soziales Leben erfüllt, galt ihm als nicht vorhanden, und von der Resolution, für die er mit vielen seiner politischen Freunde stimmen zu wollen erklärte, meinte er resigniert: „Allzu viel erwarte ich allerdings von der Ausführung des Antrages nicht“[5]. Wäre man weiter ins Detail gedrungen und hätte man etwa in einer Kommission versucht, aus der Resolution einen Gesetzesvorschlag zu formen, so hätten sich ohne Frage trotz aller „Verständigung“ noch tiefere Gegensätze aufgetan. Aber man liefs sich diesmal an einer eindrucksvollen Demonstration genügen. Die Resolution ward gleich im Plenum mit „grofser Mehrheit“[6] angenommen und nur die beiden Novellen zum Gewerbegerichtsgesetz — der

[1] Stenogr. Ber. 1900/3 1. Bd., S. 727.

[2] Ebenda 1900/3 1. Bd., S. 726.

[3] Der Abg. Münch-Ferber drückte sich über diesen Punkt in der Sitzung vom 16. Januar 1901 nicht ganz klar aus. Offenbar hatte er aber doch wohl das Gewerbegericht als Einigungsamt im Auge. Denn an einigungsamtliche Funktionen dachte er doch augenscheinlich, als er erklärte: „Beide Parteien sollen sich als Fachleute gegenüberstehen; denn es kann z. B. vorkommen, dafs bei grofsen Streiks in Gewerbegerichten ein sehr braver Schuhmachermeister über textilindustrielle Erscheinungen sein Urteil abgeben soll“. Stenogr. Ber. 1900/3 1. Bd., S. 739.

[4] Ebenda 1900/3 1. Bd., S. 739.

[5] Ebenda 1900/3 1. Bd., S. 731.

[6] Ebenda 1900/3 1. Bd., S. 743.

sozialdemokratische und der Zentrumsantrag — wurden an eine Kommission von 14 Mitgliedern verwiesen. Aber vielleicht war das für den Augenblick der beste Ausweg. Das Gewerbegerichtsgesetz war nicht die Stelle, in die sich so beiläufig auch noch ein Gesetz über Arbeitskammern hätte hineinflicken lassen können. Den Versuch von 1890 mochte man immerhin dankbar begrüſst haben. Damals galt es einem Gedanken, dem die Zeitgenossenschaft noch überwiegend fremd und verständnislos gegenüberstand, eine Gasse zu bahnen; ihn überhaupt erst in die Gesetzgebung hineinzuzwängen. Inzwischen aber hatte sich doch wohl ergeben, daſs die Gewerbegerichte nicht das richtige Instrument für die Gutachtertätigkeit waren. Zudem hätte jeder Versuch nach der in dem Absatz b der Resolution angedeuteten Richtung notwendig zu einer Zerstörung der bisherigen Organisation der Gewerbegerichte führen müssen. Und um einen organischen Neubau aufzurichten war die Stimmung nicht vorhanden; es verdient schon alle Anerkennung, daſs trotzdem der eine oder andere der durch die Resolution angeregten Gedanken in den neuen Entwurf hineingearbeitet wurde: es zeugt für die Stärke der sozialen Impulse, die nachgerade im deutschen Reichstag wirksam wurden.

Der Kommission, die sich am 17. Januar konstituierte, und am 2. Mai durch den nationalliberalen Abgeordneten Beck Bericht erstatten lieſs, ward gleich beim Zusammentritt angenehme Botschaft. Neben dem sächsischen Bundesratsbevollmächtigten Dr. Fischer wohnten den Beratungen als Kommissare des Reichskanzlers der Geh. Oberregierungsrat Dr. Hoffmann aus dem Reichsjustizamt und wie vor zwei Jahren aus dem Reichsamt des Inneren Geheimrat Wilhelmi bei, und dieser überraschte die Mitglieder der Kommission mit der Mitteilung, daſs die verwichene 7. Kommission doch nicht — wie das wohl die allgemeine Annahme sein mochte[1] — so ganz pro nihilo gearbeitet hätte. Im Gegenteil: infolge der in der zehnten Legislaturperiode gefaſsten Beschlüsse des Reichstages und der Beratungen der Kommission habe der Reichskanzler Anlaſs genommen, in einen Meinungsaustausch mit den verbündeten Regierungen einzutreten. Noch lägen zwar die hierauf erwarteten Äuſserungen nicht vor; immerhin seien die Regierungsvertreter bereit, bei den Beratungen der Kommission, wo es gewünscht werde, Aufklärung zu geben[2]. Das war eine erfreuliche Kunde, die die Hoffnungen auf ein endliches Vollbringen schwellen lieſs, und mit neuem Eifer begab man sich an die nun erheblich aussichtsreicher gewordene Arbeit.

---

[1] cf. die Äuſserungen des Abg. Trimborn auf S. 113; der Abg. Zubeil behauptete gar in der Sitzung vom 16. Januar, die Regierung hätte die Kommission „miserabel“ behandelt. Stenogr. Ber. 1900/3 1. Bd., S. 738.

[2] Ebenda 1900/3 3. Anlagen-Bd., S. 2055.

Eine allgemeine Besprechung ward, nachdem diese Dinge im Plenum nachgerade genugsam erörtert worden waren, nicht mehr beliebt. Dafür ging man die Einzelbestimmungen in zwei Lesungen durch und stellte in sehr sorgfältiger Beratung die Richtlinien für den Ausbau des Gewerbegerichtsgesetzes fest. In der Hauptsache blieb der Antrag Trimborn mafsgebend; aber in vielen Stücken griff man auch über ihn hinaus, und gelegentlich ward sogar eine Anleihe bei dem sozialdemokratischen Antrag nicht verschmäht. Zunächst opferte man in dem Antrag Trimborn den Zusatz, wonach es in Gemeinden mit mehr als 20000 Einwohnern zur Errichtung eines Gewerbegerichtes durch die Zentralbehörde noch eines Antrages beteiligter Arbeitgeber oder Arbeiter bedürfen sollte. Man sagte sich mit Recht: wenn schon ein Arbeiter oder Arbeitgeber den Antrag mit Erfolg zu stellen berechtigt sei, so läge in dieser Voraussetzung kein Hemmnis mehr und keine Einschränkung[1]; man könne sie also entbehren. Dann ward im Gegensatz zu dem Entwurf vom 10. Mai 1899 die Zuständigkeit der Gewerbegerichte beträchtlich erweitert. Den Schritt, den die 7. Kommission damals zu tun sich nicht entschliefsen konnte, tat jetzt die zwölfte mit bemerkenswerter Leichtigkeit. Man ging zwar nicht so weit wie der sozialdemokratische Antrag, der alle Fälle wahllos und ohne System bunt nebeneinanderstellte und unter die Zuständigkeit des Gewerbegerichts auch Dinge bringen wollte, die über den Rahmen des Arbeitsverhältnisses hinausreichten; aber man einigte sich dahin, „alle aus dem gewerblichen Arbeitsverhältnis und zwar nach dessen positiver Seite der Verpflichtung wie nach dessen negativer Seite der Entschädigung entstehenden Streitigkeiten dem Urteil des Gewerbegerichtes anzuvertrauen“[2]. Und von diesem Grundgedanken kam man zu der Formulierung, die Gewerbegerichte künftighin auch entscheiden zu lassen[3]:

1. über die Aushändigung oder den Inhalt des Arbeitsbuches, Zeugnisses, Lohnbuches, Arbeitszettels oder Lohnzahlungsbuches;
2. über die Rückgabe von Zeugnissen, Büchern, Legitimationspapieren, Urkunden, Gerätschaften, Kleidungsstücken, Kautionen und dergleichen, welche aus Anlafs des Arbeitsverhältnisses übergeben worden sind;
3. über Ansprüche auf Schadenersatz oder auf Zahlung einer Vertragsstrafe wegen Nicht-Erfüllung oder nicht gehöriger Erfüllung der Verpflichtungen, welche die unter Nr. 1—3 des abgeänderten § 3 des Gesetzes be-

[1] Stenogr. Ber. 3. Anlagen-Bd., S. 2058.
[2] Ebenda 1900/3 3. Anlagen-Bd., S. 2063.
[3] Ebenda 1900/3 3. Anlagen-Bd., S. 2085.

zeichneten Gegenstände betreffen, sowie wegen gesetzwidriger oder unrichtiger Eintragungen in Arbeitsbücher, Zeugnisse, Lohnbücher, Arbeitszettel, Lohnzahlungsbücher, Krankenkassenbücher oder Quittungskarten der Invalidenversicherung;

4. über die Berechnung und Anrechnung der von Arbeitern zu leistenden Krankenversicherungsbeiträge und Eintrittsgelder.

Auch der bedenklichen Übung mancher Fabrikanten, nur solche Arbeiter einzustellen, die von vornherein bei vorkommenden Streitigkeiten sich dem Schiedsspruch eines in der Arbeitsordnung als Schiedsrichter bezeichneten Angestellten der Fabrik zu unterwerfen gelobten, rückte man diesmal energischer zu Leibe. Man erkannte nun doch, wie es schon das öffentliche Interesse gebiete, diese Privatwillkür einzudämmen, und wie darum einer so bewufsten Lahmlegung [1] der Gewerbegerichte endlich Zaum und Zügel angelegt werden müfste. So fügte man dem § 5 des Gesetzes einen Zusatz an, nach dem Schiedsverträge, die die Kompetenz des Gewerbegerichts für künftige Fälle ausschlossen, nur dann rechtswirksam sein sollten, wenn nach dem Schiedsvertrage bei der Entscheidung von Streitigkeiten Arbeitgeber und Arbeiter in gleicher Zahl unter einem Vorsitzenden mitwirkten, der selbst weder Arbeitgeber noch Arbeiter war [2]. Dann wurde der Kreis der wahlberechtigten Personen erweitert, indem man — ein Entgegenkommen gegenüber dem sozialdemokratischen Antrag — die Forderung, dafs die Wähler seit mindestens einem Jahr in dem Bezirk des Gewerbegerichts Wohnung oder Beschäftigung haben müfsten, strich. Auch eine Bestimmung des Begriffes „Arbeitgeber“ wurde jetzt in das Gesetz aufgenommen (§ 14). Man hatte sie einst — bei den Verhandlungen vor elf Jahren — aus theoretischer Spielerei abgewiesen; aber die Praxis lehrte die Dinge anders einschätzen. Die Ortsstatute, die die Frage, wer als Arbeitgeber zu betrachten sei, bald so und bald so entschieden, hatten nur Verwirrung angerichtet, und in der Literatur [3] war auf die Notwendigkeit, Abhülfe zu schaffen, wiederholt hingewiesen worden. Trotzdem fanden sich auch in der Kommission [4] noch Verteidiger für den Standpunkt des Gesetzes, das auf eine Begriffsbestimmung verzichtet hatte. Aber schliefslich wurden sie doch überstimmt und der erste Absatz des § 14 so gefafst:

---

[1] Stenogr. Ber. 1900/3 3. Anlagen-Bd., S. 2067.

[2] Ebenda 1900/3 3. Anlagen-Bd., S. 2085.

[3] Vornehmlich v. Schulz, Archiv, Bd. 14, S. 164 ff.; cf. ferner Weigert in Bürgels Industrie- u. Handelsblatt (Nr. 4) vom 22. Okt. 1898, S. 56; auch Jastrow a. a. O. S. 335.

[4] Stenogr. Ber. 1900/3 3. Anlagen-Bd., S. 2072/73.

„Als Arbeitgeber im Sinne der §§ 11—13 gelten diejenigen selbständigen Gewerbetreibenden, welche mindestens einen Arbeiter regelmäfsig das Jahr hindurch oder zu gewissen Zeiten beschäftigen.“

Auch mit dem Proportionalwahlsystem, das man bei den Verhandlungen der 7. Kommission nur gestreift hatte, kam man diesmal ein Stück weiter. Es war doch wenigstens schon ein Anfang, wenn § 14 es in das Belieben der Gemeindebehörden und ihrer Ortsstatute stellte, das Wahlverfahren nach den Grundsätzen der Verhältniswahl zu regeln. Und dann ward dem gleichfalls von Literatur und Praxis viel beklagten Übelstand, dafs nach § 25 nur dasjenige Gewerbegericht zuständig sein sollte, in dessen Bezirk die streitige Verpflichtung zu erfüllen ist, dadurch ein Ende gemacht, dafs man nun auch diejenigen Gewerbegerichte örtlich zuständig sein liefs, in deren Bezirk sich die gewerbliche Niederlassung des Arbeitgebers befand oder beide Parteien ihren Wohnsitz hatten[1]. Daneben wurde — auch eine sehr wichtige und notwendig gewordene Bestimmung — in einem neuen § 55a verfügt, dafs die Anfechtung einer gewerbegerichtlichen Entscheidung auf Mängel des Verfahrens bei der Wahl der Beisitzer oder auf Umstände, die die Wählbarkeit eines Beisitzers ausschliefsen, nicht gestützt werden könnte[2], und schliefslich gestand man den Gewerbegerichten das Recht zu, Anträge nicht nur an Behörden und Vertretungen von Kommunalverbänden, sondern auch an die gesetzgebenden Körperschaften der Bundesstaaten und des Reiches zu richten. Gerade das aber war dem Berliner Gewerbegericht bestritten worden, als es bei der sogenannten Arbeitswilligenvorlage ein Gutachten abzugeben versucht hatte. Der Oberpräsident der Provinz Brandenburg, dem es zur Übermittlung an den Reichstag gesandt war, hatte das Gutachten sechs Monate bei sich behalten, und dann, als die Entscheidung bereits gefallen war, gleichmütig mit dem Bescheide zurückgegeben: das Gewerbegericht sei nur zu Gutachten an Behörden und Kommunalverbände, nicht aber zur Einreichung von Petitionen an gesetzgebende Körperschaften berechtigt[3].

So war man im einzelnen also erheblich weiter gekommen als vor zwei Jahren und hatte sich zu manchem Fortschritt verhältnismäfsig leicht entschlossen, zu dem die damalige Kommission sich absolut nicht bequemen mochte. Das Hauptstück war aber doch — zugleich der Punkt, an dem sich jetzt ebenso wie damals der wilde Grimm eines Teiles der Presse und einzelner Arbeitgeberverbände entzündete — die Neuordnung des Kapitels vom Einigungsamt oder genauer der §§ 62c und 63,

---

[1] Stenogr. Ber. 1900/3 3. Anlagen-Bd., S. 2073.
[2] Ebenda 1900/3 3. Anlagen-Bd., S. 2076.
[3] Ebenda 1900/3 3. Anlagen-Bd., S. 2083.

die vom Verhandlungszwang und dem neuen Institut der Vertrauensmänner handelten. Aus dem Kommissionsbericht wird das nicht so ganz deutlich[1]. Nur in wenigen Zeilen erzählt der von den Widerstrebenden, die auf die Proteste der Handelskammern hingewiesen hätten: wie man die Tätigkeit des Einigungsamtes zudem nicht mit der eines Zivilgerichtes vergleichen dürfe. Wie moralische Verpflichtungen sich nicht erzwingen lieſsen und wie, wer sich moralisch verpflichtet fühle, dem Ruf eher ohne Zwang Folge leisten würde. Diese schüchternen paar Einwände verschwinden aber vor dem breiten Fluſs der Beweisgründe, die dem Berichterstatter zu Gunsten des Verhandlungszwanges entströmen. „Die Tätigkeit des Gewerbegerichts" — so läſst er den Verteidiger des Antrages Trimborn ausführen — „sei eine zwiefache: auf der einen Seite eine zivilprozessual-richterliche, auf der anderen Seite eine öffentlich-rechtliche. Wenn nun für die erstere Art der Tätigkeit dem Gericht in dem § 40 Abs. 1 des Gesetzes die Befugnis gegeben worden sei, die Parteien vorzuladen, zum Erscheinen zu zwingen, einen Vergleich, einen Sühneversuch zu unternehmen, warum wolle man diese Machtbefugnis da verweigern, wo es sich noch um ungleich wichtigere Dinge handele, wo der Streit sich nicht zwischen Kläger und Beklagten abspiele, wo der Streit das öffentliche Interesse in erheblichem Maſse berühre? Warum wolle man diejenige mit amtlicher Gewalt ausgestattete Behörde, welche nach ihrer Zweckbestimmung bei drohenden und ausgebrochenen Arbeitsstreitigkeiten das öffentliche Interesse zu vertreten berufen worden sei, zwingen, mit gebundenen Händen einem Streit zuzusehen, der weittragende Folgen haben könne und der bei rechtzeitigem und richtigem Eingreifen verhütet werden könne; in jeder Privatklage dürfe man das Erscheinen von Partei und Zeugen erzwingen; werde nicht auch hier die gleiche Berechtigung zuzuerkennen sein, wo doch für die Streitteile schon eine moralische Verpflichtung bestehe, nicht ohne den Versuch einer Einigung einen Streit zu beginnen oder fortzusetzen, der unter allen Umständen schädlich und nachteilig wirken müsse?" In der zweiten Lesung wurde dann noch eine kleine Einschränkung vorgenommen, die in Wirklichkeit nur auf eine Beseitigung der noch aus den Verhandlungen der 7. Kommission zurückgebliebenen Unklarheit hinauslief[2]. Die Strafbefugnis des Vorsitzenden wurde auf die Fälle der Anrufung des Einigungsamtes beschränkt; damit ward auch im Gesetz ausgedrückt, daſs man die Hauptverhandlung im Auge hatte.

---

[1] Stenogr. Ber. 1900/3 3. Anlagen-Bd., S. 2079.
[2] S. oben S. 121.

Der Kommissionsbericht bemerkt von dieser Änderung, dafs eine kluge Vorsicht sie gebiete[1]: „Wenn das Einigungsamt von keiner Seite angerufen worden sei und nun der Vorsitzende von sich aus den Versuch der Vermittlung unternehmen wolle, dann sei seine Stellung vorerst noch eine schwache; er wisse noch nicht, ob er die Vertrauensperson sein werde, welcher die Schlichtung des Streites anvertraut wird, er müsse auch Rücksicht tragen, ob die Parteien sich nicht an eine andere Stelle bereits gewendet haben oder wenden wollen. Er solle nach der instruktionellen Vorschrift des Gesetzes nur darauf hinwirken, dafs das Gewerbegericht angerufen werde; hier gleich mit der Androhung von Strafe vorzugehen, könne dem Gelingen des Einigungsversuches nur hinderlich sein. Sei der Vorsitzende der richtige Mann, so werde es ihm unschwer gelingen, eine Anrufung seitens wenigstens einer Partei herbeizuführen, sofern nicht etwa bereits bei den Parteien die Absicht bestehe, die Schlichtung des Streites einer anderen Persönlichkeit zu übertragen. Träte eine Anrufung ein, so liege der Fall des § 62a vor und der Vorsitzende könne mit seiner ganzen Autorität einschreiten. In diesen Fällen der Anrufung dem Vorsitzenden die Strafbefugnis an die Hand zu geben, sei im Interesse der Möglichkeit einer Verhandlung und eines Vergleiches durchaus gerechtfertigt." Bei der zweiten Lesung wurden die Bestimmungen über das Einigungsamt aber noch an einer anderen Stelle geändert. Gegenüber dem neuverordneten Erscheinungszwang, den übrigens Schallhorn[2] treffender „Besprechungszwang" genannt hat, schien die bisherige Zusammensetzung des Einigungsamtes einem erheblichen Teil der Kommissionsmitglieder nicht mehr auszureichen. Es könnte sich ergeben[3] — hier kehren im Kommissionsbericht fast dieselben Argumente wieder, die der nationalliberale Abgeordnete Münch-Ferber[4] bei der ersten Lesung zu Gunsten der Resolution Hitze, Heyl und Genossen ins Gefecht führte — es könnte sich ergeben, dafs bei einem bestimmten Streik Personen als Beisitzer fungierten, die dem betreffenden Gewerbe durchaus fern ständen und den streitenden Teilen weder als Vertrauenspersonen noch als besondere Sachkenner gälten. Handele es sich z. B. um einen Streik in einem Zweige der Grofsindustrie, so dürften die Beisitzer eines Gewerbegerichtes, welches im gegebenen Falle aus Arbeitgebern und Arbeitern des Kleingewerbes bestehe, kaum die Autorität beanspruchen können, wie sie für eine erfolgreiche Tätigkeit als Einigungsamt unerläfslich sei, zumal wenn das Amt zur Ausübung des

[1] Stenogr. Ber. 1900/3 3. Anlagen-Bd., S. 2088.
[2] Soziale Praxis vom 13. Juni 1901 Sp. 2677.
[3] Stenogr. Ber. 1900/3 3. Anlagen-Bd., S. 2088.
[4] S. oben S. 129.

Erscheinungszwanges befugt sei. v. Schulz[1] meint freilich, das träfe im allgemeinen nicht zu: die Parteien seien ja in der Lage, aus der Beisitzerliste sich ihre Beisitzer zu wählen. Immerhin hielt es die Kommission für geboten, schon im Gesetz für eine Individualisierung, eine Anpassung an den einzelnen Fall und seine Bedürfnisse Sorge zu tragen. So ward denn vorgeschlagen, von der Mitwirkung der ständigen Beisitzer des Gewerbegerichts abzusehen und neben dem Vorsitzenden des Gewerbegerichts nur die von jedem Teil in gleicher Zahl zu benennenden Vertrauensmänner in das Einigungsamt zu berufen[2]. Dazu sollten dann noch — eine Verstärkung des neutralen Elements und eine Festigung auch der Position des Vorsitzenden — nach Anhörung beider Teile durch den Vorsitzenden ein oder zwei Unbeteiligte, also weder Arbeitgeber noch Arbeiter, mit beratender Stimme hinzugezogen werden dürfen. Aber auch jetzt noch blieb kein Teil behindert, seine Vertrauensmänner aus den ständigen Beisitzern des Gewerbegerichts zu wählen. In der Literatur haben diese Bestimmungen, die in gewissem Sinne — wenn auch wahrscheinlich unbewufst — an einst von Brentano[3] ausgesprochene Anregungen anknüpften, noch manche Gegnerschaft erfahren. Im Plenum nahm man an den Vertrauensmännern weniger Anstofs. Selbst der konservative Redner, dem das ganze Kapitel über das Einigungsamt wenig Freude machte, nannte es doch eine „Besserung“, dafs an Stelle der regelmäfsigen Schiedsgerichtsbeisitzer eine andere Form der Beisitzer eingeführt worden sei[4], und der nationalliberale Abgeordnete Bassermann rühmte es gar als die „naturgemäfse Regelung“, die alle früheren Bedenken gegen das Einigungsamt forträume: hinfort würden eben Fabrikant und Fabrikarbeiter bei Streitigkeiten oder Streiks die Männer ihres Vertrauens aus der betreffenden Fabrikbranche heranziehen; der Handwerker den Handwerker, der Geselle den Mitgesellen usw.[5]. Nur die Sozialdemokratie stand abseits und wollte von dem neuen Institut der Vertrauensmänner nichts wissen. Was Brentano[6] in seiner Kritik des 1890er Entwurfes als dessen bureaukratischen Übelstand getadelt hatte, das pries der sozialdemokratische Redner jetzt als seinen hervorstechendsten Vorzug: gerade die völlig unbeteiligten, von der Gesamtheit der Arbeitgeber und Arbeiter in geordnetem Wahlverfahren gewählten Beisitzer würden allemal mehr Autorität, einen gröfseren moralischen Einflufs geniefsen als

[1] v. Schulz, Archiv, Bd. 16, S. 686.
[2] Stenogr. Ber. 1900/3 3. Anlagen-Bd., S. 2088/89.
[3] Brentano, Über Arbeitseinstellungen und Fortbildung des Arbeitsvertrages, in den Schriften des Ver. f. Sozialpol. 1890.
[4] Stenogr. Ber. 1900/3 3. Anlagen-Bd., S. 2684.
[5] Ebenda 1900/3 3. Bd., S. 2677.
[6] a. a. O.

die an dem Streik wenigstens indirekt interessierten Berufsangehörigen; zudem würden die ständigen Beisitzer des Gewerbegerichtes, die derlei Verhandlungen schon öfters pflogen und wüfsten, wie man mit den Parteien umzugehen hat, eine ganz andere Routine mitbringen als die ad hoc ausgewählten Vertrauensmänner, die bei den heutigen Marktverhältnissen schliefslich doch immer Partei blieben, auch wenn die Vorlage zehnmal vorschreibe, dafs sie am Ausstand nicht beteiligt sein sollten[1]. Gerade in dem persönlichen Anteil aber der Schiedsmänner an den zum Austrag kommenden Differenzen hatte Brentano einst die ungeheure Überlegenheit des englischen Einigungsverfahrens gesehen: ein neuer Beweis für die Mängel, die jeder das Zukünftige antizipierenden theoretischen Konstruktion anhaften. — Aller Groll aber, alle alte Feindschaft, die ein Teil der Unternehmerschaft und auch erhebliche Bruchteile der politischen Parteien gegen dies — mit dem Abg. v. Kardorff zu reden — „aufserordentlich überflüssige Gesetz" im Busen bewahrten, entlud sich dann noch einmal beim § 62c. Nicht nur dafs eine grofse Anzahl Konservativer den Erscheinungszwang, der nur „eine Etappe zum Verhandlungszwang oder eine Komödie sei"[2], ablehnte; dafs die Reichspartei — schon um den Manen des inzwischen verstorbenen Freiherrn v. Stumm eine stille Huldigung zu bereiten — geschlossen gegen das ganze Gesetz stimmte: selbst bei den Nationalliberalen, aus deren Mitte der Abgeordnete Bassermann noch kurz zuvor den Erscheinungszwang warm befürwortet hatte, erhoben sich ihm lebhafte Widersacher. Zumal der westfälische Bergwerksdirektor Hilbck bekämpfte ihn in einer Rede, die — was ihr an Klarheit und zwingender Logik ihrer Schlüsse abging — reichlich durch sprudelnde Leidenschaftlichkeit ersetzte. Herr Hilbck stellte eine Reihe schwer beweisbarer Behauptungen auf: zum ersten, dafs die Angreifenden immer die Arbeitnehmer seien; dafs die Arbeitgeber sich bei Lohnstreitigkeiten genau vorher überlegten, ob sie mehr zahlen könnten oder nicht; dafs sie allemal erst nach „genauer und sorgsamer Prüfung ihrer Geschäftsbücher" erklärten: mehr kann ich nicht geben, ohne meinen Betrieb zu gefährden. Und von diesen Voraussetzungen, deren geringe Stichhaltigkeit fast alle die grofsen, von den Unternehmern als Machtfrage behandelten Ausstände der letzten Zeit predigten, kam er ganz ähnlich wie Martens in seiner oben[3] charakterisierten Schrift zu dem Schlufs: der Erscheinungszwang wird für die Arbeitgeber

---

[1] Stenogr. Ber. 1900/3 3. Bd., S. 2692 ff.
[2] Ebenda 1900/3 3. Bd., S. 2685.
[3] S. oben S. 122.

etwas Odiöses, wenn auch nicht gerade Entwürdigendes[1] haben; er wird, da sich „bekanntlich“ aus anderer Leute Leder gut Riemen schneiden liefsen und die Einigungsämter dazu neigen würden, den Streikenden in jedem Falle wenigstens etwas zu bewilligen, die Arbeiter zu immer neuen Forderungen reizen und schliefslich in konsequenter Fortbildung (der Kommissionsbericht eröffne ja schon die schreckensvolle Perspektive) geradezu zur Vermögenskonfiskation führen[2]. Auf die Mehrheit machten diese Argumente freilich keinen Eindruck mehr. Die war entschlossen, die Vorlage, so wie sie aus der Kommission hervorgegangen war, anzunehmen, und in diesem Entschlufs beirrten sie weder die vorgeschlagenen Verschlimmerungen noch auch die etwaigen Verbesserungen. Sie blieb dabei, gegenüber den von den Richthofen, Stockmann, Hilbck vertretenen privatwirtschaftlichen Auffassungen, den Erscheinungszwang vom Standpunkt öffentlichen Rechts zu behandeln; sie hielt an der Grenzzahl von 20000 Einwohnern für die obligatorische Errichtung von Gewerbegerichten fest; aber sie konnte sich auch nicht entschliefsen, die Mietsstreitigkeiten aus dem Arbeitsvertrage nach dem Vorgange Österreichs der gewerbegerichtlichen Jurisdiktion zu unterwerfen und dem sozialdemokratischen Antrag nachzugeben, der wenigstens in den Fällen, wo beide Parteien sich über dessen Anrufung einig waren, das Gewerbegericht auch zwischen Innungsmeistern und Innungsgesellen entscheiden lassen wollte[3]: so zahm und bescheiden war nachgerade selbst die Sozialdemokratie in ihren Wünschen auf Beschränkung der Innungsgerichtsbarkeit geworden. Nur in einem Punkte wich man von den Abmachungen der Kommission ab und da war es zum Schlimmen. In der Kommission hatte man einen leisen, schüchternen Versuch unternommen, auch die Gesindestreitigkeiten vor das Forum des Gewerbegerichts zu ziehen. Man hatte in Übereinstimmung mit der hier und da bereits geübten Praxis verordnet: in Städten, wo Gewerbegerichte bestehen, sollte der Vorsitzende des Gewerbegerichts mit den Herrschaften oder dem Gesinde, das sich an ihn wende, verhandeln und einen Schiedsspruch fällen dürfen. Also wohlverstanden: das Gesinde sollte kein Wahlrecht bekommen, und das ländliche von der Wohltat dieser schnellen Rechtspflege nach wie vor ausgeschlossen bleiben. Es sollten auch nicht wie in dem ordentlichen Verfahren vor dem Gewerbegericht die Beisitzer hinzugezogen werden, sondern der Vorsitzende entschied allein, und gegen seine Entscheidung stand binnen einer Notfrist von vier-

[1] Eine „Herabwürdigung des Arbeitgeberstandes“ hatten einzelne industrielle Vertretungen den Erscheinungszwang genannt; cf. Stenogr. Ber. 1900/3 3. Bd., S. 2677.

[2] Ebenda 1900/3 3. Bd., S. 2679 ff.

[3] Ebenda 1900/3 3. Bd., S. 2695 ff.

zehn Tagen der Rekurs an das ordentliche Gericht offen[1]. Die ganze Verhandlung hätte sich also, wie das ja auch in der Kommission bezeichnet wurde, lediglich „als eine Art Vorverhandlung gegeben“[2]. Aber schon dort, wo der Antrag mit allen gegen zwei Stimmen angenommen war, hatte ein Regierungsvertreter der Befürchtung Ausdruck gegeben, diese Bestimmung, die „den Gerichten den Charakter als Gewerbegericht nähme“, könnte das Zustandekommen all der sonst gewünschten Verbesserungen gefährden[3], und im Plenum verstärkte sich das Gewicht dieser Einwände. Nicht nur die Konservativen[4] liefsen durch den Mund ihres Sprechers erklären, dafs die Mehrzahl von ihnen auch gegen diese fakultative, ortsstatutarische Ausdehnung der Gewergerichte auf das Gesinde Widerspruch erheben würde; selbst aus dem Zentrum meldete sich in der Person des Reichsgerichtsrats Spahn ein beachtenswerter Gegner. So gab denn der Antragsteller Trimborn selbst das Resultat seiner „schweren Bemühungen“ preis; es ging eben durch die ganze Beratung ein Zug der Behutsamkeit, der sorgsamen Vorsicht. In seinem Schlufswort nannte der Referent der Kommission das Zustandekommen des Gesetzes eine „zarte Sache“, die man nicht erschweren dürfe. Das war der Ausdruck der Empfindungen, die in den beiden Tagen der zweiten Plenarlesung — am 9. und 10. Mai 1901 — offenbar alle, die das Zustandekommen wünschten, beseelten. Und diese Wünsche reichten diesmal bis in die Reihen der Sozialdemokratie hinein. Auch die Sozialdemokraten stimmten diesmal für das Gesetz; geschlossen dagegen erklärten sich nur die Freikonservativen, die sogen. Reichspartei[5]. Bereits am 13. Mai folgte dann die sehr summarische dritte Lesung; an sie schlofs sich noch in derselben Sitzung die Gesamtabstimmung.

Wenige Tage zuvor hatte der Ministerwechsel in Preufsen stattgefunden. Neben der überragenden Persönlichkeit Miquels waren auch die bisherigen Minister für Handel und für Landwirtschaft weggefegt worden und zum Handelsminister der westfälische Grofsfabrikant Theodor Möller erkoren, der dem „Zentralverband deutscher Industrieller“ angehörte, und in seinen sozialpolitischen An-

---

[1] Der Antrag (Nr. 14) lautete: hinter § 54 die folgende neue Bestimmung einzuschieben:

bei Streitigkeiten zwischen Dienstherrschaft und Gesinde (§ 3 letzter Absatz) hat die Zuziehung der Beisitzer überall zu unterbleiben. Die Entscheidung des Vorsitzenden (§ 54 Abs. 4) geht in Rechtskraft über, wenn nicht binnen einer Notfrist von zwei Wochen eine Partei Klage bei dem ordentlichen Gericht erhebt.

[2] Stenogr. Ber. 1900/3 3. Anlagen-Bd., S. 2064 ff.

[3] Ebenda 1900/3 3. Anlagen-Bd., S. 2059.

[4] Ebenda 1900/3 3. Bd., S. 2654.

[5] Gegen den zweiten Teil von § 62c stimmte auch ein Teil der Nationalliberalen unter Führung des Abg. Hilbck.

schauungen wohl auch in dessen Programm fuſste. Mit Bezug auf diesen Wechsel geschah es, daſs der Abg. Trimborn in der zweiten Lesung nicht ohne ein gewisses leises Bangen erklärte: „Ich kann allerdings nicht leugnen, daſs die Stellung, die das preuſsische Handelsministerium zu der gegenwärtigen Vorlage einnehmen wird, ein grelles Schlaglicht darauf werfen wird, was wir von dem neuen Handelsminister zu erwarten haben“ [1]. Die Befürchtungen erwiesen sich erfreulicherweise als grundlos. Auch die Regierung hatte diesmal ein Interesse an der Fortbildung des Gewerbegerichts; ihre Kommissare hatten sich an den Beratungen der 12. Kommission, wenn sie auch ihre Erklärungen immer nur für ihre Person [2] abgaben, rührig beteiligt; im Plenum griffen sie zwar nicht mehr in die Debatte ein; aber der Staatssekretär des Innern, Graf Posadowsky, wohnte den Verhandlungen von Anfang bis zu Ende bei — eine Ehrung, die Anträgen aus dem Hause nur selten widerfährt —, und der korybanthische Lärm der Unternehmerverbände in Rheinland-Westfalen und Thüringen und ihrer Presse, die — wie Francke [3] bitter spottete — „wieder einmal die heiligsten Güter der Industrie in ihren Grundfesten erschüttert“ sahen, lieſs die verbündeten Regierungen unbewegt. Es dauerte ja eine geraume Weile, und in dieser Zeit schwebten die sozialreformerisch interessierten Kreise zwischen Furcht und Hoffnung. Schlieſslich war es doch nicht gar so lange her, daſs der Fabrikfeudalismus auf Anschauungen und Maſsnahmen der maſsgebenden Stellen im Reich einen starken und nachweislichen Einfluſs geübt hatte. Dieser Fabrikfeudalismus aber schien jetzt eine Kraftprobe machen zu wollen. „Verschiedene Eingaben an den Bundesrat,“ berichtet Francke [4], „die in einer kleinen Anzahl rühriger Preſsorgane mit Getöse verbreitet wurden, zogen das ganze verstaubte Register einer abgebrauchten Phraseologie, mit denen das Herrenbewuſstsein eines sozialpolitisch rückständigen Unternehmertums sich gegen jeden Schritt vorwärts auf der Bahn der Sozialreform wehrt.“ So wurde, was anfangs vielleicht nur eine technische und opportunistische Frage gewesen war, nachgerade zu einer solchen von grundsätzlicher und hochpolitischer Bedeutung: der neue Kanzler hatte zu wählen, ob er sich im Dienste der Sozialreform an die Seite des Reichstages stellen oder das groſsindustrielle „Scharfmachertum“ in seinen allzu hoch gespannten Ansprüchen stützen wollte. Graf Bülow ist sich des Gewichts dieser Entscheidung denn auch bewuſst gewesen. Vornehmlich auf sein Betreiben, wie die „Soziale Praxis“, ein damaliges Gerücht bestätigend, mitteilte [5],

[1] Stenogr. Ber. 1900/3 3. Bd., S. 2693.
[2] Ebenda 1900/3 3. Bd., S. 2654.
[3] Soziale Praxis 10, Nr. 34, Sp. 850.
[4] Ebenda 10, Nr. 40, Sp. 1010.
[5] Ebenda 10, Nr. 41, Sp. 1053.

aber auch unter lebhaftem Bemühen des Staatssekretärs im Reichsamt des Innern geschah es, dafs der Bundesrat der aus der Initiative des Reichstages hervorgegangenen Vorlage seine Zustimmung erteilte; am 29. Juni aber wurde amtlich bekannt gegeben:

„Der Bundesrat hat am 24. Juni d. J. unter dem Vorsitz des Staatsministers, Staatssekretärs des Innern Dr. Graf v. Posadowsky-Wehner, eine Plenarsitzung abgehalten, in welcher der vom Reichstag beschlossene Entwurf eines Gesetzes, betreffend Abänderung des Gesetzes vom 29. Juli 1890 über die Gewerbegerichte, angenommen wurde."

Am 30. Juni wurde das neue Gesetz dann vom Kaiser an Bord der „Hohenzollern" vor Travemünde vollzogen und am 2. Juli veröffentlicht. Die „Nordd. Allg. Zeitung" aber schrieb ihm einen bemerkenswerten offiziösen Kommentar [1], in dem es unter anderem hiefs:

„Die Arbeiterausstände haben in unserer Zeit einen Umfang gewonnen, der unheilvolle Rückwirkungen auf unser gesamtes Erwerbsleben äufsert: es müssen deshalb Mittel und Wege gesucht werden, um eine Annäherung zwischen den kämpfenden Parteien zu ermöglichen und eine Versöhnung der widerstreitenden Interessen wenigstens zu versuchen. Etwas anderes aber stellt der so viel angefochtene Besprechungszwang nicht dar. Es kann keine Rede davon sein, jemals eine der beiden Parteien zu nötigen, sich einem Schiedsspruch des Einigungsamtes wider Willen zu unterwerfen. Dagegen kann es segensreich wirken, wenn ein im Auftrag des Staates handelnder Beamter unter Zuziehung von Vertrauensmännern der Parteien den Versuch macht, eine tatsächliche Einigung herbeizuführen. Hierzu ist aber das geeignetste Mittel die Klarlegung des Streitfalles und die mündliche Aussprache. . : . Jeder sozialpolitische Fortschritt stellt selbstverständlich neue Anforderungen. Die Arbeitgeber und die Regierungen werden deshalb immer wieder mit Anfeindungen zu kämpfen haben, wie wir das seit Erlafs der ersten sozialpolitischen Gesetze, vor allem seit Erlafs des Invalidengesetzes, erlebt haben. Trotzdem haben sich die Arbeitgeber mit dem neuen Zustand der Dinge und den dadurch herbeigeführten Lasten versöhnt und die segensreichen Folgen der neuen Einrichtung selbst anerkannt. Und dafs schliefslich die deutsche Industrie durch die sozialpolitischen Gesetze und Mafsnahmen der letzten zwölf Jahre nicht gelitten hat, das beweist ihr ungeahnter Fortschritt während derselben Zeit."

Am 1. Januar 1902 trat das neue Gesetz in Kraft.

[1] Soziale Praxis 10, Nr. 41, Sp. 1052.

Siebentes Kapitel.

Das Gesetz betr. Kaufmannsgerichte.

Am 4. Juli 1901, fünf Tage, nachdem die Gewerbegerichtsnovelle die kaiserliche Unterschrift erhalten hatte, war in der „Sozialen Praxis“ folgende Ankündigung zu lesen[1]:

„Die Errichtung kaufmännischer Schiedsgerichte für gewerbliche Streitigkeiten der Angestellten und Arbeiter der kaufmännischen Gewerbe unter Angliederung an die Amtsgerichte soll jetzt durch eine Vorlage, die in der Ausarbeitung begriffen ist, verwirklicht werden. Ein Teil der Handlungsgehilfen, besonders der deutschnationale Handlungsgehilfenverband und der sozialistische Zentralverband der Handlungsgehilfen und -gehilfinnen sind entschieden gegen die Angliederung kaufmännischer Schiedsgerichte an die Amtsgerichte und verlangen die Angliederung an die Gewerbegerichte. Dagegen sind andere, und zwar die gröfsten Gehilfenorganisationen, für die Errichtung von Schiedsgerichten im Anschlufs an die Amtsgerichte. In den Kreisen des Gewerbegerichtes wünscht man die Überweisung der kaufmännischen Schiedsgerichte an die Gewerbegerichte, während im Reichstage die Amtsgerichte mehr Anhänger finden. Bisher hatte innerhalb der Regierung eine entschiedene Stellungnahme nicht stattgefunden; es waren wohl seit längerer Zeit kommissarische Beratungen gepflogen worden, aber eine Entscheidung war offenbar noch nicht zustande gekommen. Die Antwort vom Bundesratstische, die gewöhnlich der Staatssekretär des Reichsjustizamts gab, fiel daher in den letzten Jahren recht unbestimmt und dilatorisch aus. Es wird uns aber bestätigt, dafs jetzt im Anschlufs an den Antrag Bassermann die Regierung sich der Errichtung kaufmännischer Schiedsgerichte zuneigt und dafs die gesetzgeberischen Vorarbeiten in dieser Richtung innerhalb des Reichsamts des Innern und des Reichsjustizamtes im Zuge sind.“

---

[1] Soz. Praxis, Jahrgang X, Sp. 1014.

Die Vorarbeiten in „dieser Richtung" haben dann bekanntlich nicht zum Ziele geführt. Als sie festere Gestalt gewonnen hatten und dies Ergebnis im Januar 1903 zum ersten Male an die Öffentlichkeit drang, hatte im Bundesrat bereits die andere Richtung, die den Anschlufs an die Gewerbegerichte wollte, gesiegt, und alle Versuche einer rührigen Agitation, der auch im Schofse der verbündeten Regierungen sehr regsame Unterstützung erstand, vermochten eine grundlegende Änderung nicht mehr herbeizuführen. Aber auch sonst gab die kurze informatorische Notiz der „Sozialen Praxis" nicht ganz den wahren Sachverhalt wieder. Von den grofsen Verbänden hatte in der Tat der „Deutsche Verband kaufmännischer Vereine, Frankfurt"[1] sich für eine Angliederung an die Amtsgerichte ausgesprochen, indes der „Verband deutscher Handlungsgehilfen, Leipzig"[2] lieber selbständigen Schiedsgerichten den Vorzug gegeben hätte. Auch der Hamburger „Verein für Handlungskommis von 1858" hatte eine Eingabe zugunsten einer Angliederung an die Amtsgerichte an den Reichstag gelangen lassen. Und diese Verbände — das ist zuzugeben — waren damals noch die gröfsten. Die Denkschrift des deutschnationalen Handlungsgehilfenverbands[3] rechnet 1901 für den Hamburger Verein 50405 Gehilfen heraus, für den „Verband deutscher Handlungsgehilfen, Leipzig" 50000 und den „Deutschen Verband kaufmännischer Vereine, Frankfurt" 57592[4]; alle drei Vereinigungen umfassen nämlich Gehilfen und Prinzipale und führen zum Teil keine getrennte Statistik. Allein ganz abgesehen davon, dafs es sich bei ihnen vielfach nur um eine Stellungnahme der Vorstände handelte, gegen die aus den Kreisen der Mitglieder hier und da sogar öffentliche Proteste ergangen waren[5]; dafs von den zum „Deutschen Verband" zusammengeschlossenen kaufmännischen Vereinen der Berliner Hilfsverein für weibliche Angestellte z. B. direkt ins andere Lager abgeschwenkt war, von den übrigen aber viele sich mehr um Geselligkeit, Vortrags- und Bildungswesen zu kümmern pflegten, denn um die sozialpolitische Förderung ihrer Mitglieder, mufs doch im Auge behalten werden, was Jastrow einmal über die gesellschaftliche Struktur dieser Vereine schreibt: „Diese Vereine," sagt er, „setzen sich zum überwiegenden Teil zusammen aus Prokuristen, Korrespondenten, Buchhaltern in sehr gut honorierten Stellungen. Daher betrachtet man es als eine Verletzung der Standesehre, wenn man sein Recht bei demselben Gericht suchen soll, bei welchem die gewerblichen Arbeiter ihre Klagen anbringen. Hierbei

[1] Kaufm. Schiedsgerichte S. 33.
[2] Ebenda S. 30.
[3] Kaufm. Schiedsgerichte S. 27.
[4] S. auch oben S. 104 die Berechnungen von v. Boenigk.
[5] Kaufm. Schiedsgerichte S. 31.

vergiſst man aber, daſs auch die anderen Gerichte einen jeden Bürger ohne Unterschied von Rang und Stand anhören"[1]. Ein wesentlich zutreffenderes Bild der in der kaufmännischen Welt vorhandenen Strömungen gewährt die bereits mehrfach erwähnte Schrift des deutschnationalen Handlungsgehilfenverbandes, die fast um die nämliche Zeit erschienen war. Die war freilich im doppelten Sinne Partei; sie wollte für ihren Verband werben und zugleich für den Anschluſs der künftigen Kaufmannsgerichte an die Gewerbegerichte, den sich jener Verband zum Ziel gesetzt hatte. Aber sie unterzieht sich diesem Geschäft mit einer ansehnlichen Objektivität, die zumeist die Tatsachen für sich reden läſst. 456 Vereine mit 103118 Gehilfen und 32900 Prinzipalen sind allerdings für die Angliederung an die Amtsgerichte. Aber 1256 Vereine mit 71424 Gehilfen und 33514 Prinzipalen ziehen statt dessen den Anschluſs an die Gewerbegerichte vor und 374 Vereine mit 50000 Gehilfen und 4862 Prinzipalen rufen gar nach völlig selbständigen Gerichten. Das heiſst, wenn man für die Zahlen konkrete Begriffe setzt: mit Ausnahme des deutschen Verbandes kaufmännischer Vereine, des Vereins für Handlungskommis von 1858, des Verbandes deutscher Handlungsgehilfen und des Verbandes katholischer kaufmännischer Vereine erklären sich sämtliche Handlungsgehilfenverbände für den Anschluſs an die Gewerbegerichte. Und wenn man die Stimmen wägt, statt sie nur zu zählen, kann man mit der wiederholt angezogenen Schrift sagen: „Die Äuſserung des deutschnationalen Handlungsgehilfenverbandes verdient noch besondere Beachtung, weil sie auf Beschlüsse der von ihm veranstalteten deutschen Handlungsgehilfentage, 1896 in Hamburg, 1898 in Leipzig, 1899 in Kassel, 1900 in Hannover und 1901 in Mannheim, zurückzuführen ist und diese Beschlüsse wirklich von Vertretern der Handlungsgehilfen aus ganz Deutschland, am letzten Tage in Mannheim z. B. aus 405 verschiedenen Städten, gefaſst worden sind, während auf der Tagung des deutschen Verbandes kaufmännischer Vereine im Jahre vorher nur Vertreter aus 44 Städten anwesend waren."[2]

In irgend einer Form für Fachgerichte hatten sich freilich nachgerade alle Gehilfenvereinigungen ausgesprochen[3]: darin war also der consensus omnium erreicht. Aber auch die kaufmännischen Arbeitgeber hatten sich allmählich mit dem Gedanken an derlei Sondergerichte zu befreunden begonnen. Als unter dem Eindruck der wiederholten parlamentarischen Anregungen die Landesregierungen sich an die Handelskammern und die ihnen gleichgestellten kaufmännischen

---

[1] „Das Gewerbegericht", Jahrg. 1896 Nr. 3.
[2] Kaufm. Schiedsgerichte S. 49 ff.
[3] Ebenda S. 27 und Silbermann im Archiv, Bd. XI, S. 659.

Korporationen mit der Bitte wandten, nach Anhörung der Gehilfenvereine ihr Urteil in dieser Frage abzugeben, kam die Mehrzahl von ihnen noch zu einem ablehnenden Votum[1]. Als aber dann nach erneuten Verhandlungen im Reichstag der preufsische Handelsminister nochmals eine Anfrage an die Handelskammern richtete und sie nunmehr auch für den Fall ihrer grundsätzlichen Abneigung um eine Äufserung ersuchte, wie diese Sondergerichte nach ihrer Meinung wohl am besten gestaltet würden, wenn deren Bildung dennoch beschlossen werden sollte, da klangen die Antworten doch schon wesentlich anders. Jetzt konnte man in den Stücken bereits drei Gruppen unterscheiden; genau wie innerhalb der Gehilfenschaft wollten die einen Angliederung an die Gewerbegerichte, die anderen ganz selbständige kaufmännische Sondergerichte, die dritten Anschlufs an die Amtsgerichte, und es war ungemein charakteristisch, wie die Anschauungen in den verschiedenen Gegenden des Reichs in der Beziehung auseinandergingen. Im Osten ist bis auf Danzig die Abneigung gegen kaufmännische Schiedsgerichte allgemein; in Süd- und Westdeutschland steht man der Frage im grofsen ganzen wohlwollend gegenüber, wiewohl es auch hier nicht an ablehnenden Stimmen fehlt; die Handelskammern Mitteldeutschlands aber suchen zu vermitteln; nur Köln, Frankfurt a. M. und Aachen treten von vornherein scharf und temperamentvoll dafür ein, dafs die Streitigkeiten zwischen Prinzipal und Gehilfen der Zuständigkeit der ordentlichen Gerichte entzogen werden[2].

Wir haben schon früher[3] des Widerspiels der Meinungen gedacht, das allemal offenbar wurde, sobald man im Reichstage die Regierung über ihren Standpunkt zu dem Problem der kaufmännischen Sondergerichte zu befragen versuchte. Sie schien von Anfrage zu Anfrage in ihren Auffassungen zu schwanken. Bald gab sich der Staatssekretär des Reichsjustizamts, an den diese Anfragen sich zumeist richteten, entgegenkommend und bereitwillig, bald wieder so zugeknöpft, dafs in der kaufmännischen Gehilfenpresse ein wilder Grimm aufloderte[4]. Zuguterletzt — darin kennzeichnet die „Soziale Praxis" die Situation gewifs zutreffend — schien sich die Kunst des Staatssekretärs darin zu erschöpfen, sich so unbestimmt wie nur irgend möglich auszudrücken. Zusammen mit den Anträgen von Zentrum und Sozialdemokratie, die im weiteren Verlauf zur Gewerbegerichtsnovelle von 1901 führten, war nämlich beim Zusammentritt des Reichstags im Herbst

[1] S. o. S. 104.
[2] Silbermann, im Archiv Bd. XI, S. 661 und Swienty, Neue Zeit Bd. XX, S. 496.
[3] S. o. S. 106, 113, 127.
[4] Kaufm. Schiedsgerichte S. 10.

1900 vom Abgeordneten Bassermann, dem alten Befürworter kaufmännischer Sondergerichte, dem Reichstage ein Initiativantrag zugegangen, der im Gegensatz zu den früheren Anregungen von dieser Seite [1] auch die Einzelheiten zu ordnen unternahm. Der Abgeordnete Bassermann hatte sich — wie er erklärte: um die Errichtung möglichst vieler derartiger kaufmännischer Schiedsgerichte zu erleichtern [2], vielleicht auch daneben, um dem Antrag bei seinen Parteigenossen eine breitere Basis zu sichern — für den Anschlufs an die Amtsgerichte entschieden und forderte nun mit Unterstützung seiner Fraktion:

„der Reichstag wolle beschliefsen, die verbündeten Regierungen zu ersuchen, baldigst einen Gesetzentwurf, durch welchen besondere Gerichte für Rechtsstreitigkeiten aus dem kaufmännischen Dienstvertrag eingeführt werden, vorzulegen und in demselben folgende Grundsätze zur Anwendung zu bringen:

1. diese besonderen Gerichte sind den Amtsgerichten anzugliedern;
2. die Gerichte bestehen aus einem Amtsrichter als Vorsitzenden und je einem Prinzipal und Handlungsgehilfen als Beisitzern;
3. die Beisitzer werden mittels Wahl der Prinzipale und Handlungsgehilfen in getrennter Wahlhandlung bestellt. Die Wahl ist unmittelbar und geheim;
4. das Verfahren ist ein beschleunigtes, einfaches, mit geringen Kosten verknüpftes;
5. den Gerichten sind die Streitigkeiten aus dem kaufmännischen Dienstvertrag zu überweisen;
6. die Berufung gegen Urteile ist nur zulässig, wenn der Wert des Streitgegenstandes den Betrag von 100 Mk. übersteigt [3]."

Der Antrag kam in dem Parlamentswinter 1900/01 nicht mehr zur Verhandlung; aber Herr Bassermann lieferte für ihn doch eine Art Vorpostengefecht, als er sich bei Beratung des Justizetats — man kann nachgerade sagen: nach alter, lieber Gewohnheit — zum vierten Male nach dem Schicksal des Gesetzentwurfes über kaufmännische Schiedsgerichte erkundigte. Diesmal — es war am 4. Februar 1901 — erklärte Staatssekretär Nieberding:

„Der Herr Vorredner ist auf die Frage der kaufmännischen Schiedsgerichte gekommen. Ich kann in diesem Punkte nur erklären, dafs das Reichsjustizamt zurzeit mit der Frage noch nicht befafst ist. Die Frage

---

[1] S. o. S. 109.
[2] Stenogr. Ber. Session 1900/03.
[3] Ebenda.

liegt in dem zunächst und hauptsächlich beteiligten Ressort, dem Reichsamt des Innern. Ich bin zu meinem Bedauern nicht in der Lage, zu sagen, wie weit die Verhandlungen dort gediehen sind. Ich kann mich unter diesen Umständen auch auf eine Erörterung der sachlichen Gesichtspunkte, die von dem Herrn Vorredner hier vorgetragen sind, nicht einlassen, da naturgemäfs die Reichsjustizverwaltung ihre Stellung erst nehmen kann, nachdem sich die Reichsverwaltung des Innern ihrerseits über die Gesichtspunkte, die sie einem eventuellen Entwurf zugrunde legen will, schlüssig gemacht hat. Ich kann also dem Herrn Vorredner nur anheimgeben, wie ich dies übrigens auch schon in früheren Jahren getan habe, sich mit seinen Wünschen zunächst an den Herrn Staatssekretär des Innern wenden zu wollen [1]."

Das war, nachdem der Staatssekretär noch zwei Jahre zuvor erklärt hatte, dafs man sich im Reichsjustizamte „ernst und unausgesetzt mit dieser Frage befasse [2]", im Grunde mehr als eine blofs „unbestimmte, dilatorische" Auskunft; das war schon ein völliges Versagen. Immerhin wird man nicht verkennen dürfen, dafs die schwankende und unentschlossene Haltung der Regierung bis zu einem gewissen Grade in den begleitenden Zeitumständen ihre Erklärung fand. Man mag die in der kaufmännischen Welt vorhandenen Strömungen noch so sehr im Sinne der Streitschrift des deutschnationalen Handlungsgehilfenverbandes einschätzen — die Tatsache blieb doch bestehen, dafs in ihr, soweit es die Frage der Organisation der künftigen kaufmännischen Sondergerichte anging, die Auffassungen gespalten waren [3]. Und dann war in einem ausschliefslich von Juristen regierten und verwalteten Staatswesen doch auch nicht der Einflufs des Juristentums zu unterschätzen. Das aber stand den projektierten oder ersehnten neuen Bildungen genau so abweisend, feindselig und verständnislos gegenüber wie einst den Gewerbegerichten. Ich sage mit Vorbedacht: genau so. Wer die nicht geringe Zeitschriftenliteratur emsiger Richter und Rechtsanwälte daraufhin durchsieht, der hat fast den Eindruck, als wenn die „Toten wieder erwachten". Alle die Argumente, die vor einem Menschenalter den Reiz der Originalität haben mochten, die man aber mittlerweile durch eine zwölf- bis dreizehnjährige Praxis für gründlich widerlegt halten durfte, werden umständlich wieder hervorgekehrt, in unzähligen Zeitungsartikeln nachgeschrieben und zum Beschlufs im Reichstage mit Grandezza nachgesprochen.

---

[1] Stenogr. Ber. 1900/3.

[2] Am 18. Januar 1899.

[3] Eine hübsche Zusammenstellung dieser vielfach von Standesdünkel und anerzogenen Vorurteilen getrübten Auffassungen gibt Swienty in der „Neuen Zeit", Bd. XX, S. 495.

Es liegt etwas unwillkürlich Entmutigendes und Niederdrückendes darin, wie hier die Dinge einfach wieder ab ovo behandelt werden. Es ist, als ob ein ganz neues Problem angerührt würde, als ob der Prinzipienstreit nicht schon längst zuvor in einer umfangreichen Literatur ausgetragen wäre. Geradezu ein Musterbeispiel für diese Arbeitsmethode, die alles Voraufgegangene — das Schrifttum so gut wie die bisherigen Erfahrungen der Praxis — völlig ignoriert, ist ein Aufsatz, den Amtsgerichtsrat Salomon im Anschlufs an den obenerwähnten[1] Antrag Bassermann in der „Deutschen Juristenzeitung" veröffentlicht[2]. Nachdem er zuvor als den Urgrund des Verlangens nach Kaufmannsgerichten tiefsinnig das „schroffe Gegenüberstehen der politischen Parteien und der einzelnen Berufsstände" aufgedeckt hat, meint er: „es könne nicht zugegeben werden, dafs für den kaufmännischen Dienstvertrag besondere Gründe bestehen, welche eine ausnahmsweise Behandlung desselben rechtfertigen könnten." Zudem liege bei Laiengerichten die „durch die Erfahrung bestätigte Gefahr vor, dafs sie mit Hintansetzung der ausdrücklichen, klaren, gesetzlichen Vorschriften sich zu sehr von dem Gefühl leiten liefsen". Und dann wären Rechtsstreitigkeiten aus kaufmännischen Dienstverträgen im Verhältnis zu der Anzahl der übrigen Prozesse ja auch so selten, dafs sich schon um deswillen ihre Unterstellung unter besondere Gerichte nicht rechtfertige. Wer aber hier wieder nach einem beschleunigten Verfahren rufe, möge gefälligst bedenken, dafs die „Erfahrung lehre: Schleunigkeit kann meistens nur auf Kosten der Gründlichkeit innegehalten werden". In der Hauptsache dieselben Argumente kehren dann, mitunter nur mit etwas mehr Geschick vorgetragen, immer wieder. Selbst ein so feiner Kopf wie der Justizrat Josef Stranz, der in mancher hübschen Einzelbemerkung zeigt, dafs ihm soziales Empfinden keineswegs fremd ist, antwortet den Befürwortern des gewerbegerichtlichen Verfahrens: „Recht zu sprechen, nicht Recht zu brechen sind die Gerichte da[3]." Später klagt er, dafs die „mühsam erkämpfte Rechtseinheit auf privatrechtlichem Gebiet" in die Brüche gehe und unsere moderne Gerichtsverfassung durch die Sondergerichte in ständische und mittelalterliche „Interessentengerichtshöfe" aufgelöst würde[4]. Bitter höhnt er über die „Wahrheit von heute": „Jeder soll seinem ordentlichen Richter entzogen werden", und versichert: „Wir bleiben dem Ideal einer einheitlichen, der Interessenwirtschaft entrückten Justizverfassung treu"[5]. Ein

[1] S. o. S. 146.
[2] IV. Jahrg., 1901, S. 42 ff.
[3] Deutsche Juristenztg., 7. Jahrg., 1902, S. 163.
[4] Ebenda, 8. Jahrg., 1903, S. 72.
[5] Ebenda, 9. Jahrg., 1904, Sp. 185.

anderer Jurist, der Amtsrichter **Metzger**, hatte schon mehrere Jahre zuvor an derselben Stelle von den Gewerbegerichten geschrieben: „Es widerspricht jene Organisation an sich dem ersten Bedürfnis einer wahren Gerichtsorganisation, nämlich dem Postulat, dafs der Richter auf jeden Fall volle Unabhängigkeit und Selbständigkeit gegenüber den zur Aburteilung stehenden Fragen hat[1]."

Wer dem Gang der bisherigen Untersuchung gefolgt ist, wird freilich gesehen haben, wie wenig alle diese Einwände zutrafen. Sie waren auf dem Wege der Deduktion gewonnen, nicht auf dem der Erfahrung; theoretische Konstruktionen, die mit einer merkwürdigen Konsequenz die Ergebnisse und Beobachtungen der gewerbegerichtlichen Praxis und die umfangreiche Literatur über diese Dinge ignorierten. Die von juristischer Seite mehrfach so emphatisch angerufene „Erfahrung" hatte ja von allem so ziemlich das Gegenteil erwiesen: es war nicht richtig, dafs die Beisitzer der Gewerbegerichte sich überwiegend von unklaren Gefühlen und Sentiments leiten liefsen[2]; auch Ansätze einer Klassenjustiz waren in der gewerbegerichtlichen Indicatur zum mindesten nicht mehr wahrnehmbar gewesen wie bei den Sprüchen der ordentlichen Gerichte[3]. Dafs aber bei aller Schnelligkeit die beiden Hauptmomente richterlicher Tätigkeit — Feststellung des Tatbestandes und Auslegung der bestehenden Gesetzesparagraphen und ihre Anwendung auf den vorliegenden Tatbestand — nicht zu kurz gekommen waren, ward schon durch das Vorhandensein der aus den Kreisen der Gewerberichter hervorgegangenen Publikationen rein juristischen Charakters dargetan. Die Bedürfnisfrage aber ob der verhältnismäfsig geringen Zahl von Prozessen leugnen zu wollen, die bislang bei den ordentlichen Gerichten von kaufmännischen Angestellten gegen ihre Prinzipale angestrengt worden seien, war vollends ein Trugschlufs: deshalb eben wurden ja diese neuen Sondergerichte verlangt, weil das Verfahren bei den Amtsgerichten an sich zu langsam, vielfach auch zu langwierig und wegen des unerläfslichen Kostenvorschusses auch zu teuer war[4]. Und die Klage über den „mittelalterlichen Interessengerichtshof", die „Auflösung der Rechtseinheit"? Man könnte

---

[1] Deutsche Juristenztg., Jahrg. 2, 1897, S. 18.

[2] S. o. S. 66.

[3] S. o. S. 69.

[4] Silbermann, Brauns Archiv, Bd. XI, S. 662. — In Bd. VII der Schriften des „Deutschnationalen Handlungsgehilfenverbandes" wird in der Beziehung ein wahrhaft erschütterndes Tatsachenmaterial beigebracht. Hier seien nur die folgenden, allgemeiner gehaltenen Ausführungen zitiert: „Für den Handlungsgehilfen ist noch dazu der Umstand von schwerwiegender Bedeutung, dafs er in den allermeisten Fällen den Ort seiner bisherigen Tätigkeit verläfst und das Klagen von

ihr entgegenhalten, was Silbermann einem Juristen antwortete, der jedes Sondergericht für einen „Rückschritt in der Kulturentwicklung“ erklärt hatte[1]:

„Haase verkennt völlig den Charakter der Gewerbegerichte, die auch in ihrer Zusammensetzung durchaus nicht Standesgerichte sind. Sie sind schiedsrichterliche Behörden, deren Anrufung für gewisse Fälle vorgeschrieben und deren Urteilsspruch bindend und endgültig ist. Bedeuten ferner etwa die in der Zivilprozeſsordnung vorgesehenen fakultativen Schiedsgerichte, die Kammern für Handelssachen oder die Schöffen- und Geschworenengerichte, die die Rechtsprechung in komplizierten Fällen Laien übertragen, einen Rückschritt in der Kulturentwicklung? Verdanken diese Gerichte nicht vielmehr ihre Entstehung dem modernen Rechtsbewuſstsein?“ [2]

Man könnte aber auch fragen, ob die „Rechtseinheit“ in jenem Sinne denn wirklich ein absolutes Ideal sei; ob sie nicht vielmehr auch nur eine historische Kategorie darstelle und mit dem Wandel der Zeiten den veränderten Verhältnissen entsprechend umzuformen sei. Die nur juristisch Gebildeten pflegen ganz erschreckt auf die Konsequenzen dieses neuen Prinzips besonderer Arbeitsgerichte hinzuweisen: ob man denn auch den Dienstboten, den Landarbeitern und so fort derartige Sondergerichte bewilligen wolle? Und in den Regierungskreisen scheint man die Furcht vor diesen Konsequenzen zu teilen, wie sich aus einer Äuſserung des Grafen Posadowsky bei der Beratung des Gesetzes über die Kaufmannsgerichte ergibt: „Das Gewerbegerichtsgesetz und dieses Gesetz müssen durch besonders dringende Verhältnisse begründete Ausnahmen bleiben.“ Ich muſs freilich gestehen,

---

einem Ort zum andern mit Schwierigkeiten und Umständlichkeiten verbunden ist, die vielfach das Anstrengen eines Prozesses überhaupt zur Unmöglichkeit machen. Und wie wird einem Angestellten das Suchen nach einer neuen Stellung erschwert, wenn er noch mit seinem letzten Chef, auf dessen Zeugnis er angewiesen ist, in einen Prozeſs verwickelt ist! Und er hat ja keine Möglichkeit, bei neuen Bewerbungen etwaige gesetzwidrige Handlungen seines seitherigen Prinzipals nachzuweisen, um schlechten Auskünften die Spitze abzubrechen, denn allein ein Gerichtsurteil würde da für den zukünftigen Prinzipal maſsgebend sein können, und das läſst lange auf sich warten . . . Da ballt der geschädigte Gehilfe lieber die Faust in der Tasche und verzichtet in neun von zehn Fällen auf sein Recht. Und dann wundern sich nachher weise Leute, daſs so verhältnismäſsig wenig Prozesse über Gehaltsstreitigkeiten zwischen Prinzipalen und Gehilfen vor den Amtsgerichten verhandelt werden, und folgern daraus, daſs kaufmännische Schiedsgerichte mangels genügender Klagen sehr überflüssig seien.“ S. 14 ff.

[1] Rechtsanwalt Dr. Haase in der Buchhändlerwarte, 1897, Nr. 10.

[2] Silbermann, Brauns Archiv, Bd. XI, S. 668.

dafs mich diese Konsequenzen nicht schrecken; ich möchte mich in der Beziehung dem anschliefsen, was Schallhorn in einem Aufsatz über den „Ausbau der Gewerbegerichte" ausführt:

„Ist nach alledem die schleunige und billige Erledigung gerade der Arbeitsstreitigkeiten geboten, so ist nicht ersichtlich, weshalb diese Gunst nur den Arbeitern und Arbeitgebern nach Titel VII gewährt werden soll. Ist der gewerbliche Arbeiter etwa der ärmste und schwächste? Hat nicht gerade er sich zu einer verhältnismäfsig leidlichen Lebenshaltung emporgearbeitet? Also kommen wir zu dem Schlufs: die anderen Arbeitsstände haben die billige und bequeme Rechtsprechung noch nicht, weil sie zu schwach sind, sie sich zu erkämpfen . . . Hiernach sehen wir es als eine Hauptaufgabe der sozialen Reform an, für die Ansprüche aus allen diesen Arbeitsverhältnissen ein gleichmäfsiges Verfahren vor einem und demselben Gericht herbeizuführen[1]."

Indes hatte die öffentliche Diskussion über den Antrag Bassermann immerhin mancherlei zur Klärung der Meinungen beigetragen. Neben einigen Zustimmungserklärungen — aufser dem „Hamburger Verein" hatte sich u. a. auch der „Zentralausschufs kaufmännischer und gewerblicher Vereine in Berlin" zu seinen Gunsten ausgesprochen; freilich mit der charakteristischen Einschränkung, dafs die „Besetzung der Beisitzerstellen durch die Landgerichtspräsidenten des betreffenden Bezirks (!) auf Präsentation geeigneter, im Gerichtsbezirk ansässiger Vertretungskörperschaften der Prinzipale und Gehilfen erfolge[2]" — war doch auch viel Widerspruch laut geworden. Auch der „Verein der deutschen Kaufleute" hatte in seinen Ortsvereinen eine lebhafte Agitation gegen den Antrag Bassermann angeregt, der zur Überbürdung der Amtsgerichte führen müsse und die Gewerbegerichte in ihrem Ansehn schmälere und in ihrer Existenz gefährde[3]. Vornehmlich aber zwang eine Resolution zur Beachtung, die die Arbeitnehmer- und Arbeitgeberbeisitzer des Gewerbegerichts Berlin auf einer gemeinsamen Versammlung im März 1901 gefafst hatten[4]. Die wandte sich an den Bundesrat und verwies in ihrer Begründung darauf, dafs schon 1897 das Gewerbegericht Berlin in seinem amtlichen Bericht von einem Notschrei gesprochen hätte, der aus der grofsen Masse der

---

[1] Soziale Praxis, Jahrg. X, Nr. 52, Sp. 1323. — Zu ganz ähnlichen Schlufsfolgerungen war übrigens auch v. Boenigk gekommen, cf. Kaufm. Schiedsger. S. 43.

[2] Soziale Praxis, Jahrg. X, Nr. 23, Sp. 581.

[3] Ebenda, Nr. 15, Sp. 373 ff.

[4] Ebenda, Nr. 30, Sp. 765 ff.

Handlungsgehilfen fast täglich sich erhebe, weil den Angehörigen dieses Standes versagt sei, ebenso schnelles und kostenloses Recht zu finden wie die gewerblichen Arbeiter. „Fortgesetzt“, so hieſs es in jenem amtlichen Bericht, „entstehen zahllose Kompetenzkonflikte aus der Frage, ob die betreffende Partei als Handlungs- oder Gewerbegehilfe anzusehen sei. Abgesehen hiervon wäre es aber auch sozialpolitisch von nicht zu unterschätzendem Wert für den Staat, durch schnelle Justiz, wie die Gewerbegerichte sie üben, die Massen der Unzufriedenen zu vermindern. Wir sehen in unseren Amtsstuben die Bestürzung, die sich auf den Gesichtern der Rechtsuchenden abmalt, wenn ihnen bei Vorbringung ihrer Klagen eröffnet werden muſs, daſs sie als Handlungsgehilfen nicht vor das Gewerbegericht, sondern vor das Amtsgericht gehören, und wir glauben ihnen, wenn sie erklären, daſs sie die wenigen Tage, die das Gewerbegericht zur Entscheidung braucht, sich durchgerungen hätten; daſs sie aber der Not in die Arme getrieben werden, wenn sie noch einige Wochen, ja Monate warten müssen, bis ihnen ihre oft widerrechtlich einbehaltenen Gehaltsbezüge zugesprochen seien.“ Auch die Gewerbegerichtsbeisitzer erstrebten mit ihrer Resolution Abhilfe für diese Notstände und begehrten Beschleunigung und Verbilligung des Prozeſsverfahrens für die Handlungsgehilfen, sie fürchteten aber auch, daſs bei der jetzigen Gestaltung der Amtsgerichte, bei dem notorischen Richtermangel und bei der gebotenen Beobachtung der Vorschriften der Z. P. O. eine Besserung ausgeschlossen sei. Die Resolution verwies dann noch darauf, daſs die Begriffe „Gewerbetreibender, Fabrikant, Kaufmann“ schon heute eng miteinander verschmolzen seien und in den Berliner Gewerbegerichten unter den Arbeitgeberbeisitzern bereits jetzt eine groſse Zahl von Kaufleuten sitze. Die Resolution schloſs mit einer Betonung des Vorteils, der bei Angliederung an die Gewerbegerichte Kaufleuten, Gewerbetreibenden und Fabrikanten erwachsen müſste: die würden in Zukunft bei Klagen mit ihren Angestellten nur mit einem Gericht und nicht teils mit dem Gewerbegericht, teils mit dem Amtsgericht sich zu befassen haben . . .

Die Frage ward dann noch einmal im Herbst 1901 auf dem Verbandstag deutscher Gewerbegerichte in Lübeck erörtert. Die beiden Referenten, Rechtsrat Bacher-Augsburg und Beigeordneter Dr. Kayser-Worms, sprachen sich für eine Angliederung der künftigen kaufmännischen Schiedsgerichte an die Gewerbegerichte aus, und aus zwei ganz entgegengesetzten politischen Lagern ward ihnen dabei Zustimmung: Vertreter des deutschnationalen und des Hirsch-Dunckerschen Handlungsgehilfenverbandes pflichteten ihnen bei, daſs ein Gesetz im Sinne des Bassermannschen Antrages die Erwartungen auf eine schleunige und billige Justiz nicht verwirklichen würde[1]. Trotzdem mochten sich die parlamentarischen Gesinnungsgenossen des deutschnationalen Handlungsgehilfenverbandes — die Bezeichnung ist natürlich nur cum grano salis zu verstehen — offenbar doch nicht dazu entschliefsen, eine einfache Eingliederung der kaufmännischen Sondergerichte an die Gewerbegerichte zu verlangen. Als der Reichstag wieder beisammen war, meldete nämlich der Abgeordnete Raab mit Unterstützung der deutschsozialen Reformpartei einen Antrag an, der in Form eines vollständig ausgearbeiteten Gesetzentwurfs in 30 Paragraphen unabhängige kaufmännische Schiedsgerichte forderte. In Gemeinden, in denen bereits Gewerbegerichte bestanden, sollten freilich deren Einrichtungen für die kaufmännischen Schiedsgerichte nutzbar gemacht werden können; auch sollte der Vorsitzende des Gewerbegerichts dann Vorsitzender des kaufmännischen Schiedsgerichts werden. Dem Gericht sollten alle Handlungsgehilfen und Lehrlinge unterstehen, die Beisitzer zur Hälfte aus Prinzipalen und Gehilfen genommen werden. Schliefslich sollten diese Schiedsgerichte wie die Gewerbegerichte als Einigungsämter wirken, Gutachten über handelsgewerbliche Fragen abgeben können und berechtigt sein, in solchen Fragen Anträge an Behörden und gesetzgebende Körperschaften zu stellen[2]. Der Entwurf rührte nicht von dem Antragsteller selbst her; Herr Raab fungierte sozusagen nur als ausführendes Organ; sein Gesetzentwurf deckte sich mit dem, den der deutschnationale Handlungsgehilfenverband im Jahr zuvor seiner schon mehrfach angezogenen Broschüre angehängt hatte[3].

Der Antrag kam zunächst nicht zur Verhandlung; am 28. Januar 1902 beriet man allein über den Antrag Bassermann „auf Vorlegung eines Gesetzentwurfs wegen Einführung besonderer Gerichte für Rechtsstreitigkeiten aus dem kaufmännischen Dienstvertrag“. Das Problem war schon ein paar Tage zuvor im Reichstage berührt worden. Beim Etat des Reichsamts des Innern hatte der Zentrumsabgeordnete Hitze geklagt: in der Frage der Schiedsgerichte für die Gehilfen im Handelsgewerbe scheine man auch noch nicht einen Schritt weitergerückt zu sein[4]. Und Graf Posadowsky hatte ihm geantwortet: auch er meine, dafs man ein gerichtliches Spezialverfahren für Handlungsgehilfen einrichten müsse, „um diesen Leuten bei Streitigkeiten mit ihren Prinzipalen, wo sie sehr häufig schleunigst ihre Stellung wechseln müssen, möglichst bald zur Feststellung ihrer gesetzlichen Ansprüche zu verhelfen“. Er — der Staatssekretär des Innern — habe einen

[1] Soziale Praxis, Jahrg. XI, Nr. 2, Sp. 52.

[2] Stenogr. Ber. Sess. 1900/03 und Soziale Praxis, Jahrg. XI, Nr. 16, S. 414.

[3] Swienty, Neue Zeit, Jahrg. XX, S. 498 ff.

[4] Stenogr. Ber. Sess. 1900/03, Bd. IV, S. 3577.

solchen Gesetzentwurf auch dem Justizminister vorgelegt; dort liege die Sache noch: „Ich bin mir aber zweifelhaft, ob er sich meine Vorschläge vollständig zu eigen machen wird[1].“ Viel mehr erfuhr man eigentlich auch nicht aus der Auskunft, die bei der Beratung des Antrages Bassermann der Ministerialdirektor Caspar erteilte. Zwischen den beteiligten Ressorts des Reiches und Preufsens, so führte der Ministerialdirektor im Auftrage des abwesenden Staatssekretärs aus, würden bereits seit längerer Zeit eingehende Verhandlungen gepflogen. Diese seien so weit fortgeschritten, dafs man die Hoffnung hegen könne, es werde in naher Zukunft daraus eine Vorlage zustande kommen. Unter diesen Umständen stelle er anheim, von der beantragten Kommissionsberatung abzusehen und statt dessen lieber die baldige Vorlegung des Entwurfs abzuwarten[2]. Indes hielt man es doch, wie der Abgeordnete Hitze das ausdrückte, für „sicherer“, den Antrag an eine Kommission zu verweisen. Eine richtige Debatte wurde freilich nicht beliebt; die Vertreter aller Parteien — neben dem nationalliberalen Antragsteller kamen noch Zentrum, Sozialdemokratie, Deutschkonservative und freisinnige Volkspartei zum Wort — begnügten sich mit kurzen Erklärungen, aus denen sich immerhin so viel ergab, dafs man sich in der alten Streitfrage: Angliederung an die Amts- oder die Gewerbegerichte? auch jetzt noch nicht zu einer entschiedenen Stellungnahme durchgerungen hatte. Herr Bassermann selbst aber erklärte die Frage auch diesmal für eine Zweckmäfsigkeitsfrage, die für ihn nicht von prinzipieller Bedeutung sei[3]. Die Kommission, für die die Sozialdemokratie schon jetzt Anträge auf Gewährung des aktiven und passiven Wahlrechts an die Frauen und Herabsetzung des Alters der Wahlfähigkeit auf das 21. Lebensjahr angekündigt hatte, wurde am 3. Februar gewählt; einen Monat später erfuhr man auf eine Anfrage des Abg. Bassermann durch den Staatssekretär des Innern: die Sache wäre mit dem preufsischen Justizministerium verhandelt, das sie noch auf einen weiteren Leisten zu schlagen wünsche. Nach den Ferien hoffe er — Graf Posadowsky — die Angelegenheit an den Bundesrat zu bringen[4]. Diese Hoffnung erwies sich allerdings, wie wir gleich sehen werden, als trügerisch. Inzwischen wurde das Problem in der juristischen Fachpresse eifrig diskutiert; auch die Berliner Anwaltskammer beschäftigte sich mit ihm, ohne freilich zu einer einheitlichen Auffassung zu kommen. Selbst in dieser Körperschaft meldeten sich doch einige Stimmen, die in den neuen Sondergerichten

---

[1] Stenogr. Ber. Sess. 1900/03, Bd. IV, S. 3584.
[2] Ebenda, S. 3722 ff.
[3] Ebenda.
[4] Ebenda, Bd. V, S. 4689.

einen Vorteil sehen mochten; nur darin war man sich von vornherein einig, dafs der Ausschlufs der Rechtsanwälte von der Vertretung vor den Kaufmannsgerichten bekämpft werden müsse[1]. Im Laufe des Sommers wurde die Frage noch mehrfach von kaufmännischen Vereinen in Versammlungen und auf Verbandstagen erörtert, wobei nach wie vor die alten Gegensätze zutage traten[2], und im Herbst, als von den kommenden Reichstagsarbeiten die Rede ging, wufsten die Blätter verschiedentlich zu melden: eine der ersten Aufgaben des Reichstages würde ein Entwurf über die Rechtsverhältnisse der Arbeitgeber und Arbeitnehmer im Handelsgewerbe sein; der würde als Novelle zum Gewerbegerichtsgesetz ausgearbeitet und gliedere die kaufmännischen Schiedsgerichte den Gewerbegerichten an[3]. Als bald darauf — am 15. November — die schon im Frühling gebildete Reichstagskommission zur Beratung der Anträge über die kaufmännischen Schiedsgerichte zusammentrat, nahm ihr Vorsitzender, der Abg. Bassermann, Gelegenheit, sich nach der Substanz dieser Gerüchte zu erkundigen. Herr Bassermann stellte an die Regierung die Frage, ob der verheifsene Gesetzentwurf denn nun bald dem Reichstage vorgelegt würde? Darauf erklärte der Ministerialdirektor Caspar: die Vorlage befinde sich im Stadium der Vorbereitung; demnächst würde sie an den Bundesrat gelangen, so dafs in kürzester Frist eine die Interessenten gewifs befriedigende Vorlage im Reichstage zu erwarten sei. Nach dieser Erklärung vertagte sich die Kommission auf unbestimmte Zeit. Die „Soziale Praxis" aber bemerkte über den Inhalt dieser, „die Interessenten gewifs befriedigenden" Vorlage: „Wie es heifst, sieht der Entwurf bei den Gewerbegerichten besondere Kammern vor, denen die Entscheidung der aus dem kaufmännischen Arbeits- oder Vertragsverhältnis herrührenden Streitigkeiten obliegen soll[4]."

Im grofsen ganzen war das Gerücht dabei auf der rechten Fährte gewesen. Das zeigte sich, als im Januar 1903 die „Frankfurter Zeitung" eines Tages — per nefas[5], wie Graf Posadowsky später im Reichstage feststellte — Entwurf und Begründung eines Gesetzes über Kaufmannsgerichte veröffent-

---

[1] Soziale Praxis, Jahrg. XI, Nr. 28, Sp. 738 ff.

[2] Der „Deutsche Verband kaufmännischer Vereine" wies auf seiner Tagung in Kassel die Angliederung an die Gewerbegerichte scharf ab und forderte in einer einstimmig angenommenen Resolution kaufmännische Sondergerichte. Soziale Praxis, Jahrg. XI, Sp. 995. Der Kreisverein Berlin im „Verband deutscher Handlungsgehilfen" hielt im Juni fünf grofse Versammlungen ab, in denen u. a. die Errichtung kaufmännischer Schiedsgerichte verlangt wurde. Ebenda, Sp. 999.

[3] Ebenda, Jahrg. XII, Sp. 53.

[4] Ebenda, Sp. 213.

[5] Stenogr. Ber. 1900/03, Bd. X, S. 8843.

lichte, das dem Bundesrat zur Beschlufsfassung zugegangen war. Bei den eigentümlichen Schicksalen, die dieser Entwurf noch erleiden sollte, scheint es uns — schon um des übersichtlicheren Vergleichens willen — geboten, seine Grundzüge hier festzuhalten[1]:

„Die Kaufmannsgerichte sind obligatorisch für Gemeinden mit mehr als 20000 Einwohnern, fakultativ für kleinere Gemeinden (§ 1). Auch für mehrere Gemeinden und einen weiteren Kommunalverband kann ein gemeinsames Gericht begründet werden. Für jedes Kaufmannsgericht sind ein Vorsitzender und ein Stellvertreter sowie die erforderliche Zahl von Beisitzern, die mindestens vier betragen soll, zu berufen (§ 7). Vorsitzenden und Stellvertreter, die weder selbständige Kaufleute noch Handlungsgehilfen oder Handlungslehrlinge sein dürfen, wählt unter Vorbehalt staatlicher Beteiligung der Magistrat ev. die Gemeindevertretung (§ 8). Die Beisitzer müssen zur Hälfte selbständige Kaufleute, zur Hälfte Handlungsgehilfen sein und gehen aus unmittelbarer und geheimer Wahl einerseits der selbständigen Kaufleute, anderseits der Handlungsgehilfen hervor. Das aktive, an das vollendete 25., und das passive, an das vollendete 30. Lebensjahr geknüpfte Wahlrecht sind ähnlich geordnet wie im Gewerbegerichtsgesetz. Von beiderlei Wahlrecht sind Personen, die zum Amte eines Schöffen unfähig sind, damit also auch Frauen, ausgeschlossen (§§ 7 und 10). Die Kosten der Einrichtung und Unterhaltung des Gerichts trägt die Gemeinde.

Die Zuständigkeit erstreckt sich auf die Entscheidung von Streitigkeiten zwischen selbständigen Kaufleuten einerseits und ihren Handlungsgehilfen und Lehrlingen andererseits aus dem kaufmännischen Dienst- und Lehrverhältnis ohne Rücksicht auf den Wert des Streitgegenstandes. Der Kreis der Streitigkeiten ist (§ 3) entsprechend den Bestimmungen bei den Gewerbegerichten (§ 4 GG.[2]) abgegrenzt. Auch Ansprüche auf Schadenersatz oder Zahlung einer Vertragsstrafe sind einbegriffen, dagegen nicht Ansprüche aus einer Vereinbarung, durch die der Angestellte für die Zeit nach Beendigung des Verhältnisses in seiner gewerblichen Tätigkeit beschränkt wird (Konkurrenzklausel). Das Gesetz erstreckt sich nicht auf Handlungsgehilfen, deren Jahresverdienst an Lohn oder Gehalt den Betrag von 3000 Mk. übersteigt sowie auf das Hilfspersonal von Apotheken (§ 2).

Der Abschnitt 2 regelt in einem einzigen Para-

---

[1] Ich folge hier einer Zusammenstellung von Justizrat Dr. J. Stranz in der „Deutschen Juristenztg.", Jahrg. VIII, S. 70.

[2] GG. = Gewerbegerichtsgesetz.

graphen das Verfahren; der § 13 läſst auf das Verfahren die Vorschriften der §§ 26 bis 61 der GG. entsprechende Anwendung finden. Schon in § 7 sieht der Entwurf vor, daſs in der Regel, wenn am Sitze des Kaufmannsgerichts ein Gewerbegericht sich befindet, dessen Vorsitzender und sein Stellvertreter zugleich zum Vorsitzenden und Stellvertreter des Kaufmannsgerichts zu bestellen, auch gemeinsame Einrichtungen für die Gerichtsschreiberei, den Bureaudienst, die Sitzungs- und Bureauräumlichkeiten und dergleichen zu treffen sind.

Der Abschnitt 3 des GG., wonach das Gewerbegericht als Einigungsamt in Tätigkeit treten kann, ist nicht auf die Kaufmannsgerichte ausgedehnt. Dagegen sind sie hinsichtlich der Gutachten und Anträge über die in ihre Kompetenz fallenden Fragen für entsprechend zuständig erklärt worden (§ 14). — Das ausnahmsweise Verfahren vor dem Gemeindevorsteher für den Fall, daſs ein Kaufmannsgericht nicht vorhanden ist, regelt der Entwurf (§ 15) in sinngemäſser Anwendung der Bestimmungen des GG."

Das war in allem wesentlichen eine Nachbildung des Gewerbegerichtsgesetzes und eine Angliederung an die ältere Institution; Errichtung, Wahl der Beisitzer, Zusammensetzung des Gerichtshofes, Verfahren und Kompetenzkreis — fast alles war dort genau so wie hier. Nur in zwei Punkten waren Unterschiede zu verzeichnen: die obere Grenze des Gehalts für die Gehilfen, die bei den neuen Gerichten Recht suchen können, war auf 3000 Mk. angesetzt, während sie für die Arbeiterklientel des Gewerbegerichts 2000 Mk. betrug. Und die Vorschriften über das Einigungsamt fehlten beim Kaufmannsgericht ganz. Aber es war doch ein Sieg der Richtung, die zäh und unbeirrbar durch alle die Jahre den Anschluſs an die Gewerbegerichte angestrebt hatte; nur daſs freilich die Motive, von denen die Regierung sich schlieſslich hatte bestimmen lassen, wesentlich anderer Natur waren. In der gleichzeitig mit dem Entwurf abgedruckten Begründung hieſs es in der Beziehung:

„Eine Anlehnung an die Amtsgerichte . . . ist unter Berücksichtigung ihrer mannigfachen Vorzüge ernstlich erwogen worden und dabei sowohl die organische Angliederung kaufmännischer Gerichte an die Amtsgerichte als auch die Einführung eines vereinfachten und billigen Verfahrens bei den Amtsgerichten unter Zuziehung kaufmännischer Beisitzer in Betracht gezogen worden. Die Bedenken dagegen erwiesen sich aber zu groſs, als daſs der Plan weiter verfolgt werden könnte. Insbesondere würde hierbei die Frage einer Umgestaltung des ganzen amtsgerichtlichen Verfahrens aufgerollt sein. Die Erörterung einer so weitgehenden Reform würde aber unter Umständen die Frage eines vereinfachten Verfahrens für die Handlungsgehilfen erheblich verzögern. Hiernach erscheint es angezeigt, die bestehende gewerbegerichtliche Organisation herbeizuziehen [1]."

Das deckte sich durchaus mit den Auffassungen, die Graf Posadowsky im Jahr zuvor im Reichstage vertreten hatte. Innerhalb der Regierung war man jedenfalls weit entfernt, in diesen Kaufmannsgerichten eine zeitgemäfse Fortbildung der Institutionen unserer Rechtspflege zu sehen. Sie galten dort mehr oder weniger als Notbehelf und notwendiges Übel, mit denen man sich — gut oder schlecht — abzufinden und einzurichten suchen mufste. Schnelle Arbeit wollte man allerdings machen; in der Beziehung hiefs es im 17. und letzten Paragraphen des Entwurfs: „Dieses Gesetz tritt zum 1. April 1903 in Kraft." Aber darin hatten sich die Verfasser der Präsidialvorlage doch getäuscht; es war noch allerlei gewichtige Gegnerschaft vorhanden, die es schlechterdings nicht zuliefs, die Dinge einfach übers Knie zu brechen. Zunächst erhoben selbst diejenigen, die dem Entwurf grundsätzlich zustimmten, mannigfache und nicht unbegründete Einwände. Man tadelte den völligen Ausschlufs der weiblichen Gehilfen von der Teilnahme an den Wahlen wie vom Beisitzeramt; man war mit gutem Grunde betroffen über den Ausschlufs der Konkurrenzklausel von der Jurisdiktion der Kaufmannsgerichte, man forderte Herabsetzung der Altersgrenze von 25 Jahren für das aktive Wahlrecht auf das vollendete 21. Lebensjahr und der von 30 Jahren für das Beisitzeramt auf 25 Jahre sowie die allgemeine Einführung der Verhältniswahl. Man wünschte ferner einen Zwang zur Errichtung der Sondergerichte auch für Gemeinden unter 20000 Einwohnern und wollte die Möglichkeit, durch Schiedsvertrag die Zuständigkeit des Gerichts einstweilen auszuschliefsen, ganz beseitigt wissen. Schliefslich verlangten viele auch — und gewifs mit vollem Recht, denn die gegenteilige Bestimmung im Gewerbegerichtsgesetz war nur historisch zu erklären — dafs der Vorsitzende ein Jurist sein solle; und wieder andere bekämpften die Festsetzung einer Zuständigkeitsgrenze nach der Höhe des Gehalts [2]. Dazu kam der Widerstand der Rechtsanwälte, die über ihren Ausschlufs von den neuen Gerichten murrten — einen „Angriff auf die Ehre des Standes" nannte es Stranz in der „Deutschen Juristenzeitung" [3] — kurz, die Session 1902/03 ging zu Ende, ohne dafs der Entwurf vom Bundesrat an den Reichstag gelangt war. Im März 1903 hatte sich der Staatssekretär des

[1] Soziale Praxis, Jahrg. XII, Sp. 448.

[2] Schallhorn in einem Aufsatz „zum Gesetzentwurf über Kaufmannsgerichte". Soziale Praxis, Jahrg. XII, Sp. 546.

[3] Jahrg. VIII, S. 72.

Innern auf eine Anfrage im Reichstage über die Hindernisse, die der Vorlage erstanden waren, freimütig so ausgesprochen: „Im Bundesrate“, erklärte Graf Posadowsky[1], „sind die Ansichten über das in der Vorlage des Herrn Reichskanzlers eingeschlagene Verfahren aufserordentlich geteilt. Ein Teil der Regierungen steht auf dem Standpunkt der Vorlage, ein nicht unerheblicher Teil der Regierungen aber steht der Vorlage ablehnend gegenüber und neigt sich mehr der Angliederung an die Amtsgerichte zu.“ Als die Vorlage dann auch beim Sessionsschlufs noch nicht den Bundesrats verlassen hatte, schwirrten die verschiedensten Gerüchte durcheinander. Nach der einen Version sollte der Entwurf tot und begraben sein; man denke aber durch eine Reform der Rechtsprechung bei den Amtsgerichten den Erfordernissen einer raschen, billigen, sachverständigen Schlichtung der Streitigkeiten aus dem kaufmännischen Arbeitsvertrag nachzukommen. Andere wieder wollten wissen, dafs der ursprüngliche Gesetzentwurf nur umgearbeitet würde und in veränderter Form — mit Anschlufs an die Amtsgerichte statt an die Gewerbegerichte — in der Session 1903/04 wiederkäme. Die „Soziale Praxis“ aber, die, ihrer Chronistenpflicht zu genügen, diese Gerüchte damals verzeichnete, bemerkte von ihnen: endgültige Beschlüsse des Bundesrats seien noch nicht gefafst. Notorisch sei dagegen, dafs die Vorlage auf unerwartet starken Widerspruch im Bundesrat gestofsen sei. „Die Opposition der Handelskammern, zahlreicher Richter und Rechtsanwälte gegen Kaufmannsgerichte überhaupt oder in Angliederung an die Gewerbegerichte hat im Bundesrat bei manchen Mittel- und Kleinstaaten ein lautes Echo gefunden, das das einmütige Verlangen des Reichstages, der Gehilfenverbände und der Gewerbegerichte ebenso wie die Forderungen Preufsens und anderer Bundesstaaten zeitweilig übertönt hat[2].“

Aber um den Fortschritt völlig zu unterbinden, reichte doch selbst diese Opposition nicht mehr aus. Die Kämpfe im Schofse des Bundesrats währten ja lange genug — von Januar bis Januar, also ein rundes Jahr — aber in dem Gesetzentwurf, „betreffend Kaufmannsgerichte“, der dann schliefslich am 8. Januar 1904 dem Reichstage zuging, blieb das Hauptprinzip — der Anschlufs an die Gewerbegerichte oder, um es mit den Worten der amtlichen Begründung auszudrücken: die Verbindung der Kaufmannsgerichte durch die Person des Vorsitzenden und die für den Geschäftsverkehr erforderlichen Einrichtungen mit den Gewerbegerichten[3] — doch gewahrt. Sonst trug die Vorlage freilich an mehr als einer Stelle die

---

[1] Stengr. Ber. 1900/03.
[2] Soziale Praxis, Jahrg. XII, Nr. 43.
[3] Reichstagsdrucksachen, 11. Legislaturperiode, Nr. 143, S. 8.

Spuren der gegen sie gerichteten machtvollen Agitation. „Der Eilmarsch des Vorentwurfs", frohlockte Stranz[1], „ist gedämpft worden; aus prestissimo ist piano geworden." Im einzelnen sah diese „Dämpfung" so aus:

1. Der Vorsitzende und dessen Stellvertreter müssen die Fähigkeit zum Richteramt oder zum höheren Verwaltungsdienst erlangt haben (§ 10). — 2. Die Wahl der Beisitzer kann mittelbar sein (§ 11). — 3. Die Kaufmannsgerichte sind obligatorisch (§ 2) für Gemeinden mit mehr als 50 000 Einwohnern, statt wie im Vorentwurf, mit mehr als 20 000. — 4. Ihre Zuständigkeit erstreckt sich auf Handlungsgehilfen mit einem Jahresarbeitsverdienst von 5000 Mk. einschliefslich (§ 4), während nach dem Vorentwurf der Betrag auf 3000 Mk. normiert war. — 5. Durch eine neue Fassung des § 1 Abs. 1 („Streitigkeiten aus dem Dienst- und Lehrverhältnis zwischen" usw.) soll zum Ausdruck gebracht werden, dafs die Zuständigkeit auch dann gegeben sei, wenn der erhobene Anspruch vor oder nach Erhebung der Klage auf einen Rechtsnachfolger übergegangen ist. — 6. Rechtsanwälte und Rechtskonsulenten als Parteivertreter werden zugelassen (§ 15). — 7. Die Berufung gegen die Urteile ist nur zulässig, wenn der Wert des Streitgegenstandes den Betrag von 300 Mk. übersteigt (§ 15 Abs. 1)[2].

Das waren gegenüber dem Vorentwurf zum Teil ganz offenkundige Verschlechterungen, und so konnte es nicht fehlen, dafs sich dagegen eine lebhafte Gegnerschaft meldete. Die Zulassung der Rechtsanwälte, die Beschränkung des Obligatoriums auf die Städte von über 50 000 Einwohnern, die Nichtgewährung selbst des passiven Wahlrechts an die Frauen und der Ausschlufs der Ansprüche aus der sogenannten Konkurrenzklausel — dies und noch manches andere wurde von den künftig auf die Wirksamkeit der neuen Gerichte angewiesenen Schichten schlechthin als Benachteiligung empfunden und in Presse und Versammlungen machte sich der Unmut mitunter sogar recht stürmisch Luft. Auch im Parlament trat das zutage, als die Regierungsvorlage zusammen mit einem seinem Inhalt nach schon aus der vergangenen Sitzungsperiode bekannten antisemitischen Antrag[3] am 20. und 21. Januar zur Beratung kam. Schon der erste Redner — der Abg. Lattmann von der deutschen Reformpartei — fand die Grenze für die obligatorische Einführung mit 50 000 Ein-

---

[1] Deutsche Juristenztg., Jahrg. IX, Sp. 186.
[2] Ich bin auch hier einer von Stranz a. a. O. gegebenen Zusammenstellung gefolgt.
[3] Reichstagsdrucksachen, 11. Legislaturperiode, Nr. 114.

wohnern etwas willkürlich und künstlich und regte die Ausdehnung der Zuständigkeit auf Entscheidungen über die Konkurrenzklausel, Herabsetzung des Lebensalters für aktive und passive Wahl, Verbot privater, die Kaufmannsgerichte ausschliefsender Schiedsanträge und die Möglichkeit ihrer Bestallung zu Einigungsämtern an. Fast in allen diesen Punkten stimmte ihm auch der Redner des Zentrums — der Abg. Trimborn — zu, der in seiner vorsichtigen, ironisch gefärbten Weise zugleich das schwierige Problem des Frauenwahlrechts berührte: es bestände in den Kreisen seiner Freunde Neigung, den weiblichen Gehilfen wenigstens das aktive Wahlrecht zu bewilligen [1]. Das wurde für den sozialdemokratischen Sprecher Singer, der daneben auch Heraufsetzung der Berufungssumme auf 500 Mk. und Ausschlufs der Rechtsanwälte forderte, nahezu zur Hauptsache. Aber der Staatssekretär des Innern setzte diesen Wünschen von Anfang an ein (freilich etwas weit hergeholtes) „Nein" entgegen: es sei doch ausgeschlossen, den wichtigen Verfassungs- und Verwaltungsgrundsatz, dafs nur die Mitglieder des männlichen Geschlechts das aktive und passive Wahlrecht ausüben sollen, bei einem solchen Sondergesetz zu durchbrechen.

„Es kommt doch nicht darauf an, dafs die Wähler und die Beisitzer auch dem anderen Geschlecht angehören können, sondern darauf, dafs die gewählten Beisitzer das Vertrauen auch des schwächeren Geschlechts besitzen. Und obgleich ich anerkenne, dafs heutzutage die Frauen im Erwerbsleben eine immer gröfsere Rolle spielen und dafs die Möglichkeit für Frauen, sich einen eigenen, selbständigen Lebensberuf zu sichern, eine immer gröfsere Notwendigkeit wird und durchaus begünstigt werden mufs, so glaube ich doch nicht, dafs hier eine Notwendigkeit vorliegt, einen Grundsatz, der durch unsere ganzen politischen und kommunalen Wahlen geht, gelegentlich zu beseitigen. Ich mufs heute schon erklären — ich meine, in diesen Dingen mufs man offen miteinander sprechen, wenn man will, dafs ein Gesetz zustande kommt —, ich glaube nicht, dafs einer solchen Abänderung die verbündeten Regierungen ihre Zustimmung erteilen würden [2]."

Eigentümlich war die Haltung der nationalliberalen Partei. Lange Jahre war ihr führendes Mitglied, der Abg. Bassermann, hier der Rufer im Streit gewesen. Nun aber, da das Wahlglück ihn verlassen hatte, äufserte sich der Abg. Beck als offizieller Sprecher der Partei nicht kalt und nicht warm.

---

[1] Stenogr. Ber. 1903/05, I, S. 398.
[2] Ebenda, S. 406.

Oder vielmehr genauer: recht kühl. Herr Beck begann mit der Erklärung, dafs die Stellung seiner Freunde eine veränderte sei gegenüber der, „die unser verehrter Führer Bassermann in früheren Jahren eingenommen hat“ [1]. Es war denn auch nicht weiter verwunderlich, dafs der nationalliberale Redner — freilich ohne sie im einzelnen zu substantiieren — allerlei bewegliche Klagen über die „mitunter wenig schönen Verhältnisse“, vorbrachte, unter denen sich die Wahlen zu den Gewerbegerichten abzuspielen pflegten [2]; dafs er sogar die zum Teil äufserst gehässige, einseitige und egoistische Agitation gegen die Kaufmannsgerichte voll Nachsicht und Menschlichkeit lediglich auf „die Sorge dieser Kreise für unseren sozialen Frieden“ zurückführte. In allen diesen Stücken wurde der Abg. Beck aber noch übertroffen von seinem Parteigenossen Semler, der gewissermafsen als inoffizieller Vertreter der Hamburger Grofskaufmannschaft [3] als den Kernpunkt des neuen Gesetzes bezeichnete, dafs es die „prinzipalfeindliche Agitation künstlich herauslocken würde“ [4]. Von der linken Seite kamen dem Entwurf überhaupt viele Einwände: der Redner der freisinnigen Vereinigung klagte über die „Parzellierung der Rechtspflege“ [5], und der Sprecher der süddeutschen Volkspartei, der, Rechtsanwalt von Beruf, bei dieser Gelegenheit auch vornehmlich die Sache der Rechtsanwälte führte, meinte wehmütig, im fehlerhaften Zirkel sich bewegend: eine der besten Forderungen des jungen Liberalismus sei einst das Verlangen nach Abschaffung aller Standes- und Sondergerichte gewesen. Nun, da man sie nach langem Kampf erreicht, wolle man den Schritt wieder zurücktun [6]. Sympathischer als man es nach ihrer Vergangenheit annehmen durfte, stellten sich diesmal die Parteien der Rechten zu den neuen Sondergerichten; dafs man aber, falls solche überhaupt eingerichtet würden, an sie auch die Ansprüche aus der Konkurrenzklausel verweisen mufste, darüber ward schon in dieser ersten Lesung ein consensus omnium erzielt.

Zwei Tage — den 20. und 21. Januar — hatte die erste Lesung gewährt; am 22. konstituierte sich die Kommission von 21 Mitgliedern, die mit der Weiterberatung betraut worden war; am 29. begann sie ihre Arbeit. Recht eigentlich ab Adamo; denn auch in ihr ward umständlich darüber gestritten,

---

[1] Stenogr. Ber. 1903/05, I, S. 407.

[2] Ebenda, S. 408.

[3] Der Abg. Dr. Semler gehört nach seinen Familienbeziehungen den führenden Kaufmannskreisen Hamburgs an, wo er als Rechtsanwalt wirkt.

[4] Stenogr. Ber. 1903/05, I, S. 426.

[5] Ebenda, S. 418.

[6] Ebenda, S. 421.

ob es am Ende nicht doch besser sei, die kaufmännischen Schiedsgerichte den Amtsgerichten anzugliedern. Bei der Gelegenheit erhielten die jammernden Theoretiker der „zertrümmerten Rechtseinheit“ aus der Mitte der Kommission auch die sehr glückliche, weil aus historischer Anschauung geschöpfte Antwort: die früheren Gerichte waren nicht Sondergerichte im sozialen Sinn; das waren Herrengerichte, privilegierte Gerichte, deren Beseitigung in der Tat eine alte liberale Forderung war. Gerade durch die jetzigen „Sondergerichte“ werde das Prinzip der Rechtsgleichheit, das Prinzip, von seinem eigenen Richter Recht gesprochen zu erhalten, durchgeführt[1]. Im übrigen wurden in der Kommission, die zwei Lesungen in zwölf Sitzungen abhielt, vornehmlich folgende Punkte, die ja auch schon das Plenum am meisten beschäftigt hatten, behandelt: Herabsetzung der Grenzzahl für die Einrichtung von Kaufmannsgerichten; Ausdehnung der Zuständigkeit auf die Konkurrenzklausel; Nichtigkeitserklärung privater sogenannter „Schiedsverträge“; Wahlrecht der Frauen und Bestimmung der Altersgrenze für den Beginn des aktiven und passiven Wahlrechts; Beseitigung des korporativen Wahlrechts und obligatorische Einführung der unmittelbaren und geheimen Proportionalwahl; Ausschlufs der Rechtsanwälte. Am bedeutsamsten war darunter vielleicht der Streit um die Einbeziehung der Konkurrenzklausel. Sehr zutreffend wurde in der Kommission bemerkt: es sei der einzige Punkt der Materie, worin alle Beteiligten, auch die Prinzipale, einig seien[2]. Es war zugleich der einzige Punkt, in dem ihnen auch die „Unbeteiligten“ beistimmten. Selbst ein so ausgesprochener Gegner der Kaufmannsgerichte wie Stranz hatte den Ausschlufs „vom Standpunkte des Entwurfs aus unlogisch“ genannt. „Gerade weil es sich“ — so hatte er argumentiert — „bei diesen Streitigkeiten um eine Existenzfrage für den Gehilfen handelt, ist ihre Einbeziehung geboten. Der Angestellte mufs rasch darüber im klaren sein, ob er eine bestimmte gewerbliche Tätigkeit betreiben dürfe oder nicht. Dazu kommt, dafs Vertragsstrafe und Verbot der Konkurrenz in den Verträgen oft miteinander verbunden sind und aus der Trennung der Zuständigkeit sich unlösliche Schwierigkeiten ergeben werden. Im Arbeitsvertrage der Handlungsgehilfen ist die Klausel, die bei den gewerblichen Arbeitern keine Rolle spielt, zu einer so allgemeinen und verbreiteten Erscheinung geworden, dafs sie gewissermafsen die Freizügigkeit der Gehilfen aufhebt. Sie soll den Angestellten gefügig machen, ihn von erhöhten Gehaltsforderungen abhalten, sie

[1] Reichstagsdrucksachen, 11. Legislaturperiode, Nr. 340 (Bericht der VI. Kommission), S. 4.

[2] Ebenda, S. 10.

wird selbst bei einem Einkommen von 75 bis 100 Mk. monatlich nicht selten vereinbart. Solche ‚shylockartigen‘ Fälle heischen doch gewifs sachverständige Richter und schleunige Erledigung[1].“ So, wie gesagt, ein ausgesprochener Gegner der Kaufmannsgerichte. Ihre Befürworter — wie Silbermann, Schallhorn, Swienty — hatten natürlich erst recht nichts von dem geplanten Ausschlufs der Konkurrenzklausel wissen wollen. Aber in der Kommission erklärte ein Vertreter des preufsischen Justizministeriums gleichmütig[2]: „Das Mifstrauen gegen die Rechtsprechung auf diesem Gebiet sei unbegründet. Die Konkurrenzklausel ganz zu verbieten gehe nicht an. Man habe sie in die Vorlage nicht einbezogen, weil sie auch beim Gewerbegerichtsgesetz ausgeschlossen sei und dieser Zustand auch zu begründeten Beschwerden keinen Anlafs gegeben habe. Es liege hier kein Grund vor, wieder eine Ausnahme zu schaffen. Sodann setze § 74 des Handelsgesetzbuches die zeitliche Wirksamkeit der Konkurrenzklausel für Handlungsgehilfen auf höchstens drei Jahre fest, während es bei Gewerbegehilfen keine solche Beschränkung gäbe. Endlich entständen aus der Frage, welcher Zeitpunkt entscheidend sein solle, juristische Schwierigkeiten. Kurz, es liege keine Veranlassung vor, weder aus der materiellen Lage (!) der Handlungsgehilfen heraus, noch aus der Analogie des Gewerbegerichts hier abweichende Bestimmungen zu treffen.“ Bei solchen Anschauungen über die materielle Lage der Handlungsgehilfen wundert man sich eigentlich, dafs man im preufsischen Justizministerium überhaupt einer Vorlage über kaufmännische Sondergerichte zustimmen konnte. Wesentlich tiefer wurde das Problem im Reichsamt des Innern erfafst. Aus zwei Erklärungen eines „Bundesratsbevollmächtigten“ — die Kommissionsberichte pflegen grundsätzlich keine Namen zu nennen; aus der Schrift des Abg. Hieber erfährt man, dafs es sich um den Grafen Posadowsky handelte — seien defs zum Beweise folgende Stellen hervorgehoben:

> „Anzuerkennen sei, dafs die Konkurrenzklausel eine Art Verkehrsbeschränkung in der Freizügigkeit der Handlungsgehilfen bilde und dafs deshalb gegen engherzige Auslegung Vorsorge zu treffen sei. Jedenfalls werde man aber die Zuständigkeit für die Entscheidungen dieserhalb nicht nach der Höhe des Jahresarbeitsverdienstes oder nach dem Wert des Streitgegenstandes regeln dürfen. Bei Geschäftsgeheimnissen z. B. werde es vielmehr auf den Wert dieses Geheimnisses für das Geschäft und dann wieder auf den Umfang des letzteren ankommen. Auch dieser Umstand

---

[1] Deutsche Juristenztg., Jahrg. IX, Sp. 190.
[2] Reichstagsdrucksachen, 11. Legislaturperiode, Nr. 340, S. 11.

beweise, daſs bei der ganzen Frage nicht allein die juristischen, sondern sehr wesentlich auch die wirtschaftlichen Gesichtspunkte ins Gewicht fallen. Schwierigkeiten ergäben sich auch aus der anderweitigen Regelung der Frage im Gewerbegerichtsgesetz. Der gewöhnliche Arbeiter habe unter Umständen bessere Kenntnis von dem Geschäftsgeheimnis als ein Handlungsgehilfe in demselben Geschäft. Komme es zum Streit, würden im einen Falle nur die ordentlichen Gerichte, im anderen das Kaufmannsgericht entscheiden. Dies aber könne zu einem bedenklichen Zwiespalt in der Rechtsprechung führen [1]."

Und ferner:

„Die Konkurrenzklausel habe innerlich zwei ganz verschiedene Seiten. Handele es sich um ganz einfache Manipulationen, so habe die Konkurrenzklausel wenig Wert für den Geschäftsinhaber; hier könne der Angestellte das Geheimnis einfach mündlich weitergeben, ohne der Klausel zu unterfallen. Wirtschaftlich tiefgreifend aber wirke die Klausel dann, wenn die technische Herstellung schwierig sei und lange praktische Übung erfordere. Dann hänge allerdings viel davon ab, ob der Angestellte seine Kenntnis und Geschicklichkeit in den Dienst eines Dritten stelle. Bei Einbeziehung der Konkurrenzklausel werde das Gesetz auf eine ganz andere Grundlage gestellt. Sein Grundgedanke sei doch, dem wirtschaftlich Schwachen ein einfaches und billiges Verfahren zu gewähren. Hier sei aber das Ausschlaggebende nicht so sehr der Schutz des Gehilfen, sein mehr oder minder hoher Arbeitsverdienst, sondern der Entschädigungsanspruch des Unternehmers, der mit jenem ersteren Punkt gar nichts zu tun habe. — Solle die Konkurrenzklausel gleichwohl dem Gesetz unterstellt werden, so sei doch jedenfalls der volle Instanzenzug zu sichern. Es kämen dabei so schwierige und subtile Fragen vor, daſs die Möglichkeit der Entscheidung durch die höchsten Instanzen nicht ausgeschlossen werden dürfe [2]."

Aber selbst diese Einwände vermochten doch das Gewicht der Gründe nicht aufzuheben, die für eine Einbeziehung der Konkurrenzklausel sprachen, und so wurde schlieſslich mit fast allen Stimmen auf Antrag des Abg. Müller-Meiningen dem § 5, der von der Zuständigkeit handelt, eine Ziffer 6 eingefügt, die den neuen Gerichten auch unterstellte, „die Ansprüche aus einer Vereinbarung, durch welche der Handlungsgehilfe oder Handlungslehrling für die Zeit nach Beendigung

---

[1] Reichtagsdrucksachen, 11. Legislaturperiode, Nr. 340, S. 11.
[2] Ebenda, S. 12 ff.

des Dienst- oder Lehrverhältnisses in seiner gewerblichen Tätigkeit beschränkt wird [1]."

Dann wurde in konsequenter Fortbildung früherer Bemühungen in gleicher Richtung [2] und in Übereinstimmung mit einem Votum der Ältesten der Berliner Kaufmannschaft [3] die Nichtigkeit von Schiedsverträgen ausgesprochen und die Grenze für die Wählbarkeit auf das vollendete 25. Lebensjahr ermäfsigt. Die Herabsetzung der Altersgrenze für das passive wie das aktive Wahlrecht (hier einigte man sich trotz des Widerspruchs der Regierung auf das 21. Lebensjahr) gehörte zu den alten Wünschen der beteiligten Kreise: auch die mehrfach erwähnte Streitschrift des deutschnationalen Handlungsgehilfenverbands hatte sich seinerzeit mit Wärme und Lebhaftigkeit dafür eingesetzt. In der Hauptsache die nämlichen Gründe — dafs erfahrungsgemäfs viele Handlungsgehilfen sich vor dem 30. Jahr selbständig machten und also eine erhebliche Anzahl geeigneter Kräfte für die Mitwirkung bei den Gerichten verloren ginge — wurden auch jetzt wieder hervorgekehrt, und ihnen verbündeten sich die Motive, die für eine Ausdehnung des Wahlrechts auf die Frauen ins Treffen geführt wurden. Zwei Gründe — so erzählt im Sinne jener Vorkämpfer für eine Erweiterung der Frauenrechte der Kommissionsbericht — sprächen vor allem dafür: einmal seien eine Menge von Frauen im kaufmännischen Gewerbe tätig (1895: 95 000, jetzt 120 000—130 000); sodann handle es sich bei den Kaufmannsgerichten nicht nur um richterliche Entscheidungen, sondern auch um Begutachtungen, Petitionen usw. und hierbei sollte doch den Frauen eine gewisse Einflufsnahme gestattet werden, zumal bei einer Reihe von dabei in Betracht kommenden Fragen gerade das weibliche Geschlecht interessiert sei. Man müsse der Frauenbewegung diese Konzession machen und an die Regierung die dringende Bitte richten, zum mindesten von ihrem Widerspruch gegen das aktive Wahlrecht Abstand zu nehmen [4]. Allein die Regierung blieb unerbittlich. Gegenüber den Wünschen auf Gewährung des passiven Wahlrechts an die Frauen erklärte ein Bundesratsvertreter schon in der ersten Lesung der Kommission: dafs die preufsische Stimme im Bundesrat für das Frauenwahlrecht zu haben sei, halte er für ausgeschlossen, zumal es sich hier um ein grofses Prinzip handle. Es sei politisch nicht richtig, ein Gesetz, das für weite Kreise einen solchen Fortschritt bedeute, lediglich einer Spezialbestimmung wegen zu Falle zu bringen [5].

---

[1] Hieber, Das Gesetz über die Kaufmannsgerichte, S. 21.
[2] S. o. S. 132.
[3] Hieber, a. a. O. S. 23.
[4] Reichstagsdrucksachen, 1. Session 1903/04, Nr. 340, S. 35 ff.
[5] Ebenda, S. 19.

Und als dennoch in der zweiten Lesung der Kommission das Bemühen wiederkehrte, den Frauen die Wählbarkeit zum Beisitzeramt zu sichern, erklärte ein Bundesratsbevollmächtigter kurz und kühl: er müfste sich alle Erklärungen für die zweite Lesung im Plenum vorbehalten [1]. Worauf die Kommission so verständig war, die Ausdehnung des passiven Wahlrechts auf die Frauen mit acht gegen acht Stimmen bei einer Stimmenthaltung abzulehnen. Aber in der Kommission schien man, wenn man ihren Bericht richtig interpretiert, sozusagen diligentiam prästieren, den Frauen einen „Beweis des Wohlwollens“ geben zu wollen, und so wurde ihnen wenigstens das aktive Wahlrecht concediert, obwohl in der ersten Lesung Graf Posadowsky unter ausdrücklicher Berufung auf die abweichenden Auffassungen der preufsischen, bayerischen, sächsischen und badischen Regierung für diesen Fall das Scheitern des Gesetzes in Aussicht gestellt hatte und in der zweiten die Regierungsvertreter wiederholten: die Regierungen von Bayern, Sachsen, Württemberg und Baden würden, falls es bei den Beschlüssen der ersten Lesung bleiben sollte, das Gesetz unannehmbar finden. Das preufsische Staatsministerium, so wurde weiterhin erklärt, werde zu der Frage noch Stellung zu nehmen haben, es könne aber angenommen werden, dafs es den Standpunkt der obengenannten Bundesregierungen teilen werde [2].

Gelegenheit zu prinzipiellen Auseinandersetzungen gab dann noch die Frage des Vorsitzes im Kaufmannsgericht. Die hätte man freilich nach den voraufgegangenen Erfahrungen für erledigt halten müssen. Ehedem hatte der liberale Doktrinarismus allerdings nach dem Laienvorsitzenden gerufen, auf dafs er „jedes Urteil aus dem Inhalt des Lebens schöpfe“ [3]. Die Auffassung war dann ja auch noch 1890 bis zu einem gewissen Grade siegreich gewesen: wenn man die juristische Bildung des Vorsitzenden auch bereits als Regel ansah, zur unerläfslichen Voraussetzung hatte man sie noch nicht gemacht. Inzwischen hatte die Praxis aber doch wohl erwiesen, dafs die Tätigkeit der Gewerbegerichte keineswegs so einfach und geringfügig war, als man sie sich damals vorgestellt haben mochte, und wenn die Motive jetzt ausführten: im Interesse einer sachgemäfsen Rechtsprechung müfste die Führung des Vorsitzes bei den Verhandlungen der Kaufmannsgerichte Personen mit der Befähigung zum Richteramt oder zum höheren Verwaltungsdienst vorbehalten werden [4], so war dem eigentlich nur hinzuzusetzen: aus dem nämlichen Interesse hätte

[1] Reichstagsdrucksachen, 1. Session 1903/04, Nr. 340, S. 20.
[2] Ebenda, S. 36 und 37.
[3] S. o. S. 30.
[4] Reichstagsdrucksachen, 1. Session 1903/04, Nr. 143, S. 8.

man die gleiche Vorschrift auch dem Gewerbegerichtsgesetz einfügen sollen. Trotzdem erneuerten die Sozialdemokraten in der Kommission den alten Schulstreit; sie wollten den Vorsitz im Kaufmannsgericht weder an die Befähigung zum Richteramt noch an die zum höheren Verwaltungsdienst geknüpft wissen; damit, meinten sie, würde an vielen Orten die Errichtung von Kaufmannsgerichten erleichtert werden[1]. Andere wieder — Hieber[2] merkt an, dafs es Zentrumsabgeordnete waren — wünschten den Vorsitz auf qualifizierte Richter zu beschränken und die Verwaltungsbeamten auszuschliefsen. Gegen beide Abänderungen aber wurde von den Regierungsvertretern nachdrücklich Widerspruch erhoben; der nachdrücklichste gegen den sozialdemokratischen Antrag: der richte sich wider ein Kompromifs, das für viele Regierungen, die grundsätzlich dem Anschlufs der Kaufmannsgerichte an die Amtsgerichte zuneigten, die goldene Brücke zu den gegenteiligen Auffassungen der Vorlage gebildet habe. Schliefslich kam man denn auch hier zu einem Kompromifs. Als Regel war die Qualifikation zum Richteramt oder zum höheren Verwaltungsdienst statuiert; Ausnahmen aber sollte die höhere Verwaltungsbehörde zulassen können.

In bezug auf das Wahlverfahren hatte die Regierungsvorlage im Gegensatz zum Vorentwurf einen merkwürdigen Weg eingeschlagen: da war sie von der bei den Gewerbegerichten bewährten Methode abgewichen und hatte ein fakultatives Wahlrecht der Korporationen (also der Vertretungen des Handelsstandes oder der Handlungsgehilfen bezw. Krankenkassen) zugeben wollen. Das war ein ausgesprochener Anachronismus, ein Zurückirren zu den Versuchen der 70er und 80er Jahre, da man aus Ängstlichkeit immer wieder vor dem allgemeinen, direkten und geheimen Wahlrecht zurückgescheut war. Dafs auch die Motive diesmal die nämlichen waren, ergab sich aus der Kommissionsberatung. Ein Regierungsvertreter erzählte: die Bestimmungen seien im Bundesrat als Kompromifs zustande gekommen und ein anderer (offenbar ein hanseatischer) berichtete gar: „Die Hansestädte hegten die Befürchtung, dafs durch die direkte Wahl der Frieden zwischen Prinzipalen und Gehilfen gefährdet würde.“ In den grofsen Kaufmannsgeschäften sei ein ganz anders geartetes Gehilfenpersonal als in den kleinen. Würden beide in eine Vertretung zusammengeschweifst, so habe das unliebsame Folgen. Manche Beisitzer würden auch die anders gearteten Verhältnisse nicht beurteilen können; es würde ein Gegensatz zwischen Prinzipalen und Gehilfen entstehen, wo er bisher nicht bestanden habe. Es sei überhaupt falsch, dafs

[1] Reichstagsdrucksachen, 1. Session 1903/04, Nr. 340, S. 20.
[2] Gesetz über die Kaufmannsgerichte, S. 28.

Leute, die bestimmte Interessen verträten, Richter würden, während vielmehr der Richter über den Interessen stehen sollte und nur darauf sich das Vertrauen in die Gerechtigkeit und Objektivität gründen könne. Wenn man neben der die grofsen Kaufleute vertretenden Handelskammer auch eine Handelskammer für die kleineren Kaufleute begründe, so könne allen berechtigten Wünschen hinsichtlich des Wahlkörpers entsprochen werden[1]." Mit Recht wurde demgegenüber sofort eingewandt, dafs man mit den gleichen Gründen ja überhaupt die ganze Regierungsvorlage abweisen könnte. Andere wieder führten aus, dafs die Berufsvereine sich nur eignen würden, wenn sie zwangsmäfsig organisiert wären; dafs auf seiten der Magistrate und Gemeindevertretungen parteiisches Vorgehen zu befürchten sei[2] und die Übertragung der Wahlen an einzelne Verbände zweifellos Unzufriedenheit, ja Verbitterung hervorrufen würde[3]. So grofs war das Gewicht dieser Argumente, dafs bei der Abstimmung sich denn auch alle bis auf einen einzigen für die Streichung des verhängnisvollen Satzes erklärten.

Vor dem Rückschritt war man so glücklicherweise bewahrt geblieben; man machte bei derselben Gelegenheit aber auch noch einen Fortschritt. Man erinnert sich, wie bei den Vorarbeiten für die Gewerbegerichtsnovelle von 1901 der Gedanke des Proportionalwahlrechts zunächst schüchtern aufgekeimt war. In der 7. Kommission, der in der Session von 1898/99 der Zentrumsantrag auf Revision des Gewerbegerichts überwiesen worden war, hatte man — freilich nur in der Form allgemeiner Erwägungen — die Frage des Proportionalwahlsystems zum erstenmal gestreift[4]. Bei der Novelle von 1901 war man dann schon ein Stück weiter gediehen: da hatte man es den Gemeindebehörden freigestellt, durch Ortsstatut die Verhältniswahl zuzulassen[5]. Nun wollte man ganze Arbeit machen und das Proportionalwahlsystems obligatorisch festlegen. Der Gedanke selbst — so begründeten Zentrum und Sozialdemokratie den Antrag — hätte in den letzten Jahren grofse Fortschritte gemacht; die Erfahrungen wären durchweg günstig; der Verbandstag deutscher Gewerbegerichte hätte sich mit erdrückender Mehrheit für die obligatorische Einführung bei den Gewerbegerichten ausgesprochen. Im übrigen wolle man, da sich verschiedene Systeme gegenüberstünden, keines von ihnen obligatorisch machen, sondern nur das Grundprinzip im Gesetz festlegen; der weitere Ausbau wäre

---

[1] Reichstagsdrucksachen, 1. Session 1903/04, Nr. 340, S. 29.
[2] Ebenda.
[3] Ebenda, S. 30.
[4] S. o. S. 122.
[5] S. o. S. 133.

dann Sache der Kommunalbehörden und ihrer Ortsstatute. Die Regierung zögerte: die Erfahrungen seien noch zu gering; die bisher gesammelten reichten noch nicht aus, um ohne weiteres ein Urteil über die Vorzüge oder Nachteile der Verhältniswahl zu ermöglichen[1]; Graf Posadowsky aber gab bei der Gelegenheit eine Erklärung ab, die über den vorliegenden Anlafs hinaus die grundsätzliche Stellung des Staatssekretärs zu den Problemen der Sozialpolitik beleuchtete. Graf Posadowsky führte aus:

„Der modernen, auf Beteiligung der Arbeiter am öffentlichen Leben gerichteten Bewegung gegenüber kann man zwei Wege gehen. Diese Bewegung trägt jetzt noch häufig einen turbulenten, selbst revolutionären Charakter. Dies ist die Folge der vielfach vorhandenen politischen Unreife der Massen. Hofft man durch politische Erziehung die Arbeiter in ihrem eigenen dauernden Berufsinteresse urteilsreifer zu machen, so mufs man ihnen auch Gelegenheit geben, in geordneter, friedlicher Weise ihre Interessen zum Ausdruck zu bringen. Dies ist der Standpunkt der Allerhöchsten Botschaften und auf diesem Standpunkt stehen die verbündeten Regierungen wie der Reichskanzler und ich mit ihnen. Wer einen solchen Weg nicht für gangbar hält, wer an die Möglichkeit einer politischen Erziehung der Massen nicht glaubt, der kommt mit innerer Notwendigkeit zu allgemeinen Repressivgesetzen. Jeder Staatsmann mufs sich darüber klar werden, welchen der beiden Wege er gehen will. Wer den ersteren Weg einschlägt, wird aber doch fordern müssen, dafs die Gesetzgebung im einzelnen auch Kautelen enthält, die eine ruhige, mit dem staatlichen Interessen verträgliche Entwicklung und den geordneten Fortbestand des Staatswesens sichern. — Nun wird die Forderung der obligatorischen Proportionalwahlen gestellt. Das Reichsamt des Innern hat sich dieserhalb an alle verbündeten Regierungen gewendet. Deren Äufserungen liegen erst in sehr geringer Zahl vor. Es ist daher jetzt noch schwer, sich ein Urteil darüber zu bilden, wie der Vorschlag wirken, ob er insbesondere das erstrebte Ziel erreichen wird. Deshalb mufs zunächst daran festgehalten werden, dafs es bei dem fakultativen System sein Bewenden behält. Eine mehr äufserliche Schwierigkeit im Falle obligatorischer Einführung ergibt sich auch daraus, dafs, wenn die Erfahrung später eine Abänderung der bestehenden Satzungen bedingt, in Preufsen wenigstens bei den Statuten für Kreise oder andere weitere Kommunalverbände jedes-

---

[1] Reichstagsdrucksachen, 1. Session 1903/04, Nr. 340, S. 31.

mal eine königliche Kabinetsordre eingeholt werden müfste, um die Statuten marschfähig zu machen[1]."

Aber so sympathisch diese Darlegungen des Staatssekretärs nach ihrer ganzen Gesamtauffassung waren, so wenig bewiesen sie eigentlich im vorliegenden Falle. Bei der Abstimmung wurde denn auch der Antrag auf obligatorische Einführung der Proportionalwahl einstimmig angenommen, und in der zweiten Lesung der Kommission ward dieser Beschlufs ausdrücklich bestätigt. Verhältnismäfsig leicht wurde die Einfügung eines Paragraphen erreicht, der die Kaufmannsgerichte auch zu Einigungsämtern berief. Die Regierung war bei der Abfassung des Entwurfs — wenigstens drückte ein Regierungsvertreter in der Kommission es so aus — von der Ansicht ausgegangen, dafs ein „Bedürfnis nach einem kaufmännischen Schiedsgericht bisher nicht hervorgetreten sei" [2]. Schliefslich hatte ja selbst ein mitten in der kaufmännischen Welt stehender Mann wie Josef Silbermann noch 1897 gemeint: für eine Betätigung der kaufmännischen Schiedsgerichte als Einigungsamt würde sich zunächst kaum Gelegenheit bieten; bei den gegenwärtigen sozialen Zuständen des Handlungsgehilfenstandes würde ein Streik kaum ausbrechen: „Noch fühlt sich der Gehilfe gesellschaftlich dem selbständigen Kaufmann gleich, noch ist er von der in zahlreichen Fällen auch erfüllbaren und erfüllten Hoffnung auf Selbständigkeit beseelt; überdies entstammt er meistens einer Bevölkerungsschicht, die gesellschaftlich auf derselben Stufe steht wie die Prinzipalität, und gar häufig ist der Gehilfe selber Kaufmannssohn[3]." Inzwischen hatte der Streik der Berliner Adressenschreiber freilich gezeigt, wie schnell die moderne Entwicklung in diesen Stücken fortschreitet. Dieser Streik hatte von Mitte bis Ende Oktober 1903 gewährt und etwa 3—400 Personen in Mitleidenschaft gezogen: in einem Betriebe waren allein von 151 Angestellten 134 ausständig gewesen. Nun sind im Adressenverlag ja wohl schreibgewandte Personen aller Stände tätig, aber das Gros stellen doch Handlungsgehilfen, die — dauernd oder vorübergehend — keine andere Beschäftigung finden. In diesem Falle schien auch die Leitung des Ausstandes, der übrigens mit einem Erfolge der Streikenden endete, vom Zentralverband der Handlungsgehilfen und -gehilfinnen auszugehen[4]; und zudem waren in ihn auch die Kontorangestellten hineingezogen worden. In der Kommission

---

[1] Reichstagsdrucksachen, 1. Session 1903/04, Nr. 340, S. 31 ff.

[2] Ebenda, S. 48.

[3] Silbermann in Brauns Archiv, Bd. XI, S. 684.

[4] Berliner Jahrbuch für Handel und Industrie, 1903, Bd. I, S. 61 ff. und v. Schulz und Schallhorn, S. 390. (Daselbst wird auch ein Kassiererstreik im Nähmaschinenhandel erwähnt.)

ward darauf denn auch verwiesen. Daneben meinte man, daſs bei Warenhäusern gleichfalls die Möglichkeit eines Ausstandes naheliege, da doch die „Anfüllung mit schlechtbezahlten Arbeitskräften oft nur dekorativen Zwecken diene“ [1]. Und schlieſslich gab man der Vermutung Ausdruck: das Gesetz würde eine lebhafte Standesbewegung hervorrufen, die vielleicht auch zu Kollisionen und Streiks (unter Umständen schon wegen schlechter Behandlung) führe; so ward der Antrag denn mit allen gegen eine Stimme angenommen.

Und nun der Ausschluſs der Rechtsanwälte! Das war ja immer der (zumal von der Anwaltschaft) am heiſsesten umstrittene Punkt gewesen, und wenn man sich auch nicht ohne weiteres der Stranzschen Hyperbel anschlieſsen mögen wird, daſs der Anwalt ein nobile officium darin erblicke, allemal dem schwächeren Gegner gegenüber der kapitalkräftigen Partei zu helfen [2], so wird man doch einräumen dürfen, daſs die Sache ihre zwei Seiten hat. Mit immerhin ansehnlichen Gründen hatte in der „Sozialen Praxis“ Rechtsanwalt Ludwig Fuld vor einer einseitigen Übertreibung des, richtig verstanden, durchaus wahren englischen Rechtssatzes: „Judge is the best counsel“ gewarnt. Er hatte darauf hingewiesen, daſs die Streitigkeiten, die den kaufmännischen Schiedsgerichten zugewiesen werden sollten, zu ihrer richtigen Beurteilung ein nicht kleines Maſs von juristischem Wissen und Rechtskenntnis erforderten:

„... Die Frage der Rechtswirksamkeit der Konkurrenzklauseln, die Anwendbarkeit der §§ 616—618 des Bürgerlichen Gesetzbuchs auf die Handlungsgehilfen, die Rechtsgültigkeit der Ersetzung des Gesetzesrechts durch Vertragsrecht, die Abgrenzung der Begriffe Handlungsgehilfen und Gewerbegehilfen usw. könne ohne eingehende juristische Kenntnisse gar nicht richtig beantwortet werden. Über alle diese und andere Fragen existiert eine umfangreiche Literatur, existieren zahlreiche, zum Teil einander widersprechende Entscheidungen der Gerichte, und es ist ja jedem mit der Praxis in Fühlung stehenden Juristen bekannt, daſs manche dieser Fragen auch dem obersten Gerichtshof nicht unbedeutende Schwierigkeiten gemacht haben. Will man im Ernst behaupten, daſs der Durchschnittsgehilfe imstande sei, seine Interessen hierbei mit genügender Sach- und Rechtskenntnis gegenüber dem Prinzipal oder dessen Prokuristen zu vertreten? Das heiſst denn doch die Bildung des Gros der Gehilfen ganz bedeutend überschätzen. — Dieses Miſsverhältnis in den Kräften beider Parteien, die sich als Gegner vor dem Schiedsgericht gegenüberstehen, wird aber

---

[1] Reichstagsdrucksachen, 1. Session 1903/04, Nr. 340, S. 48.
[2] Deutsche Juristenztg., Jahrg. IX, Sp. 191.

besonders dann sich geltend machen, wenn es sich um grösere Differenzen, z. B. die Geltendmachung der Rechte aus der vereinbarten Konkurrenzklausel, handelt. Wir halten daher die Zulassung einer Vertretung der Parteien durch Rechtsanwälte im Interesse der Gehilfen vor allem für dringend geboten[1] . . ."

In diesen Ausführungen war gewiss manches richtig, und es ist auch durchaus möglich, dass — wie Bassermann in einem Aufsatz der „Deutschen Juristenzeitung" anmerkt — Handlungsgehilfen, die unter Zurücklassung eines Prozesses von ihrem bisherigen Wohnsitz fortziehen, unter Umständen es bedauern werden, sich keinen Anwalt bestellen zu können[2]. Alle diese Argumente wurden auch in der Kommission vorgebracht; dennoch war es wohl besser, dass man sich trotz des Abmahnens des Staatssekretärs des Innern und der Kommissare des Reichsjustizamts und des preussischen Justizministeriums schliesslich für die Fernhaltung der Anwälte entschloss. In der Beziehung wurde in der Kommission angeführt: der soziale Charakter des Gerichts, der wesentlich auf dem unmittelbaren Verkehr des Gerichts mit den Parteien beruhe, würde durch die Zulassung der Anwälte wieder illusorisch gemacht, namentlich aber würde das Verfahren verteuert werden, Prozesse verschleppt, Vergleiche erschwert. Lasse man die Anwälte zu, so werde sich fraglos ein Spezialistentum entwickeln, das für die Sache nicht förderlich wäre. Zudem hätten sich gegen die Zulassung auch die Gehilfenverbände in allen ihren Eingaben an den Reichstag ausgesprochen und mit ihnen sogar ein Teil der Unternehmer[3]. Demgemäss ward dann — „mit grosser Mehrheit", wie der Kommissionsbericht summarisch erzählt — der Ausschluss der Anwälte verfügt.

Die Kommission hatte ihre Arbeiten am 14. März beendet; aber erst drei Monate später folgten ihr die Schlussberatungen im Plenum. In der Zwischenzeit aber schien es mehr als einmal, als ob das aus so unendlicher Mühsal geborene Werk von seinen eigenen Freunden zerstört werden sollte. In der zweiten Lesung der Kommission hatten, wie wir gesehen haben, die Vertreter von Bayern, Württemberg, Sachsen und Baden die Erklärung abgegeben, dass der Entwurf mit dem von der Kommission beschlossenen aktiven Frauenstimmrecht für ihre Regierungen unannehmbar sei. Wer mit der Entwicklungsgeschichte der Gewerbegerichte vertraut war, hatte das eigentlich erwarten können. Die Gründe freilich waren

---

[1] Soziale Praxis, Jahrg. XI, Nr. 28, Sp. 738 ff.
[2] Deutsche Juristenztg., Jahrg. IX, Nr. 21, Sp. 1014.
[3] Reichstagsdrucksachen, 1. Session 1903/04, Nr. 340, S. 39 und 41, cf. auch Soziale Praxis, XIII, Sp. 475, Aufsatz von Schallhorn.

fadenscheinig genug; in der Kommission hatte einmal ein Bundesratsbevollmächtigter ausgeführt: die Regierung beabsichtige, die vom Reichstage gewünschten Arbeitsvertretungen auf den Gewerbe- und Kaufmannsgerichten aufzubauen. Diese Vertretungen aber würden politische Rechte ausüben, und die dürften den Frauen auch nicht einmal indirekt (durch Gewährung des aktiven Wahlrechts) eingeräumt werden[1]. Das war alles; auf eine eingehendere Motivierung liefs sich, so sehr man auch in sie drang, die Regierung weder in der Kommission noch hinterher bei der zweiten und dritten Lesung im Plenum ein. Vielleicht hatte sie auch keine zwingenderen Argumente; möglich — die Vermutung spricht jedenfalls dafür — dafs es sich nur um die Wahrung eines sozusagen traditionellen Standpunktes handelte, zu der dann noch die Furcht vor dem Unbekannten kam. Im Ernst konnte das Gewicht der Gründe, die für die Gewährung des Wahlrechts an die Frauen sprachen, ja auch gar nicht verkannt werden. Wenn es der Grundgedanke dieser ganzen gewerblichen Sondergerichtsbarkeit ist, dafs sie ausgeübt wird unter Teilnahme von ordnungmäfsig gewählten Vertretern aus der Mitte der Beteiligten, so war der Anspruch der Frauen, die immerhin ein Viertel bis ein Fünftel der kaufmännischen Angestellten ausmachten, schlechterdings nicht abzuweisen. Bis weit in die konservativen Reihen herrschte die Überzeugung, dafs, „wenn es jemals ernstlich in Frage kommen könnte, den Frauen an öffentlichen Wahlen eine Betätigung zu gestatten, dann hier der geeignetste Ort wäre“ [2], und es war so nur natürlich, dafs sich die weiblichen Angestellten emsig regten und in Versammlungen und Petitionen vom Reichstage forderten, sich trotz des Widerspruchs der Regierung von dem glücklich in der Kommission gewonnenen Standpunkt nicht wieder abdrängen zu lassen. Es war auch natürlich, dafs diejenigen, denen an dem Zustandekommen des Gesetzes überhaupt nichts lag und die es am liebsten scheitern gesehen hätten, sich gerade auf diesen Punkt versteiften und (was an sich ja nicht schwer war) eifrig nachwiesen, wie es einfach eine Forderung von Logik und sozialer Gerechtigkeit sei, den beteiligten Frauenkreisen zur Vertretung ihrer Interessen das Wahlrecht zu geben[3]. Weniger natürlich war, dafs auch Leute, die das Zustandekommen des Gesetzes wünschten, sich diesen Standpunkt in seinen letzten Konsequenzen zu eigen machten. In den zeitweise sehr lebhaften Prefserörterungen, die die Zwischenzeit zwischen der Kommissions-

---

[1] Reichstagsdrucksachen, 1. Session 1903/04, Nr. 340, S. 36.

[2] Der konservative Abg. Henning in der zweiten Lesung der Vorlage am 9. Juni; cf. Reichstagsdrucksachen, 1. Session 1903/04, 95. Sitzung, S. 3088.

[3] cf. Stranz, Deutsche Juristenztg., IX, Sp. 192.

beratung und der zweiten Lesung im Plenum erfüllten, konnte man häufig der Aufmunterung begegnen, es doch auf Biegen und Brechen ankommen zu lassen. Man möge — so ward wiederholt ausgeführt — nur ja im Plenum bei der Forderung des aktiven Frauenstimmrechts festbleiben. Wenn das Gesetz dann auch von den verbündeten Regierungen abgelehnt würde, so müsse und würde es doch wiederkommen. Gegenüber so naiver Motivierung erinnerte Graf Posadowsky mit Recht daran, unter wie grofsen Schmerzen der Entwurf geboren wurde, und durchaus deutlich für den, der zu hören verstand, klang seine Mahnung: „Ich kann Ihnen nicht verschweigen: gegen dieses Gesetz pugnatur intra et extra muros“[1]. Die Stellung der Parteien hatte sich gegenüber diesem neuesten Schritt auf der Bahn gewerblicher Sondergerichtsbarkeit ja vollkommen gewandelt. Ein prinzipieller Gegensatz war erwacht (wenn er vor der Öffentlichkeit auch hier und da schamhaft verhüllt ward), wie er 1890 gar nicht vorhanden gewesen war, und es war eigenartig, zu beobachten, dafs gerade aus der Mitte des vorgeschrittenen Liberalismus, der ehedem begeistert dem „Volksrichter“ zugejauchzt hatte, der Befreiung von der bücherschweren Weltabgewandtheit des „strengen Juristenrechts“ bringen sollte, eben dies strenge Juristenrecht jetzt seine hartnäckigsten und eifrigsten Fürsprecher fand. Dieser Zwiespalt inmitten des Reichstags hatte aber — wie ja auch Graf Posadowsky andeutete — sein getreues Spiegelbild bei den verbündeten Regierungen, und der Abg. Dove von der freisinnigen Vereinigung schilderte die Stimmungen in jenem Lager wohl zutreffend, wenn er auf dem deutschen Handelstag erzählte (was er später im Plenum wiederholte): „Wenn man sich unter vier Augen sprach (nämlich Abgeordnete und Vertreter der verbündeten Regierungen), so endete die Sache vielfach damit, dafs man sich lächelnd darüber verständigte: na, wenn das Gesetz dann scheitert, so ist es noch so[2].“

Unter diesen Umständen erscheint es auch der rückschauenden, von den Erregungen augenblicklicher Parteinahme längst befreiten Betrachtung als eine durchaus verständige und wohlbegründete Zurückhaltung, dafs die Mehrheit schliefslich doch vor einer starren Konsequenzenreiterei zurückscheute. Nachdem Graf Posadowsky in den feierlichsten Formen, die der Regierung für solche Zwecke zur Verfügung stehen, im Plenum nochmals versichert hatte, dafs die verbündeten Regierungen weder das aktive noch das passive Wahlrecht der Frauen für die Kaufmannsgerichte annehmen

[1] Stenogr. Ber. 1903/04, 95. Sitzung, S. 3069.
[2] Ebenda, S. 3074.

würden und ebensowenig in die Herabsetzung des Alters der Wähler und Beisitzer willigten [1], wurde ein von Zentrum, Nationalliberalen und Konservativen unterzeichneter Antrag zur Diskussion gestellt, der die Kommissionsbeschlüsse in der Beziehung wieder aufheben sollte. Dies Kompromifs, das in eifrigen, von Regierung und Mehrheitsparteien hinter den Kulissen geführten Verhandlungen hergestellt worden war, ist natürlich damals heftig gescholten worden. Und doch kann es gar keinem Zweifel unterliegen, dafs — wenn anders man überhaupt in der Institution der Kaufmannsgerichte einen erstrebenswerten Fortschritt sah — der Ausschlufs der Frauen von dem aktiven und passiven Wahlrecht das geringere Übel war gegenüber einem völligen Scheitern des Gesetzes. Zutreffend wies der Abg. Trimborn, der wohl der Vater des Kompromisses war, in der zweiten Lesung auf diesen springenden Punkt hin: die grofsen Vorteile einer Vergleichsinstanz, einer prompten und billigen Justiz, die Wohltaten, die man von der Kammertätigkeit der neuen Einrichtung erwarte, kämen so doch immerhin auch den weiblichen Gehilfen noch zugute. Im anderen Falle aber bekämen die weiblichen Gehilfen gar nichts; weder die Beisitzer noch das aktive Wahlrecht noch die sonstigen Vorteile des Gesetzes. Darum erscheine vom Standpunkte des praktischen Sozialpolitikers das Gesetz auch für die Handlungsgehilfinnen durchaus als Fortschritt [2]. Trotzdem ward das Kompromifs in der zweiten Lesung von einer Zufallsmehrheit noch abgelehnt. Bei der dritten aber — am 16. Juni — hatten die Mehrheitsparteien ihre säumigen Truppen zusammengezogen, und so kam man zum guten Ende. Sozialdemokraten, freisinnige Volkspartei und freisinnige Vereinigung stimmten darauf freilich gegen das ganze Gesetz: es war das getreue Abbild des Vorgangs von 1890, wo Freisinn und Sozialdemokratie in der Schlufsabstimmung sich auch gegen das Gewerbegerichtsgesetz erklärt hatten, weil in bezug auf Wahlrecht und Bestätigung des Vorsitzenden nicht alle ihre (zum Teil lediglich aus theoretischer Konstruktion abgeleiteten) Wünsche erfüllt worden waren [3]. Ein richtiger Abderitenstreich: schliefslich war doch (man mochte den Ausschlufs des Frauenwahlrechts noch so sehr beklagen) nichts verdorben worden. Was diesmal noch nicht erreicht worden war, konnte beim nächsten Mal, bei der nächsten Novelle erreicht werden; im historisch-politischen Leben pflegen sich die Dinge nun einmal nur schrittweise zu entwickeln.

Trotz des schliefslichen Unterliegens war man doch, was nicht übersehen werden sollte, in der Frage des Frauen-

---

[1] Stenogr. Ber. 1903/04, Sitzung vom 9. Juni, S. 3049.
[2] Ebenda, S. 3068
[3] S. o. S. 38.

wahlrechts ein tüchtiges Stück vorangekommen: als 1890 das nämliche Problem erörtert worden war, hatte man sich noch auf den alten Spruch „mulier taceat in ecclesia“ berufen, und der der Zentrumspartei angehörende Referent der Kommission hatte allen Ernstes gemeint: schon um sich nicht mit der heutigen religiösen und sozialen Konstruktion der Familie in Widerspruch zu setzen, müsse man das Wahlrecht der Frauen abweisen [1]. Jetzt aber — zwölf Jahre später — erklärte selbst ein so wenig „sozialrevolutionärer“ Neigungen verdächtiger Mann wie der greise freikonservative Abg. von Kardorff: er persönlich stehe auf dem Standpunkt, dafs das aktive Wahlrecht auf die Dauer den Frauen nicht verwehrt werden könne. Er habe auch die Überzeugung, dafs das Frauenwahlrecht gerade bei den Kaufmannsgerichten sich von selbst entwickeln und noch Graf Posadowsky dem Reichstage diese Neuerung bringen würde [2]. Auch von den Parteigenossen des Abg. v. Kardorff dachten manche (nicht alle) ähnlich, und von einem Teil der Deutschkonservativen hatte der Abg. Henning das gleiche bekundet. Das waren doch Erfolge beim „dürren Holz“, die mit guten Hoffnungen für die Zukunft ausrüsten konnten, und so durfte, wem nicht doktrinärer Radikalismus den Blick trübte, sich mit dem Erreichten immerhin zufrieden geben. Schliefslich waren gegenüber der Regierungsvorlage doch verschiedene und nicht unbeträchtliche Verbesserungen erzielt worden: die Errichtung von Kaufmannsgerichten war schon für Gemeinden mit mehr als 20000 Einwohnern obligatorisch gemacht und die Zuständigkeit auf die Konkurrenzklausel ausgedehnt worden; Schiedsgerichte hatte man für nichtig erklärt; das korporative Wahlrecht beseitigt und dafür die unmittelbare geheime Wahl nach den Grundsätzen des Proporzes eingeführt; und zu guterletzt hatte man die Rechtsanwälte ausgeschlossen und dem Kaufmannsgericht die Befugnis zugesprochen, sich als Einigungsamt zu statuieren. Zudem war den Frauen doch nicht jede Möglichkeit einer Teilnahme an den Kaufmannsgerichten verlegt worden. In einem Artikel der von ihm herausgegebenen „Arbeitsmarktkorrespondenz“ hat Jastrow einmal darauf hingewiesen, wie unter Umständen eine Zuziehung weiblicher „Vertrauensmänner“ oder Beisitzer zum Einigungsamt sehr wohl möglich sei und wie selbst im Gerichtsverfahren den Frauen die Funktion der Parteivertretung geblieben sei. Viel bedenklicher will mir erscheinen, dafs die Regierung nicht in die vom Reichstag gewünschte Herabsetzung des Alters für Wahlberechtigung und Wahlfähigkeit willigte. Der von ihr wiederholt beliebte Hinweis auf die analogen Bestimmungen

[1] S. o. S. 30.
[2] Stenogr. Ber. 1903/04, 99. Sitzung, S. 3234.

des Gewerbegerichtsgesetzes traf doch kaum ins Schwarze. Der Arbeiter — das wurde in der Diskussion verschiedentlich und von verschiedenen Seiten vorgebracht — bleibt zumeist sein ganzes Leben lang Arbeiter. Der Stand der Handlungsgehilfen aber ist vielfach noch ein Durchgangsstadium; die Handlungsgehilfen sind eben, wie man sie ja auch in kaufmännischen Kreisen heifst, die „jungen Leute“, und die Befürchtung ist nicht ganz abzuweisen, dafs — zumal in kleinen Städten — die Einrichtung der Kaufmannsgerichte durch diese Bestimmung erschwert wird, wenn sie nicht hier und da überhaupt unmöglich gemacht werden kann. Eine Petition der Verbände: Deutscher Verband kaufmännischer Vereine, Handlungsverein von 1858 und Verband deutscher Handlungsgehilfen an den Reichstag führte aus:

„Bezüglich der Altersgrenze für das passive und aktive Wahlrecht gestatten wir uns darauf hinzuweisen, dafs nach den Ergebnissen der Berufszählung von 1895 von zusammen 444 314 männlichen Handlungsgehilfen 308 032 im Alter bis zu 30 Jahren und ca. 227 562 im Alter bis zu 25 Jahren waren. Nach der im Entwurf festgestellten Altersgrenze würden von sämtlichen männlichen Handlungsgehilfen Deutschlands 69 Prozent vom passiven und 51 Prozent vom aktiven Wahlrecht ausgeschlossen werden[1].“

In der Beziehung war in der Gehilfenschaft wohl überhaupt nur eine Stimme. Aber auch hier möchte ich der weiteren Entwicklung vertrauen und dem Schwergewicht, das die Dinge in sich selbst tragen. Von ähnlichen Empfindungen beseelt schrieb unter dem frischen Eindruck der entscheidenden Abstimmung die „Soziale Praxis“:

„Zwei Tatsachen mufs der Sozialpolitiker im Auge behalten: einmal ist es doch ein grofser Fortschritt, dafs endlich nach jahrelangen heifsen Kämpfen für die Streitigkeiten aus dem kaufmännischen Arbeitsvertrage ein schnelles, billiges, sachverständiges Gerichtsverfahren eingeführt wird. Zweitens aber, dafs dies Verfahren in allen wesentlichen Stücken dem der Gewerbegerichte gleich geartet ist; diese letztere Institution aber hat sich in hohem Mafse bewährt und ist fest im Vertrauen der Arbeiter begründet. Auch die Kaufmannsgerichte werden sich — davon sind wir fest überzeugt — einbürgern. In diesem Sinne hat auch der deutschnationale Handlungsgehilfenverband eine gute Gewerkschaftspolitik verfolgt, wenn er in einer Eingabe an den Reichstag „ein weniger gutes Gesetz in der Hoffnung, es mit der Zeit verbessern zu können, dem Nichts vorzieht.“ Ebenso haben katholische Kaufmannsverbände sich aus-

---

[1] Stenogr. Ber. 1903/04, 95. Sitzung, S. 3070/71.

gesprochen. Haben wir jetzt Gewerbegerichte und Kaufmannsgerichte auf gleichem Boden und in engster Verbindung, so müssen wir ihre Verbesserung künftig gemeinsam erstreben. Und dafs dabei die Erringung des aktiven und passiven Wahlrechts der Arbeiterin und der Gehilfin in erster Linie stehen mufs, ist für uns ebensowenig zweifelhaft wie dafs die Erfüllung dieser Forderung nur eine Frage der Zeit ist, und zwar einer relativ kurzen Zeit[1]".

Dem wird nichts hinzuzusetzen sein. — Am 6. Juli wurde das „Gesetz betr. Kaufmannsgerichte" vom Kaiser in Swinemünde vollzogen und am 16. Juli im „Reichsanzeiger" veröffentlicht.

* * *

Mit dem Kaufmannsgerichtsgesetz und der Novelle von 1901 ist die Entwicklung der gewerblichen Sondergerichtsbarkeit natürlich noch nicht zum Stillstand gekommen. Auf Auswachsen bleiben beide wie die an sie anknüpfenden Institute und Funktionen — Einigungsämter, Gutachten, Anträge — nach wie vor angewiesen und vornehmlich auf dem Gebiet der Kompetenzabgrenzung und der besseren, mehr konformen Ausgestaltung der Berufungsinstanz harren noch mancherlei dringliche Wünsche ihrer Erledigung. Aber dieser Entwicklung und der Ansätze zu ihr im einzelnen nachzugehen, scheint mir die Zeit noch nicht gekommen; der gewerbegerichtliche Praktiker mag alle diese Einzelerscheinungen verzeichnen und aus ihnen seine Schlüsse wieder für die Praxis zu ziehen versuchen. Die Aufgabe des Historikers hebt erst an, wo eine Phase zum Abschlufs kam; wo sich an die bisherigen Entwicklungsreihen eine neue angliederte. Den Blick in die Zukunft zu richten müssen wir ablehnen. Schon weil — wie mehrfach in diesen Blättern gezeigt wurde — die Prophetie gerade auf diesem Gebiet sich übel lohnt. Ob, wie Schallhorn[2] meint, die Zukunft der Gewerbegerichte unter Beseitigung aller sonstigen gewerblichen Sondergerichte in „allgemeinen Arbeitsgerichten" bestehen wird; ob, was Jastrow[3] daneben als möglich angedeutet hat, in einer Loslösung aller Bagatellsachen von der übrigen Justizverfassung und Schaffung einer neuen untersten Stufe „in nahem Zusammenhang mit der Ortsgemeinde" — wir wissen es nicht. Hier sollte nur gezeigt werden, was ist und wie es so wurde. Wie das Leben die Fiktion vom freien Arbeitsvertrag auch nach dieser Richtung hin brach; wie die Lücken, die nach dem Aufhören der alten gebundenen Arbeitsverfassung mit

[1] Soziale Praxis, Jahrg. XIII, Sp. 1022.
[2] Ebenda, Jahrg. X, Sp. 1322.
[3] Sozialpolitik und Verwaltungswissenschaft, Sp. 542.

ihrem vielgestaltigen Arbeitsrecht in der Rechtsorganisation unseres Volkes blieben, von diesem wieder allmählich — mehr unter dem Druck zwingender, unumgänglicher Bedürfnisse als aus Behagen und freien Stücken wieder ausgefüllt wurden und der privatrechtliche Arbeitsvertrag langsam wieder in öffentliches Recht sich zu wandeln begann. Wir wollten unser Volk bei der Rechtsbildung belauschen; nicht voraussagen, was vielleicht künftig einmal sein wird. „So hohen Amtes" — mit den schönen Worten des Altmeisters Ranke möchte ich schliefsen — „sollte diese Darstellung sich nicht unterwinden."

FSC
www.fsc.org
MIX
Papier | Fördert gute Waldnutzung
FSC® C083411

Kolibri 360 GmbH
Ferdinand-Jühlke-Straße 7
99095 Erfurt, Deutschland
produktsicherheit@kolibri360.de

Druck:
CPI Druckdienstleistungen GmbH
im Auftrag der
Kolibri 360 GmbH
Ferdinand-Jühlke-Str. 7
99095 Erfurt